U0909186

福建省高校以马克思主义为指导的

哲学社会科学学科基础理论研究创新团队成果之一

福建師範大學 FUJIAN NORMAL UNIVERSITY | 史学文库

领先阁史学文萃

第一辑

地方文化卷

[下]

叶青 主编

社会科学文献出版社
SOCIAL SCIENCES ACADEMIC PRESS (CHINA)

编委会

前言
PREFACE

社会历史学院历史学系是福建师范大学最早设立的院系之一，可追溯至 1907 年福建优级师范学堂开设的史地科。1952 年，华南女子文理学院、福建协和大学和福建师范学院三校历史学系合并为一，承传至今。著名学者董作宾、卢兆荫、蔡维藩、傅衣凌、刘蕙孙、韩振华、陈增辉、陈矩孙、王文杰、熊德基、金云铭、朱维幹、陈贞寿、范传贤、林庆元等先后任教于此，积淀了厚重的学术传统。

在百余年的发展历程中，经过几代学人不懈的努力，福建师范大学历史学科紧紧围绕"立德树人"这一根本任务，在教学、科研、服务国家与地方需求、教育国际化拓展等方面，都取得了令人瞩目的成绩，得到社会各界的充分肯定。历史学本科教育是福建师范大学首批品牌专业，国家级特色专业，培养的学生在教育、科研及社会各界深受好评，毕业生遍布福建省内各中学，福建省中学历史特级教师、高级教师、省级骨干教师和教育硕士几乎全部毕业于我校历史学系。我系的研究生和本科生，在全国和全省的教育硕士、师范生教学技能大赛中，每年均能取得佳绩，荣获一二等奖。大批毕业生赴中国社会科学院、北京大学、复旦大学、南京大学、北京师范大学、南开大学、中山大学、武汉大学、厦门大学等著名学府及研究机构继续深造。历史学科现拥有中国史、世界史两个一级学科博士学位授权点和两个博士后科研流动站，拥有中国史、世界史一级学科硕士学位授权点，以及教育硕士学科教学（历史）专业学位研究生招生方向。世界史、中国史学科分别被确认为福建省一流学科建设的"高峰""高原"

学科。世界史、中国史双双入选省级首批博士、硕士研究生导师团队。拥有国学研究中心、区域与国别研究院、印度尼西亚研究中心、闽台文化研究中心、华人华侨研究中心、中琉关系研究所、中外关系史研究中心、中国基督教研究中心、福建省闽台缘仿真项目实验中心、福建省传统文化研究基地等研究机构，形成了全日制本科教育、学术型和专业型硕士研究生教育、博士研究生教育以及博士后教育的完整人才培养体系。

福建师范大学历史学系科研成果丰硕。教师团队每年都会获得多项国家社科基金项目（含重大、重点）、教育部社会科学基金项目、省级社科规划办等课题，大批成果获教育部人文社会科学优秀成果、福建省人文社会科学优秀成果奖。学科还着眼于国家与地方发展需要，主动融入国家战略，服务地方经济发展，先后围绕中国—拉丁美洲国家人文交流与合作、钓鱼岛争端、闽台关系、福建与“海上丝绸之路”及福建侨乡侨务工作等问题积极建言献策，并与政府各级部门或民间机构展开专题合作研究。

改革开放已经走过了40多年的历程，新中国迎来了70周年华诞，为了更好地总结经验，面向未来，继续书写新的历史，我们有必要对历史学科的研究成果进行回顾。此次收录的论文，冠名“领先阁史学文萃”，主要是为感谢1978级系友贾小平先生捐赠学院“领先楼”的情怀和义举。新建的领先楼为广大教师提供了国内一流的学习、工作条件。领先阁系列文萃（首批）五辑，主要聚焦福建社会相关论题，涉及“名人与福建社会”“闽台与福建社会”“地方文化与福建社会”“民间信仰与福建社会”等方面的论文。今后，我们拟每年出版关于其他论题的文萃辑，推出学科团队新近的学术力作。

领先阁系列文萃所收录论文的作者都是对福建师范大学历史学科的建设付出了热情和心血的学者，其中有的现已荣退，收录他们的论文，是为了让我们铭记福建师范大学历史学科的源远流长，靠的是每一位历史学人的努力付出，后学者当感怀曾经为之贡献智慧和才智的前辈们。当然，我们也希望以此总结过去的成绩，进一步增进与学界同人之间的了解和交流，推动学术的进一步繁荣发展。

历史学是社会科学的基础，是人类文明的灯塔，是开辟未来的阶梯。我们清楚地意识到学科发展带给我们的压力和福建师范大学历史学建设一流学科的需求。我们会在现有的基础上孜孜不倦，砥砺前行，凝聚学科新一代骨干力量，继承老一辈开创的传统，并将其发扬光大，协力推进学科建设的蓬勃发展。

本文萃获得了福建省高校以马克思主义为指导的哲学社会科学学科基础理论研究创新团队项目的支持。“文化传承视野下福建社会史研究”创新团队，引进了一批毕业于北京大学、中国社会科学院研究生院、香港中文大学、南开大学、北京师范大学、中山大学等国内著名高校的新生代学者，他们在研究领域亦初露锋芒，创造了一批视野宽阔、理论深厚、特色突出的著述。团队中的陈友良、李永、陈晔、谢皆刚、江晓成五位博士在此次编辑系列文萃中，通力协作，审稿认真、严谨、专业，付出了艰辛劳动。系列文萃得以付梓，还得益于作者们特别是老先生们的鼎力支持，《领先阁史学文萃》工作委员会专家们具体的指导，以及学院党政领导的鼓励和鞭策。在此一并表示衷心的感谢！

编 者

2019 年 3 月 21 日

本辑内容提要

本辑共收录论文22篇，从区域认同、科举教育、经济贸易、文化民俗四个专题展现福建地方文化。

第一编为“区域认同编”，收录论文5篇。胡沧泽《略论唐末五代王闽政权的职官制度》以王闽政权所实行的职官制度为线索，将王闽政权对福建近半个世纪的统治分为三个时期，并对各个时期的职官制度进行探讨，阐明王闽政权各个时期实行的不同的职官制度与其治乱兴衰之间的关系。卢建一《试论明清时期的海疆政策及其对闽台社会的负面影响》以闽台区域为观察视点，论述明清时期的海疆政策，即以消极防守为指导思想来为统治者服务，同时探讨了制定该海疆政策的历史背景，及其对海权、海洋经济，特别是闽台社会的负面影响。卢建一《试论清代闽台区域一体化的形成》从行政、军事、文化、经济和反侵略战争五个方面分别阐述了康熙收复台湾后闽台区域一体化的形成过程。赵建群《试述清代闽台教育的一体化》通过考察，认为清代台湾教育的发展与福建教育的发展是相互影响、相互促进的一体化关系，并从行政关系、学校格局、教学模式、科考从属、师资交流、闽人在台建置学校六个方面展开论证。傅朗《台湾的海神信仰渊源于祖国大陆》论述了台湾的海神信仰历史，阐明了台湾的海神信仰源于大陆，并表现出鲜明的中华民族传统色彩。

第二编为“科举教育编”，收录论文3篇。戴显群《明代福建科举盛况与科名的地理分布特征》在考察明代福建科举中举人数以及地理分布之后，认为明代福建沿海地区经济发展迅速以及一系列地域特点，是影响福建科名地理分布不平衡的至关重要的因素。戴显群在他的另一篇论文《清代福建科举与科名的地理分布特点》中认为，清代福建科名的地域性聚集现象较明代更为突出。究其原因，除了当地政府与民间对文教事业重视不够、重商意识浓厚外，清初的海禁政策和迁界政策也是非常重要的客观因素。徐心希《试论闽都书院教育与乾嘉之后闽学转型》通过回顾总结闽都学院起源与发展的历史足迹，以鳌峰书院为线索，探索乾嘉之后闽学转型的过程与缘由，以及闽学转型对学术和社会的影响。

第三编为“经济贸易编”，收录论文 10 篇。胡沧泽《唐宋时期福建与日本的经济文化交流》探讨了唐宋时期福建与日本经济文化交流的状况、规模、特点、原因及影响。唐文基《简稽唐至明万历年间福州的“市”》通过考察，论述唐至明万历年间福州“市”的规模特点和发展过程，反映了福州商贸史的发展。唐文基《关于明清时期福建土地典卖中的找价问题》利用福建师范大学历史系收藏的大量土地契约文书，对明清时期福建土地典卖中的找价问题进行剖析，认为明清福建土地找价的鲜明特征是持续性和高频率，并对找价行为背后的社会经济原因进行了探讨。赖正维《略论明清时期福建生产技术在琉球的传播》分析了明清时期福建经济文化输入琉球的途径，进一步列举了福建传入琉球的生产技术有造船航海技术、农业生产技术以及手工业技术，他认为先进的福建生产技术的传播给琉球社会带来了巨大变化。陈铿、赵建群《明代福州造船业考略》从明代福州造船业发展的条件、规模与经营方式、船舶的类型与建造技术三个方面，探讨福州造船业的特点，认为明代福州已经成为我国的一个造船中心，在当时的世界造船业也占有一定的地位。傅朗《福建与郑和下西洋的船只》分析了福建省和明代福建造船工艺在郑和下西洋这一事件中的作用，认为福建不仅以其沿海造船业为郑和舟师建造、修理船只，还为出洋前的郑和舟师提供临时调剂船只的船源。此外，值得关注的是，“宝船”不是郑和舟师用船的专称，凡奉皇帝之命出使海外所乘之舟皆可称“宝船”。黄国盛《论清代前期的闽台对渡贸易政策》论述了清代前期闽台对渡贸易政策的产生和演变，及其发展状况，进一步阐明了闽台对渡贸易政策由指定单口对渡贸易到逐步允许多口通航贸易的历史影响。从历史上看，闽台直接通航贸易是海峡两岸经济发展的最佳选择，是维系国家统一的重要桥梁和纽带。卢建一《论清前期闽台海防对海外贸易的影响》考察了清前期海防政策，梳理了由顺治年间的“禁海”、针对郑氏集团与大陆贸易，到康熙时期的“开海”、设置海关以及之后沿海贸易的发展，认为海防与海外贸易是互为因果、相辅相成的关系，海防强则海外贸易强。谢必震《清光绪年以来福建教会契约文书之研究》整理了大量福建教会契约文书，总结了这些文书的形制、种类、内容和特点，认为这些文书从侧面反映出基督教在中国的传播影响之大。程镇芳《五口通商前后福建茶叶贸易商路论略》通过考察，还原了五口通商前后福建茶叶贸易商路的具体路线和变迁，进一步阐明了中国近代对外贸易受半殖民地半封建社会制度的影响之深。

第四编为“文化民俗编”，收录论文 4 篇。徐心希《福建海洋民俗文化的积淀与传承》从造船民俗、海上生产民俗以及海上生活民俗三个方面，探讨了海洋民俗文化在福建地区的历史发展和演变。赵建群《试述明清福建地区奢侈性消费风尚的地域性表现》认为明清时期福建地区出现的奢侈性消费风尚，是在与自身的经济发展、文化传统、地理因素以及社会俗尚等诸因素的互动中生成的，具体表现为既普遍讲究服饰饮食，同时又热衷于排场铺张。王民《严复“天演”进化论对近代西学的选择与汇释》阐述了严复“天演”进化论对晚清思想界的影响，进一步考察了严复对达尔文、斯宾塞、赫胥黎三家学说的选择和提炼，认为严复“天演”进化论最具价值的创造是对近代西方学说的选择与汇释。汪征鲁《“侯官新学”起例》考察了严复思想成为“侯官学派”的发展过程，认为“侯官新学”是指在福建历史地理和区域文化的大背景下，在宋明以来闽学的浸润与观照下，在清朝末季这一地区中西文化的激荡交流中，形成的一个文化学派。这一学派是福建地区爱国志士为挽救民族危亡，探求救国真理，主动向西方学习，致力于中西文化交流的士大夫群体的思想结晶。这就决定了“侯官新学”学理的开放性、先进性与方法的“守中性”，亦即一些论者所谓的“思想的先进与方法的中庸”。

目录

CONTENTS

区域认同编

科举教育编

经济贸易编

文化民俗编

区域认同编

略论唐末五代王闽政权的职官制度

胡沧泽

一

王审知统治福建应从唐乾宁四年底（898 年初）任威武军节度使算起。

唐末光启元年（885），王潮、王审邽、王审知兄弟随农民起义军王绪部由中原南下，进入福建。不久，王潮被将士拥戴为首，称将军。景福二年（893），唐中央政府任王潮为福建观察使，王审知为副使。乾宁三年（896），唐王朝升福建为威武军，任王潮为节度使。乾宁四年底，王潮病死，王审知继任。

王审知任威武军节度使是得到中央政府承认的。光化元年（898）三月，唐中央政府任王审知为“威武军留后，检校刑部尚书”，十月，授“紫金光禄大夫、右仆射、本军节度使”，以后不断加封，天复（901～904）时“赐审知诏，自三品皆得承制除授”，天祐元年（904）四月，加审知“检校太保，封琅琊王，食邑四千户，食实封一百户”。[①] 可知，王审知统治福建最初的政治身份是唐威武军节度使。

都督带使持节者称为节度使。唐睿宗景云二年（711），贺拔延嗣为凉州都督充河西节度使，自此始有节度使称号。玄宗天宝初年，在沿边设安西、北庭等九节度使和岭南五府经略使，合称十节度。以后非边境地区也设置，并遍于内地。节度使授职时赐给双旌双节，总揽一道或数州的军、政、财权，其辖区内的各州刺史都是其下属。安史之乱以后，地方武将纷

① 吴任臣：《十国春秋》卷九〇《闽一·太祖世家》，中华书局，1983，第 1301 页。

纷拥兵自重，不奉朝命，父死子继，甚至联兵反叛，形成藩镇割据之势。王审知担任威武军节度使，据有福建，并不与中央对立，而是保境安民，并听命于中央，在唐末各地节度使中算是比较好的。

唐代节度使下属有节度副使、行军司马、判官、押牙、推官、掌书记、从事等。《通典·职官十四》载："（节度使）有副使一人，行军司马一人，判官二人。"王审知的威武军节度使也是如此。节度副使为节度使副贰，威武军节度副使为王审知之兄王审邽。判官为节度使僚属，佐理政事，威武军节度判官有刘山甫等。[①] 押牙为节度使所属亲信武官，掌统亲兵，执仗宿卫节度使的衙署，威武军的节度使押牙有程赟。[②] 推官为节度使僚属，掌推勘刑狱诉讼，威武军节度使推官有黄滔。[③] 掌书记为节度使佐官，掌奏牍文书，王审知的掌书记是徐寅，此外还有大从事陈峤等。[④]

总的来看，王审知的唐威武军节度使属官都在唐代职官制度之内，没有另立一套职官。王审知是比较守规矩的唐王朝地方节度使。

二

天祐四年（907），唐亡。开平三年（909），后梁皇帝朱全忠（又名"朱温"）进封王审知为闽王。自此，王审知便以闽王的身份统治福建。闽王是什么性质的统治者？他的职官制度又是如何？

王审知的闽王是统治中原的后梁太祖朱全忠给封的。早在唐亡之前，王审知就密切注视中原朝廷的动态，加强与控制唐廷的朱全忠的联系，为福建一境安宁创造好的外部条件。唐亡之后，一些地方节度使纷纷称帝建国，王审知已实际掌有福建的军政大权，因此有人劝他称帝，王审知说："我宁为开门节度使，不作闭门天子。"[⑤] 他遥向称帝中原的朱梁王朝称藩

① 吴任臣：《十国春秋》卷九五《闽六·刘山甫传》，第 1378 页。
② 吴任臣：《十国春秋》卷九五《闽六·程赟传》，第 1381 页。
③ 吴任臣：《十国春秋》卷九五《闽六·黄滔传》，第 1373 页。
④ 吴任臣：《十国春秋》卷九五《闽六·徐寅传、陈峤传》，第 1373~1374 页。
⑤ 吴任臣：《十国春秋》卷九〇《闽一·太祖世家》，第 1319 页。

臣，使用后梁年号，并且每年由海路北上至登州、莱州登岸向后梁纳贡。[①]后梁为后唐灭亡之后，王审知照样向中原王朝后唐称藩纳贡，使用后唐年号。如同光二年（924）二月，王审知遣使入贡后唐，十月，到京贺万寿节并进金银、象牙、犀珠、香药、金装宝带、锦文织成菩萨幡等物。[②]

王审知礼贤下士，在他当节度使和受封“闽王”时期，他周围聚集着一大批避乱福建的中原士大夫，如唐朝宰相王溥之子王淡，唐朝宰相杨涉从弟杨沂，唐朝知名进士徐寅等，“皆依审知仕宦”。[③] 这些人熟知唐朝的典章制度并在福建传播，实行中原的职官制度，传播中原文化。

王审知对中原王朝是谨慎行事、相当听话的。他的掌书记徐寅是唐乾宁进士，徐寅在唐末曾写赋嘲讽李克用“眇一目”，后唐灭后梁，王闽政权遣使贺后唐庄宗（即李克用的儿子李存勖）登位，庄宗问闽使说：“徐寅无恙乎？归语尔主，父母之仇，不共戴天。寅指斥先帝，尔国何以容之?”闽使回来向王审知报告，王审知说：“如此，则上直欲杀徐寅尔，今但不用可矣。”当天就告诉守门人，不得引接徐寅。[④] 可见王审知对中原王朝是俯首听命的。

既然称“闽王”，“王”与节度使毕竟不同，它也会有自己的职官，下面根据《十国春秋》卷九五《闽六》中王审知部属的传记，对其职官做一探讨。

翁承赞：唐乾宁三年进士，“承赞既依太祖（指王审知），太祖待之殊厚，遂以为相。承赞劝太祖建四门学，以教闽士之秀者”。

邹勇夫：“以单骑从太祖兄弟入闽，始终无二心。及太祖封闽王，勇夫官仆射，为太祖敷利害，劝其奉梁正朔。”

伍梦授：“事太祖，官左仆射。”

郑良仕：“贞明元年，应太祖避命，转左散骑常侍。”

蔡俨：“太祖辟为户部郎中。”

黄子棱：“事太祖父子，累官侍御史。”

---

① 司马光：《资治通鉴》卷二六七“后梁太祖开平三年九月”，中华书局，1956，第8716页。

② 吴任臣：《十国春秋》卷九〇《闽一·太祖世家》，第1314页。

③ 欧阳修：《新五代史》卷六八《闽世家》，中华书局，1974，第846页。

④ 吴任臣：《十国春秋》卷九五《闽六·徐寅传》，第1374页。

张庑："官至殿中侍御史。"

王定简："太祖时，定简被署为安远使。"

陈岘："初事太祖为孔目吏……迁支计官。"[①]

由上可知，闽王王审知的下属职官有相、仆射、左散骑常侍、户部郎中、侍御史、安远使、支计官等。地方职官则仍为刺史，如泉州刺史王延彬。[②] 这些职官基本上如同汉代诸侯王国的规模，有王、相，以及处理各种政务的职官。王审知始终奉中原王朝为正朔，保境安民，实行得当的官制，任用清正、廉洁、有为的官员，并发展教育，培养人才，传播中原文化。他还根据福建濒临大海的特点，开辟商港，"招徕海中蛮夷商贾"。[③] 这样既可收取商利以资费用，还促进了福建与各国的友好往来。在王审知统治时期，福建的经济文化发展很快。《旧五代史》是这样评价他的："审知起自陇亩，以至富贵，每以节俭自处，选任良吏，省刑惜费，轻徭薄赋，与民休息，三十年间，一境晏然。"[④] 这基本是符合实际的。

三

后唐庄宗同光三年（925）十二月十二日，闽王王审知去世，长子王延翰继位。天成元年（926）十月，威武军节度使、同平章事王延翰自称大闽国王，立宫殿，置百官，威仪文物皆仿天子之制。福建成为大闽国。

王延翰自称大闽国王，是为闽嗣王，他建立庞大的统治机构，财政支出大增，吏治腐败，他生活骄奢荒淫，多取民女以充后庭，又猜忌兄弟，袭位不久，便将其弟王延钧出为泉州刺史。王延钧联合王审知的养子、建州刺史王延禀攻下福州，杀王延翰，王延钧自为威武军留后。

后唐长兴四年（933，闽龙启元年），王延钧在福州称帝，是为闽惠宗，国号大闽，改元龙启，改名王鏻，追尊父祖，立五庙，扩宫廷，置百官。以其僚属李敏为左仆射、门下侍郎，其子节度副使王继鹏为右仆射，

---

① 吴任臣：《十国春秋》卷九八《闽九·陈岘传》，第 1401 页。

② 吴任臣：《十国春秋》卷九四《闽五·王延彬传》，第 1363 页。

③ 欧阳修：《新五代史》卷六八《闽世家》，第 846 页。

④ 薛居正：《旧五代史》卷一三四《王审知传》，中华书局，1976，第 1792 页。

并同平章事，以亲吏吴勖（欧史作吴英）为枢密使。福建出现了第一个王朝和帝王年号。闽惠宗王鏻穷奢极侈，大造宫殿，极土木之盛，又宠信奸佞，冤杀无辜，政风败坏。后唐清泰二年（935，闽永和元年），王鏻的长子王继鹏趁他病重，率兵入宫，杀王鏻及其妻陈后，自立为帝，改名王昶，是为闽康宗。

闽康宗王昶贪婪残暴，贬斥正直的师傅叶翘，宠信巫道，命道士陈守元为天师，军国大事，乃至更易将相、刑罚、选举，皆与之商议，守元受贿请托，言无不从，其门如市。王昶“作三清殿于禁中，以黄金数千斤铸宝皇大帝、天尊、老君像，昼夜作乐，焚香祷祀，求神丹”。[①] 后晋天福四年（939，闽通文四年），由王审知禁军改称的拱宸、控鹤都将朱文进、连重遇因不满王昶的作为，发动兵变，攻杀王昶，拥王审知之子王延羲为帝，是为闽景宗。

闽景宗王延羲自称威武军节度使、闽国王，更名曦，改元永隆，遣商人间道奉表称藩于晋，可是在福建，仍然置百官皆如天子之制，以太子太傅致仕李真为司空兼中书侍郎、同平章事。王曦嗜酒如命，骄淫苛虐，猜忌宗族、部将，使得人人自危，最后被拥立自己的朱文进、连重遇所杀。

后晋高祖天福八年（943，殷天德元年），王审知的另一个儿子王延政在建州称帝，国号殷，改元天德。开运二年（945），南唐兵入建州，王延政降。闽亡。

从王延翰、王延钧，到王继鹏、王延羲、王延政，统治者称国王，其职官制度又是如何？由前面所述可知，每当闽国王上台，就要任命宰相、枢密使等重要职官。王延钧任李敏为左仆射、门下侍郎，任吴勖为枢密使，王延羲任李真为司空兼中书侍郎、同平章事。下面再根据《十国春秋》卷九六至九八列出闽国的其他主要官员及职官。

叶翘：康宗时进翘内宣徽院使。

郑元弼：事康宗为礼部员外郎。景宗立，元弼官谏议大夫，迁礼部尚书、判三司。

刘赞：景宗时任御史中丞。

---

① 司马光：《资治通鉴》卷二八二“后晋高祖天福四年四月”，第 9202 页。

王倓：通文中，积官至同平章事。

黄峻：仕景宗为谏议大夫。

潘承祐：殷帝以承祐为吏部尚书，俄加同平章事。

湛温：嗣王时，官御史大夫，国子祭酒。

贾郁：惠宗即位，擢郁赞善大夫，后召为御史中丞。

刘乙：通文时，官凤阁舍人。

陈郁：事景宗为谏议大夫、奉朝请。

陈致雍：佐景宗，为太常卿。

薛文杰：惠宗时为国计使。

陈郯：惠宗时擢为宣徽使，充内学士。

陈匡范：永隆时，官国计使，景宗时加礼部侍郎。

余廷英：仕景宗，累官同平章事。

李仁遇：景宗时官盐铁使、右仆射，已又兼中书侍郎、翰林学士、同平章事。

杨思恭：殷帝以思恭为兵部尚书，寻迁仆射、录军国事。

李倣：累官皇城使。

由上可知，自926年王延翰自称大闽国王时起，王闽政权就以独立国家自居，行天子之制，任命的职官有同平章事、右仆射、仆射、翰林学士、宣徽使、内宣徽院使、谏议大夫、太常卿、御史大夫、御史中丞、盐铁使、吏部尚书、兵部尚书、礼部侍郎、国计使等。这是一个僭越的政权，并不符合当时福建的实际情况，也不利于福建的发展。由于自立国家，自称国王，王审知的子孙为了争夺帝王这一最高职位，日寻干戈，内乱不止，政治腐败，势力日削。也引起中原王朝的不满和邻国的觊觎，外患不断。后晋开运二年（南唐保大三年），南唐中主李璟，一反过去标榜的“保境息民”政策，趁闽中大乱，出兵进取建州，吴越也趁机出兵，入福州城，王闽政权终于灭亡。

综上所述，唐末五代王闽政权在早期，只是唐王朝的地方节度使，实行着与唐王朝其他地区同样的职官制度。唐亡后，后梁朱全忠封王审知为闽王，升福建为大都督府，王审知便以闽王的身份统治福建，虽然自命职官，但未称国，仍向中原王朝称藩臣，使用中原王朝年号，定期纳贡，是称雄一方的地方割据势力。在中原动乱的情况下，王审知避免战乱，重视发展生产，促进了福建经济文化的发展。王审知死后，他的大儿子王延翰自称大闽国王，立宫殿，置百官，威仪文物皆如天子之制。尔后王氏兄弟子孙为争夺帝位，自相残杀。闽国的建立及其所实行的宰相百官制度为王闽政权的覆亡掘就了坟墓。

本文原载于《福建师范大学学报》（哲学社会科学版）
2003 年第 2 期

试论明清时期的海疆政策及其对闽台社会的负面影响

卢建一

明清时期是东南海疆的多事之秋，是中国军事史上的转型时期，即防务重心南移时期。这一时期海疆政策对社会的影响是多方面的。本文以闽台区域为观察视点，探讨制定海疆政策的历史背景及其对海权、海洋经济，特别是闽台社会的影响。

一

明初重视市舶之利，海疆实行开放政策，为封建政权广辟财源。《洋防辑要》载："国初，浙、福、广三省设三市舶司，在浙江者，专为日本入贡带有货物，许其交易；在广东者，则西洋番舶之凑，许其交易，而抽分之……"① 洪武元年（1368）起，朱元璋便遣使四方，招徕各国贡市，在宁波、泉州、广州设市舶司。洪武二年（1369）五月，朱元璋命蔡哲为福建参政，上谕曰："福建地濒大海，民物富庶，番舶往来，私交者众，往时官吏多为利诱，陷于罪戾，今命卿往，必坚所守，毋蹈其过。"② 洪武四年（1371）七月，命"福建行省占城海舶货物，皆免其征"。③ 由此可

① 严如熤编《洋防辑要》卷一三，清道光二年刻本。

② 《明太祖实录》卷四二"洪武二年五月戊戌"，台湾"中央研究院"历史语言研究所，1962，第832页。

③ 《明太祖实录》卷六七"洪武四年七月辛未"，第1261页。

见，明初先行开海，东南沿海一带中外贸易交往频繁，是明朝予以鼓励并实行优惠政策的结果。

由于倭寇入侵，明朝很快改变海疆政策，开海转为禁海。史载："明太祖初有天下，国基未定，亡命奸豪往往纠结岛人入寇山东滨海州县，事在洪武二年正月，此明代倭寇之始。三月，帝遣行人杨载诏谕其国，且诘以入寇之故……日本王良怀不奉命，复寇山东转掠温台。四月又侵苏州、崇明，杀略居民，劫夺货财，沿海之地皆患之。"[①] 洪武三年（1370）、四年，朱元璋分别遣使往日本，试图通过外交途径来解决倭寇入侵问题。但洪武四年，"倭仍掠温州，五年，……又寇福建海上诸郡"。[②] 鉴于日本不肯禁倭寇而自闭财源，通过外交途径又无法解决倭寇侵略问题，明廷只能决心施行禁海政策。

在探讨明代海禁时，还应考虑到当时的社会经济因素。朱元璋建立封建明王朝，他所要恢复和发展的经济是封建自然经济。在这种经济体制中，重农抑商始终是传统政策，因而明廷大力提倡"固本抑末"。虽然海外贸易在当时国民经济、社会生产中所占的比重不大，但海外贸易是高利润的行业，吸引力大，争夺劳动力很激烈，危及封建自然经济的基础。这是朱元璋初行开海而很快又转变为禁海的经济原因。

禁海政策付诸实施后，明廷加快了海防建设的步伐。洪武五年（1372），命造海舟，御敌于海。洪武十六年（1383），派信国公汤和巡视沿海布防。洪武十九年（1386），方国珍之侄方鸣谦提出御敌于海、陆的海防战略，"请量地远近置卫所，陆聚步兵，水具战舰，则倭不得入，入亦不得傅岸"。[③] 朱元璋采纳其建议，并派方鸣谦随同汤和前往沿海筹划海防事宜。洪武二十年（1387），朱元璋又命江夏侯周德兴入福建，"福建福、漳、兴、泉四府三丁之一，为沿海戍兵，得万五千人。移置卫所于要害处，筑城十六"。[④] 后又设烽火门、南日、浯屿三水寨。洪武二十一年（1388），"又命（汤）和行视闽、粤，筑城增兵。置福建沿海指挥使司五，

---

① 吴重翰：《明代倭寇犯华史略》，商务印书馆，1939，第 21 页。

② 吴重翰：《明代倭寇犯华史略》，第 23 页。

③ 《明史》卷一二六《汤和传》，中华书局，1974，第 3754 页。

④ 《明史》卷九一《兵志三》，第 2243 页。

曰福宁、镇东、平海、永宁、镇海。领千户所十二，曰大金、定海、梅花、万安、莆禧、崇武、福全、金门、高浦、六鳌、铜山、玄钟”。[①] 防海之策始备。洪武二十三年（1390），“旋令滨海卫所每百户及巡检司皆置船二，巡海上盗贼”。[②] 洪武二十六年（1393），朱元璋又下令：天下要冲处均设巡检司，福建设 45 司。福建都指挥使司设在福州，统率 11 卫防守海疆。由上可见，明朝的海防部署可谓严密。水寨有信地，水寨之间又有会哨，构成沿海的第一道严密防线。第二道防线由卫所与巡检司构成，这是海防史上首次在沿海布下责任、分工明确的长期防御线。海禁、海防相辅相成，达到了统治者预期的目的，所以终洪武之世，福建海疆晏然。

明成祖朱棣继位后，海疆政策有所变化。明廷派郑和率大批官兵七下西洋，以达到其“耀兵异域，示中国富强”的目的。[③] 同时，此举足以在沿海造成强大的军事威慑，客观上达到加强海防、慑服中外的效果，也可以说是向海洋发展的又一种模式。

到嘉靖时期，政治黑暗，卫所空虚，福建五大水寨失去据险御敌的作用。“烽火门……共拨军四千六十八人，今逃亡者三千人。小埕……共拨军四千二百二人，今逃亡者二千三百八十三人。南日……共拨军四千七百人，今逃亡者二千五百五十七人。浯屿……共拨军三千四百二十九人，今逃亡者一千四百六十八人。铜山……共拨军一千八百二十二人，今逃亡者一千一百九十二人……”[④] 烽火门水寨缺额 73.7%，小埕水寨缺额 56.5%，南日水寨缺额 54.4%，铜山水寨缺额 65.4%，浯屿水寨也达 42.8%。据《明史·朱纨传》，浙闽海防久隳，战船、哨船十不存一，破而不修，损而不造，根本无法出海作战。

海防失去了应有的作用，海禁损害了沿海人民及海商的利益，从而加剧了倭患的严重性和复杂性。嘉靖三十四年（1555）起，倭患有增无减，给福建人民造成了极大的灾难。史载福建因倭祸，“十年之内破卫者一，

① 《明史》卷九一《兵志三》，第 2244 页。

② 《明史》卷九一《兵志三》，第 2244 页。

③ 《明史》卷三〇四《郑和传》，第 7766 页。

④ 卜大同：《备倭记》，载《四库全书存目丛书》，齐鲁书社，第 79 页。

破所者二，破府者一，破县者六，破城堡者不下二十余处，屠城则百里无烟，焚舍而穷年烽火”。[①] 东南沿海地区倭患牵动了明廷松懈的海防神经。为了平定倭患，朝廷命抗倭名将朱纨以都御史衔巡抚浙江，兼领福建五府军事，以整顿海防。后来戚继光将军两次率军入闽，大败倭寇，倭患才基本平息。倭患使福建社会经济受到的损失绝非短时间内就能恢复。

嘉靖倭患平息之后，明朝为了摆脱当时的政治、经济危机，隆庆年间海疆政策有了明显的松动。明廷采纳了福建巡抚都御史涂泽民的建议，开放海禁，以缓和日益激化的社会阶级矛盾，息盗抑寇。此后，福建漳州月港成了私人海上贸易的孔道。虽是局部开放，但私人海外贸易异常活跃，呈现一派繁荣景象。局部的弛禁促发了明代海洋经济发展的契机，地方民间海上活动成为明代海洋经济发展的主导力量。

二

清初雄居福建的郑氏集团成为朝廷的心腹之患。清廷的首要任务是消灭郑军、巩固统治，同时以此为中心制定海疆政策并加以实施。一方面招抚和谈，另一方面攻战剿灭。清初福建除水师额设近 2.7 万名水兵外，军标、抚标、督标直辖军队及陆路驻防军队人数也增至 4 万余人，东南沿海一线驻有重兵，布防日趋严密、完善，并辅之以海禁、迁界政策。

清廷把和谈作为一项基本策略。最初“以抚为主”，诱降招抚了郑芝龙。郑成功树旗抗清后，以台湾为反清复明根据地。康熙八年（1669），康熙帝派明珠、蔡毓荣等人前往和谈。行前，康熙帝敕谕明珠、蔡毓荣：“若郑经留恋台湾，不忍抛弃，亦可任从其便，至于比朝鲜不剃发，愿进贡投诚之说，不便允从。”[②] 表明了康熙帝统一祖国的决心，即台湾应回归，而不应成为附属国。清、郑之间前 9 次和谈都失败了，清廷“以抚为主”的策略在郑氏集团高层决策者方面虽屡受挫折，在郑氏集团中下层却

① 乾隆《海澄县志》卷二一《艺文志二·请设县治疏》，载《中国地方志集成·福建府县志辑》第 30 册，上海书店出版社，2000，第 648 页。

② 《明清史料丁编》第 3 本，载《康熙统一台湾档案史料选辑》，福建人民出版社，1983，第 85 页。

取得了巨大的成功，前后招抚投诚官兵3万余人，削弱了郑氏的军事实力。

海疆政策中对付郑氏的另一个手段是攻战剿灭。清军虽在兵力上占优势，海上作战却非郑氏水师对手。为此，先是制定禁海政策，“严禁商民船只私自出海”。[①] 顺治十六年（1659），郑成功率军沿长江溯流而上，震动京师，显示了郑军水师实力。此役虽不果，却使清廷意识到要消灭郑军，必须切断郑军与沿海居民的联系，于是在禁海的基础上又加上迁界，其时奉诏迁界的有河北、山东、江苏、浙江、福建、广东六省。如福建总督姚启圣上奏说：“福建海贼猖獗，而议迁界；又因贼势蔓延，止迁福建一省之界不足困贼，故并迁广东……五省之界。是迁五省之界者，其祸实始于福建之郑贼也。”[②]

康熙二十年（1681），形势大为改观。清廷政权稳固，经济、军事均有较大发展，为统一台湾奠定了坚实的基础。此时，郑经病死，郑氏集团内部分崩离析，康熙帝及时改变海疆政策，选派施琅为福建水师提督，以战逼和。郑氏主力被歼，遣员求降。康熙二十二年（1683），台湾顺利回归祖国。康熙二十三年（1684），康熙帝采纳工部侍郎金世鉴之请求，下谕旨：“向令开海贸易，谓于闽、粤边海民生有益。若此两省民用充阜，财货流通，各省皆有裨益。且出海贸易非贫民所能，富商大贾懋迁有无，薄征其税，不致累民，可充闽、粤兵饷，以免腹里省份转输协济之劳。腹里省份钱粮有余，小民又获安养，故令开海贸易。”[③] 并在沿海设立榷司。开海后，福建对外贸易迅速发展，加强了同琉球、日本及东南亚各国间的贸易往来。康熙晚年又实行禁海政策，清廷惧怕内地与海外的汉人联合反清，颠覆清政权。禁海令为有清一代的海疆政策奠定了基础。

台湾统一后，治理台湾逐渐成为清朝海疆政策的一个组成部分。朝廷中对台湾问题有守、弃两种不同的意见，以施琅为首的守派认为台湾是东南各省屏障，强调台湾在政治、经济及海防上的重要地位，断无可弃之

① 《清世祖实录》卷一〇二“顺治十三年六月”，载《清实录》第3册，中华书局，1986年影印本，第789页。

② 《姚启圣题为请复五省迁界以利民生事本》，载《康熙统一台湾档案史料选辑》，第293页。

③ 《清圣祖实录》卷一一六“康熙二十三年九月甲子”，载《清实录》第5册，第212页。

理。康熙帝最后采纳施琅的意见，设置台湾府，隶属福建省。为稳定海疆，清廷对台政策包括两方面。一是始终怀有防范意识，认为台湾孤悬海外，容易生变，朝廷鞭长莫及。康熙五十四年（1715），康熙帝在福建督抚请示台湾应否开荒的奏折中批示："台湾地方多开田地，多聚人民，不过目前之计而已，将来福建无穷之害俱从此生，尔等会同细商，毋得轻率。"① 表明了清廷对台湾开发的基本态度，从而决定了清前期治台政策消极和保守的取向。二是在赋税上对台湾采取轻徭薄赋的宽松政策，规定台湾新垦田园改照福建同安下沙之例，比旧额减轻约三分之一。乾隆五十三年（1788），更明确指出："台湾一岁三收，蔗、薯更富，朕若微有'量田加赋'之意，以致民变，天必罪之。"② 清廷对台湾主要是议安抚之策，严守御之方，令其相安无事。

鸦片战争后，清廷对台湾的重要战略地位有了新的认识，对台湾的开发采取了较为积极的态度，并加强了台湾的海防建设。

三

明清时期统治者制定的海疆政策，基本上保障了沿海社会的安定。明朝270余年，除嘉靖年间倭患严重外，其余时间海疆平静。清初入关至鸦片战争近200年，除统一台湾外，海疆也无大事。但是，明清制定的海疆政策不可避免地产生了一定的负面影响。

其一，明清海疆政策的指导思想是消极保守，着眼于"防""禁"，缺乏对海权应有的认识，表现为放弃海权，而海权含有海洋国土、海洋经济、海洋防御等积极观念。宋元以来，沿海地区经济的发展促进了海外贸易，这也是中华民族和平向海洋发展的契机。明清统治者的禁海，将海洋发展的主力撤回，使我国原领先于世界的航海、造船等技术落后了。此时世界上其他国家随着生产力的发展、航海技术的进步，纷纷向海洋发展，

① 中国第一历史档案馆编《康熙朝汉文朱批奏折汇编》第6册，档案出版社，1985，第192页。

② 《清高宗实录》卷一三〇〇"乾隆五十三年三月"，载《清实录》第25册，第488～489页。

以海上殖民掠夺为发展经济的原始资本。海上发展促进了社会经济发展，经济发展促进了军事发展。坚船利炮又成为向海洋发展、海上争霸的后盾。明清海疆政策，有其防止侵略的一面，却不是有效的手段，消极的防守是守不住的，最终西方列强的坚船利炮冲破了海禁线，轰开了中国的大门。在探讨海疆政策的得失时，是否可以得出这么一种论点，即积极进取是最好的防守？

其二，明清禁海、迁界政策对闽台社会的负面影响较大，对闽台经济造成的影响是无法估计的。宋元时期，福建就是全国商品经济发达的地区，海外贸易居于全国首位，马可·波罗称泉州港为“东方第一大港”即为明证。有些西方学者认为中国非航海国家，实则中华民族向海洋发展有自己的模式，即和平、互利，与西方海外殖民掠夺不同。福建地狭人稠，多余的农业人口纷纷涌向手工业、商业和海外贸易。随着海外贸易的发展，福建农业、手工业、商品经济、交通运输业都得到发展。因海外贸易而获得的市舶收入颇多，成为福建经济重要支柱。给事中傅元初把开市贸易的好处归纳为“三利”说：“若洋税一开，除军器、硫磺、焰硝违禁之物不许贩卖外，听闽人以其土物往……即可复万历初年二万余金之饷以饷兵，或有云可至六万而即可省原额之兵饷以解部助边，一利也；沿海贫民多资以为生计，不至饥寒，窃困聚而为盗，二利也；沿海将领等官不得因缘为奸利而接济，勾引之祸可杜，三利也。”[①] 隆庆开禁后，私人海上贸易进入一个重大发展时期，呈现一派欣欣向荣景象。对外贸易地区日益扩大，销售到各地的商品也大量增加，对商品需求的增加，促进了福建社会经济的发展。但自海禁严而闽贫矣。

清代受海疆政策影响最大的当推福建，顺治十八年（1661），沿海奉旨内迁三十里。史载：“令下即日挈妻负子载道，露处其居室放火焚烧，片石不留，民死过半，枕藉道途，即一、二能至内地者，俱无担石之粮，饿殍已在目前。如福清二十八里只剩八里，长乐二十四都只剩四都，火焚二个月，惨不可言，兴、泉、漳三府尤其甚。”[②] 就连水军之战舰数千艘亦

① 严如熤编《洋防辑要》卷一三。

② 海外散人：《榕城纪闻》，1956年福建师范大学图书馆据厦门大学图书馆存旧抄本抄，第25页。

同时焚之，以免为郑氏集团所用。居民被驱入界以后，有敢出界者杀无赦。闽地以边路为界，路下近海者为界外，路上近山者为界内，稍有不慎即为越界。大批滨海居民因违旨“透越”罪名被杀。而所设立的界线，或是“浚以深沟”，或是“筑土墙为界”。官府还建立寨、墩、台，派官兵扼守。所需的庞大人力、物力又全部压在沿边居民身上。时任福建福宁道的洪若皋在奏疏中也不得不承认：“百姓无田可耕，无山可樵，鸠形鹄面，日驱策于筑垒筑寨之役。”①

因清代禁海、迁界，中外贸易中断20年之久。海内外贸易长期停滞，国内各港口沦为空港，这直接影响到沿海各省的生产，阻碍了商品经济的发展。航运业惨遭摧残，船主破产，船工失业。滨海地区地处平原，土地肥沃，良田万顷。迁界令一下，沿海30~50里范围转眼化为废墟。因迁界而荒芜的田地数字是惊人的，仅福建的“福州、兴化、泉州、漳州等四府，福宁一州，所属十九州县，原迁界外田地共二万五千九百零四顷”。②沿海地区历来是捕鱼和煮盐的重要场所。迁海令一下，“万顷沧波舟楫绝，何人更有羡鱼心?”渔业陷入绝境。海盐生产也差不多完全停顿，闽中盐场初迁时多在界外，与民生关系甚大的食盐生产受到严重影响，导致地处沿海的福建百姓三餐淡食。

禁海、迁界使朝廷赋税收入减少，也使内地百姓负担加重。据史料记载，迁界后仅田赋一项，福建省每年就减少税收计白银20余万两。福建总督范承谟于康熙十二年（1673）上疏说：“一自迁界以来，民田废弃二万余顷，亏减正供约计二十余万之多，以至赋税日缺，国用不足。”③ 可知福建省因迁界累计废弃田地2万余顷，每年亏减正课20余万两。除田赋外，还有盐税、渔税、商税等的减收，再加上沿海各省的数字，清朝每年在赋税方面的损失相当大。

清前期的消极海疆政策对开发台湾也产生了不良影响。清廷限制移民入台，“验有本地方官照票或官部照牌，方许渡载。至台湾把口官悉照原

① 洪若皋：《南沙文集》，载《清代诗文集汇编》第91册，上海古籍出版社，2010，第176页。
② 杜臻：《粤闽巡视纪略》，载《四库全书》第460册，台湾商务印书馆，1986，第1109页。
③ 范承谟：《条陈闽省利害疏》，载《魏源全集·皇朝经世文编》卷八四，岳麓书社，2004，第617页。

报单内逐名验明，方许登岸”。[①] 同时严禁妇女入台，修于康熙五十六年（1717）的《诸罗县志》中有“内地各津渡妇女之禁既严”的说法。汉族移民进入台湾开垦，难免会与当地居民产生冲突。清廷不是积极调解这一矛盾，而是在相当长时间内，施行禁止汉人进入“番界”开垦的政策，这些消极政策的种种限制影响了台湾人口的自然增长，也影响了台湾开发的进程。但是，台湾优越的自然条件仍然吸引着数以百万的大陆汉族移民，他们筚路蓝缕，开发台湾。

其三，明清海疆政策的另一个负面影响是增加敌对势力。倭患引起禁海，禁海是作为海防的一个辅助策略而出台的。而在必须靠海维生的东南民间，海上活动仍在禁海令下继续存在着。“嘉靖初市舶罢……而盗愈不已，何也？寇与商同是一人也；市通则寇转而为商，市禁则商转为寇。”[②] 明朝不仅禁通番，甚至禁下海捕鱼，贫民岂能坐以待毙，故愈禁愈乱。走私成了公开的秘密，禁令森严却禁不了走私，徒为劣绅土豪利用，使他们通番获利，借此发财。这也是从明朝立国伊始到鸦片战争之前的四个世纪里，东南沿海广阔的海疆、海隅都出没着庞大的海盗集团的原因。尽管东南海防水师不断围剿，其势总是如野火春风，成为明清王朝的一大忧患。分析海盗成因，有许多上述寇、商同为一人的情况。在禁海时，一旦成为私家海商即为海盗，失去土地的破产农民也沦为新的海盗。一旦成为海盗就要在官府的严厉镇压下，在求生图存的困境中挣扎。明代海盗又多与倭寇搅在一起，为患更烈。禁海反而禁出一批反朝廷的海上武装力量，他们成为破坏社会安定与经济发展的力量。

清朝禁海、迁界是为了断绝郑成功军队的物质来源。正当清廷迁界之时，郑成功率军收复台湾，他下令广收沿海之残民。在郑成功军队的帮助下，“闽浙居民附舟师来归，烟火相接，开辟芜土，尽为膏腴”。[③] 一时沿海向台湾移民数量剧增，其中以漳、泉二府人数最多。大批移民赴台，有的开发台湾，有的从军，郑氏集团的实力大大加强。为了打破清廷的禁海

① 邓碧泉编《陈瑸诗文集》卷一《条陈台湾县事宜》，人民日报出版社，2004，第78页。

② 胡宗宪：《筹海图编》卷一一《经略一·叙寇源》，明天启四年刊本。

③ 查继佐：《东山国语·台湾后语》，载《四部丛刊》三编第128册，上海商务印书馆，1936年影印版，第209页。

政策，郑氏集团又派遣商船前往日本、暹罗、交趾各港多方购取货物，运到台湾。清朝封锁海疆的结果是郑氏船队越禁越多，禁海、迁界政策没有达到从经济上困死郑成功军队的目的。

总之，明清时期海疆政策的制定是由当时客观形势所决定的，是为统治者的政治目的服务的。它基本上达到了维护海疆安定的效果，但其负面影响是不容忽视的。消极的海疆政策使原有的海洋经济衰退，沿海社会经济遭受惨重的破坏，同时使敌对力量增强，增加了海防的难度。

本文原载于《福建论坛》（人文社会科学版）2002 年第 3 期

试论清代闽台区域一体化的形成

卢建一

闽台两岸自古以来安危与共，生死相依。明末清初著名地理学家顾祖禹曾说："澎湖为漳、泉之门户，而北港（台湾）即澎湖之唇齿，失北港则唇亡齿寒，不特澎湖可虑，漳、泉亦可忧也。"① 清朝康熙统一台湾之后，闽台区域一体化的局面逐步形成。

一

清康熙二十二年（1683），康熙帝派兵跨越台湾海峡，一举统一祖国，丰功伟绩，彪炳日月。率兵收复台湾的施琅指出："台湾地方，北连吴会，南接粤峤，延袤数千里……乃江、浙、闽、粤四省之左护。"② 被后世誉为"筹台宗匠"的蓝鼎元认为，若台湾失守，"则泉、漳先为糜烂，而闽、浙、江、广四省俱各寝食不宁"。③ 正是基于这种对台湾与东南沿海相互依存关系的深刻认识，统一台湾后，清廷对闽台地区长期实施了行政与军事一体化的国策。

统一后，台湾隶属福建。"设府一，县三，隶福建……设台厦兵备道

① 顾祖禹：《读史方舆纪要》卷九九《福建五》，中华书局，2005，第4518页。

② 施琅：《靖海纪事》，载《台湾文献丛刊》第13种，台湾银行，1958，第59页。

③ 蓝鼎元：《东征集》卷四《论台镇不可移澎书》，载《鹿洲全集》下册，厦门大学出版社，1995，第562页。

驻府治，兼理提督、学政、按察使、司事。”[①] 台湾的最高行政官员“分巡台厦道”，为福建六道之一[②]，属福建总督[③]、福建巡抚下属。台湾府官员由福建派出。雍正七年（1729），“议准台湾道、府、同知、通判、知县到任二年，令该督、抚于闽省内地拣选贤能之员，乘北风之时，令其到台，与旧员同办。半年之后，令旧员乘夏月南风之便，回至内地补用”。[④] 有关台湾的事务均由福建巡抚、福建总督上疏，然后由朝廷议准。如康熙四十五年（1706），“福建巡抚李斯义疏报，台湾、凤山、诸罗三县旱灾，上谕大学士等曰：……著将台湾等三县粮米，全行蠲免”。[⑤] 雍正五年（1727），“改台厦道为台湾道，添设台湾府通判一员，驻澎湖，裁澎湖巡检一员。从福建总督高其倬请也”。[⑥]

台湾行政有一特色，历任巡台长官均兼任学政，以示对教育的重视。同时，台湾的教职多由闽人担任。如第一任台湾府儒学教授林谦光是长乐县人、台湾县儒学教谕傅廷璋是南安县人、凤山县儒学教谕黄赐英是晋江县人、诸罗县儒学教谕陈志文是长乐县人。[⑦] 《钦定大清会典事例》载：“台湾府学训导及台湾、凤山、诸罗、彰化等四县各教谕、训导，遇有缺出，先尽漳、泉七学调缺教职内拣调；倘或不敷或人地未宜，仍于通省教职内一体拣选调补。”[⑧] 从闽地选调教职，容易收到人地相宜、教有所成的效果。

嘉庆年间，福建巡抚王凯泰奏言：“福、台关联甚巨，彼此相依……

---

① 连横：《台湾通史》卷三《经营纪》，载《近代中国史料丛刊续编》第 74 辑第 738 册，文海出版社，1980，第 61 页。

② 黄本骥编《历代职官表》卷五《清朝官职·司道》，上海古籍出版社，2005，第 263 页。雍正年间改分巡台厦道为台湾道，乾隆三十二年加兵备衔，五十一年加按察使衔。

③ 《清实录》载：康熙五十年前为福建总督，康熙五十一年至雍正元年为福建浙江总督，雍正二年至四年为浙闽总督，雍正五年起为福建总督，乾隆元年后称闽浙总督。郑贞文《福建通志》卷二二《职官志·清》载：“福建总督初制属浙江兼职辖，顺治十五年专设，康熙七年仍总督浙闽，九年专设，二十三年改为总督闽浙，雍正五年仍专高，十二年复故，以后遂为定员。”

④ 连横：《台湾通史》卷六《职官志》，载《近代中国史料丛刊续编》第 74 辑第 738 册，第 135 页。

⑤ 张本政主编《〈清实录〉台湾史资料专辑》，福建人民出版社，1993，第 76 页。

⑥ 张本政主编《〈清实录〉台湾史资料专辑》，第 101 页。

⑦ 高拱乾：《台湾府志》卷三《秩官志》，据清光绪三十五年刊本传抄。

⑧ 《钦定大清会典事例》卷六五《吏部》，清嘉庆二十五年武英殿刻本，第 1890 页。

请以福建巡抚冬春驻台，夏秋驻省。”[①] 这种行政上的隶属关系及区域间的相宜相依，正是一体化的具体体现。

清代闽台区域同属于一个军事体系，台湾镇是福建水师五镇之一。台湾镇总兵由福州将军、闽浙总督与福建水师提督节制。《重纂福建通志》记载：“水师提标：辖本标中、左、右、前、后五营，节制金门、海坛、台湾、南澳、福宁五镇，并听闽浙总督节制……台湾镇：康熙二十三年设，辖本标中、左、右三营，城守左、右军，水师协标三营，北路协标二营，嘉义营，澎湖协标二营，南路营，南路下淡水营，艋舺营兼辖沪尾水师营，新设噶玛兰营，听福州将军、闽浙总督、福建水师提督节制。”[②] 驻防台湾的官兵由福建调拨。康熙二十七年（1688），兵部议覆：“闽省各营官弁前调防台湾、澎湖所遣员缺，请于本省见任官弁中酌量调补。”[③] 雍正七年（1729），“诏饬福建将弁慎选台湾换班兵丁”[④]，“调戍之初必由厦门，提督点验……换班来台……均自五虎门竟渡八里坌登岸，由艋舺参将点验，分收各营”[⑤]。

因驻兵海岛责任重大，康熙帝对台湾总兵一职极为重视，“台湾总兵官殊属紧要，应调补之人，著问九卿及福建省官员，亦遣人往问大学士李光地，并晓喻福建总督等，将该省武官内好者，即行荐举”。[⑥] 雍正十一年（1733），根据福建总督郝玉麟意见，将台湾总兵官照沿边之例，“总兵一官有统驭民番之责，请照山陕沿边之例，改为挂印总兵官”。[⑦]《福建通志》“操阅营伍”记载了乾隆年间的巡阅制度：“乾隆元年……海坛、金门、南澳、台湾四镇水师岁一阅……五十二年……该督、抚及水师、陆路两提督每年轮值一人前渡台湾严行稽查……五十三年，令福州将军与督、抚、提

---

① 连横：《台湾通史》卷六《职官志》，载《近代中国史料丛刊续编》第74辑第738册，第139页。

② 道光《重纂福建通志》卷八三《兵制五五》，载《中国地方志集成·福建省志辑》第3册，上海书店出版社，2011，第158页。

③ 张本政主编《〈清实录〉台湾史资料专辑》，第71页。

④ 连横：《台湾通史》卷三《经营纪》，载《近代中国史料丛刊续编》第74辑第738册，第66页。

⑤ 道光《重纂福建通志》卷八四《戍守台湾》，同治七年正谊书院刊本，第2~3页。

⑥ 张本政主编《〈清实录〉台湾史资料专辑》，第77页。

⑦ 张本政主编《〈清实录〉台湾史资料专辑》，第110~111页。

督分年轮值一人前渡台湾，实力稽查整顿。”[①] 军事上的隶属、官兵的调戍、督抚的巡阅制度，充分体现了闽台区域军事上的一体化。

清代治台大员都充分认识到了闽台军事一体化的重要性。“台湾一郡为闽省外郛，譬犹锁钥，台郡为锁，澎湖、厦门为钥，而鹿耳门、鹿仔港则通钥之窍也。鹿耳（门）、鹿（仔）港两处无事，则全台有所恃以无恐，而省郡之气常通。”[②] 只有保持台湾的安全，才能做到省郡之气常通。为此，同治初年闽浙总督左宗棠采取了一系列整顿闽台政务、防务的措施，他亲自遴选、破格提拔“守洁、才长、兼通方略”的福建盐道吴大廷，让他升任台湾道员。又调功勋卓著、谋勇兼资的福宁镇总兵刘明灯为台湾镇总兵。将金门改设副将，由福建水师提督专辖。

同治十三年（1874），发生了日本侵犯台湾事件，沈葆桢受命办理台湾等处海防，福建水师显示了实力。日军感到其“抵台南之船非中国新船之敌”[③]，未敢再有下一步侵台行动。

光绪五年（1879），日本公开吞并琉球，台湾防务又趋紧张。朝廷“著沈葆桢传知李成谋，即赴福建厦门台湾一带总统水师，并将船政轮船先行练成一军，以备为虞，归南洋大臣节制，随时与闽督、抚妥筹备御之策”。[④]

中法战争中，闽台是一个重要战场。光绪九年（1883）清帝下谕：“闽省台澎等处，在在堪虞”，令闽省督抚“务当同心筹划，备豫不虞”。[⑤] 台湾隶属福建，福州与台北只相距百余里，朝发可夕至。法国要占领台湾、福州，以作为索取军事赔款担保品。当台湾危急关头，福建军民采用各种办法运送大量军械、粮饷、兵士支援台湾。没有福建的支援，保卫台湾无从谈起。由此也充分说明闽台区域行政、军事一体化的重要性。

---

① 民国《福建通志》卷二八《福建兵志》卷二，载《中国地方志集成·福建省志辑》第3册，第678页。

② 左宗棠：《复陈裁汰闽军并台湾等处军情片》，载《左宗棠全集·奏稿一》，岳麓书社，1987，第235页。

③ 《筹办夷务始末（同治朝）》卷九四，载《近代中国史料丛刊》第62辑第611册，文海出版社，1971，第4页。

④ 张侠、杨志本等编《清末海军史料》下册，海洋出版社，1982，第551页。

⑤ 《清德宗实录》卷一七四“光绪九年十一月十八日”，中华书局，1987年影印本，第425页。

二

闽台人民同祖同根，有共同的血缘关系。因此，在清代闽台区域一体化的进程中，两岸在文化上也表现出了高度认同。

南宋《诸蕃志》载："泉有海岛曰澎湖，隶晋江县。"[①] 宋代闽人已向台湾移民。元至正二十年（1360），朝廷在澎湖设置巡检司，隶属福建泉州同安。从明代开始，福建向台湾移民数量剧增，台湾土地肥沃，气候温暖，有种必获，所出之米一年丰收足供四五年之用。漳、泉子弟将其视为乐土，相率而往者岁数千人。万历年间至明末，雄踞海上的郑芝龙海商集团，恃其军力、财力支持移民活动。清初郑成功收复台湾，水陆官兵3万余人在台湾定居。康熙三年（1664），郑经又带去福建百姓近7000人。在郑氏集团统治台湾时期，台湾人口已达20万，其中大部分来自福建，闽南人居多。

清统一后，开创了福建向台湾移民的新局面。初期迁台受官府严格控制。康熙年间，"凡往台湾之船必令到厦门出入盘查。一体护送由澎而台，从台而归者，亦令一体护送由澎到厦"。[②] 尽管清廷设置了许多障碍，但台湾优越的自然条件，仍然吸引着移民。康熙三十四年（1695）"自鸡笼越山而至崇爻。于是台东之野，渐有汉人足迹矣……其后汉人日进，拓地愈广。如杨志申、吴洛、施世榜等，且先后而至半线，辟土田，兴水利，以立彰化之规模其功大矣"。"四十七年，泉人陈章请垦大佳腊之野……是为台北府治"，"满保……画虎尾溪以北至大甲溪，设彰化县。而溪北至鸡笼，设淡水同知"。[③] 雍正五年（1727）福建总督高其倬曾提出"给照搬眷"，到乾隆十一年（1746），"户部议准闽浙总督马尔泰议覆：……查台湾编氓多系内地之人，其在台年久、置有恒产者，往往不能弃产回籍。应如所奏，在台人民，果有祖父母、父母在籍，准其赴台就养；如祖父母、

---

① 《诸蕃志》卷上《毗舍耶》，商务印书馆，1937，第26页。

② 道光《厦门志》卷四《防海略》，载《中国方志丛书》（华南地区）第80号，台北成文出版社，1967，79页。

③ 连横：《台湾通史》卷一五《抚垦志》，广西人民出版社，2005，第418~422页。

父母在台，准其子孙赴台侍奉；若本人在台，而内地妻少子幼，并无嫡亲可托者，亦准其搬移聚处；即赴台侍奉祖父母、父母之子孙，果有幼小妻子，亦准一体赴台”。[①] 自此出现大批举家搬迁者，清朝档案记载：1763年，台湾人口已达666040人，而1782年又增加到912920人，平均每年增加1万多人。1811年，台湾人口更是高达1901833人，30年间增加将近100万人，平均每年增加3万多人。1840年又发展到250万人。[②] 大陆向台湾的移民主要来自闽、粤两省，其中福建省占有更大比重。

“隶漳、泉籍者十分之七八，是曰闽籍；隶嘉应、潮州籍者十分之二，是曰粤籍；其余隶福建各府及外省籍者，百分中仅一分焉。”[③] 按照上述说法，福建籍移民（特别是漳泉移民）约占80%。血缘相亲，故土情感是文化认同的重要基础。

随着大量闽人移居台湾，福建的宗族关系也移植岛内。在多数情况下，福建人是分散地进入台湾，直到定居有了田产后，才与家乡的宗族联系，视在台家庭为大陆家族的延伸。乾隆年间放宽渡台限制，福建移民接踵而来，他们投靠亲戚，依血缘关系聚族而居，使得宗族观念更为浓烈。移民担心宗族关系阻断，薪火失传，只要有条件就返乡谒祖，请回祖灵，南安《武荣诗山霞宅陈氏族谱》载：“……曾于乾隆癸巳年回家将神主请往台湾奉祀。”漳州龙溪童氏族谱记载了秀弼公三兄弟携先祖牌位迁至台湾。[④] 然后续修族谱，重建家庙，增强族人的荣誉感和凝聚力。宗族祠堂遍布台湾各地，并编纂了大量族谱，来认识自身的宗法关系，强化对祖先血缘的认同。蓝鼎元认为，“无父母妻子宗族之系累”将影响台湾社会的安定，地方官“似不可不为筹划”。[⑤] 宗族的功能在于协调移民间关系，同时以宗族为核心，把松散关系结集起来，形成以血缘关系为主，并与地缘关系相结合的宗族结构的定居社会。

闽台区域百姓同祖同宗，习俗、民风相近。“台民皆徙自闽之漳州、

---

① 张本政主编《〈清实录〉台湾史资料专辑》，第147~148页。

② 陈孔立：《清代台湾移民社会研究》，厦门大学出版社，1990，第8页。

③ 《安平县杂记·住民生活》，载《台湾文献丛刊》第52种，台湾银行，1959，第23页。

④ 吕良弼：《闽台文化血缘：福建移民及其影响》，载《同祖同根源远流长》，海峡文艺出版社，1993，第114~115页。

⑤ 蓝鼎元：《鹿洲奏疏·经理台湾第二》，载《鹿洲全集》下册，第805页。

泉州……其起居、服食、祀祭、婚丧，悉本土风，与内地无甚殊异。”[①] 岁时节庆如除夕围炉、新正贺岁、元宵闹花灯、清明扫墓祭祖、端午赛龙舟、七月普渡、八月中秋……也与福建相同。雍正十二年（1734）上谕：“漳、泉地方民俗强悍，好勇斗狠……闽省文风颇优，武途更胜，而漳、泉二府人才又在他郡之上，历来为国家宣猷效力者，实不乏其人，独有风俗强悍为天下知。”[②]

“居台湾者皆内地人，故风俗与内地无异，轻生喜斗，善聚党，亦皆漳、泉旧俗。”[③] 闽台区域百姓有相同的勇于冒险、敢于拼搏的民风。沿海居民多从事海上贸易，“饶心计者，视波涛为阡陌，倚帆樯为耒耜。盖富家以财，贫人以躯，输中华之产，驰异域之邦，易其方物，利可十倍。故民乐轻生，鼓枻续，亦既习惯，谓生涯无逾此耳”。[④] 以海为田的重商主义，使闽台民间对工商业多取与传统有别的宽容态度。

移台的闽人始终眷念故土，为了不忘各自的祖籍地，在台湾的居住地多沿用家乡地名，如安平镇、东山乡、泉州厝、同安村、安溪寮、福安里、龙岩村等，这种命名蕴含着移民一种难以言传的归属感，让子孙后代永不忘祖居地的认同意识。早期移民的文化层次较低，方言是他们之间进行交流的最主要工具，由于闽南移民数量最多，闽南方言在台湾极为普及。“郡中鴃舌鸟语，全不可晓。如刘呼涝，陈呼淡，庄呼曾，张呼丢，吴呼袄，黄无音，厄影切，更为难省。”[⑤]《台游笔记》载：“呼内地人曰‘外江郎’、吃烟曰‘脚荤’、茶曰‘颠’、饮曰‘奔’、走路曰‘强’。”[⑥] 这些记录下来的语音资料，全是闽南话的译写，移民在创建家园的过程中也传播了福建地方文化。

闽人移居台湾，筚路蓝缕，历尽艰辛，家乡的各种民间神祇自然成为

---

① 丁绍仪：《东瀛识略·习尚》，载《台湾文献丛刊》第2种，台湾银行，1957，第32页。

② 乾隆《泉州府志》卷二〇《风俗》，清同治九年重刊本，第25~26页。

③ 《福建通志·台湾府·风俗》，载《台湾文献丛刊》第84种，台湾银行，1960，第207页。

④ 乾隆《海澄县志》卷一五《风土志》，载《中国方志丛书》（华南地区）第92号，台北成文出版社，1968，第171页。

⑤ 《台湾志略》卷二《丛谈》，载《中国方志丛书》（台湾地区）第51号，台北成文出版社，1970，第216页。

⑥ 《台游笔记》，载《小方壶斋舆地丛钞》第九帙，上海著易堂印行光绪辛卯本。第2页。

移民的精神支柱。他们东渡海峡，受尽风涛艰险，为了帆樯稳渡，一路平安，唯赖天后慈航。自施琅奏请建台湾最早的官方妈祖庙——台南天后宫之后，“天妃庙无市肆无之”。①妈祖圣诞三月二十三日前后，民间常举行盛大的“迎神”“游神”活动。各地的许多妈祖庙都先举行“回娘家”的进香活动，前往湄洲岛妈祖祖庙和贤良港天后祖祠进香、请火并过炉，然后再回本地庙中举行妈祖诞辰庆典。移民初到，水土不服，屡遭疾病侵袭，为保健康，祓灾冥福，敬祀保生大帝。临水夫人陈靖姑也是闽台民间共同崇奉的海神。雍正、乾隆年间，朝廷放宽对福建沿海居民携女眷移民入台的限制，古田乡亲将陈靖姑信仰带入台湾。此外还有清水祖师、广泽尊王及各种王爷等，福建各地的民间神祇通过各种途径传到台湾。对神灵的崇拜，不仅是一种信仰，更重要的是寄托着对家乡亲人的眷念之情。闽台间有共同的血缘关系，宗族相亲，习俗民风相近，语言相通，信仰相同，形成闽台区域文化上的一体化。

三

统一后，清廷调整政策，闽台之间开海通航，两地互通互补，由此也形成了闽台区域经济一体化的发展格局。

清统一台湾后，闽台之间即正式开海通航，当局不断增加闽台间对渡口岸。从康熙二十三年至乾隆四十九年（1684~1784），只有台湾安平鹿耳门与厦门之间单口对渡。鹿耳门被首选为对渡口岸有其历史及军事上的原因。鹿耳门位于台湾西海岸南部，为台湾最原始的港口，厦门与鹿耳门通航的历史悠久，闽人多由此移居台湾。随着台湾的开发，自乾隆四十九年至五十五年（1784~1790），改为双口对渡，增台湾彰化鹿仔港与泉州蚶江口为对渡口岸。乾隆五十五年至嘉庆十五年（1790~1810），定为三口对渡，增淡水厅所辖八里坌口对渡福州五虎门。到道光四年（1824），闽省官府又奏请增开台湾彰化海丰（五条港）、噶玛兰乌石两港为正口。此间，

① 《台湾纪事·台俗》，载《中国方志丛书》（台湾地区）第54号，台北成文出版社，1970，第190页。

“往往民间私口、私航兴起在先，清朝正式开港、设口在后。闽台人民强烈的通航愿望及民间私口贸易和私航活动，客观上成了清朝廷被迫放宽政策的重要推动力”。[①] 开海通航后，闽地移民加速对台湾的开发，据《续修台湾府志》推算：康熙二十四年（1685），台湾有田园202994亩。到雍正六年（1728），增至336765亩，增长65.9%，平均每年增加3110.95亩。[②]同时，移民带来了先进生产技术、工具，使台湾的农业耕作技术改进、作物品种增加，短短时间内台湾成为产粮、产糖基地。台湾的发展又给福建经济带来直接的支持，这种经济互动推动了两岸共同发展，有利于闽台间经济一体化。闽台互为市场，相互依存，优势互补关系是两岸经济发展的最佳选择。就台湾而言，台湾民众的日用百货主要靠福建供给。《澎湖纪略》载：澎民“所有棉、夏布匹，俱取资于厦门”。[③]《续修台湾县志》载：“百货皆取资于内地，男有耕而女无织。”[④]“淡民需用农器货物，全借蚶、厦以资。”[⑤]《噶玛兰厅志》记载：“兰中惟出稻谷，次则白苎，其余食货百物多取于漳、泉。”[⑥] 就福建而言，台湾作为新形成的农业区域对福建有十分重要的意义，清初福建水陆官兵与驻防旗兵近10万人，福州、福宁、泉州、漳州4府，兵多米少，当地无法全部供给，要靠台米接济。从康熙二十三年（1684）起，台湾海商开始向福建输出粮食等。台湾大米输入福建，有官运和民运两种。官运主要为驻闽官兵及驻台官兵留闽眷属提供粮食。向驻闽官兵提供的粮食称“兵米”，向驻台官兵留闽眷属提供的粮食称“眷米”，两者合称“兵眷米”。民运是向福建市场投放粮食，“台

---

① 黄国盛：《论清代前期的闽台对渡贸易政策》，《福州大学学报》（哲学社会科学版）2002年第2期。

② “台湾田粮，与内地不同：内地计弓论亩，台湾计戈论甲。每戈长一丈二尺五寸，东西南北各二十五戈为一甲，每甲约比内地十一亩三分有奇。”参见蓝鼎元《鹿洲初集》卷二《书·与吴观察论治台湾事宜书》，载《鹿洲全集》下册，第51页。

③ 乾隆《澎湖纪略》卷三《官师纪》，载《中国方志丛书》（台湾地区）第17号，台北成文出版社，1970，第149页。

④ 嘉庆《续修台湾县志》卷一《地志·风俗》，载《中国方志丛书》（台湾地区）第10号，台北成文出版社，1970，第50页。

⑤ 《福建沿海航务档案》，福建师范大学图书馆抄本，第94页。

⑥ 咸丰《噶玛兰厅志》卷五《风俗上·商贾》，载《中国方志丛书》（台湾地区）第23号，台北成文出版社，1983，第13页。

湾米多，患谷贱妨农；漳、泉产少，患谷贵病民”。[①] 据乾隆七年（1742）清朝派驻台湾的两位监察御史书山、张湄统计，每年官运、民运粮食有80万~90万石。[②] 除官运、民运之外，走私运进福建的粮食难以计数，“闽省尚需台米接济，台饷向由省城转输，彼此相依”。[③] 由于闽台间互为市场、互通有无，两岸的商船络绎不绝，《厦门志》载：“厦门商船对渡台湾鹿耳门，向来千余号。”[④] “对渡台湾一岁往来数次……初则获利数倍至数十倍不等，故有倾产造船者……舵水人等借此为活者以万计。”[⑤] 这种彼此相依的关系为两岸人民提供了更多的谋生途径。清代闽台区域开海通航，互为市场，促进了两岸经济的良性发展。闽台经济结构的关联与互补、分工与合作体系的建立，促进了区域经济一体化的形成。

综上所述，康熙统一台湾后，闽台区域加快了一体化的历史进程：行政上，台湾是隶属福建的一个府；军事上，台湾镇是福建水师五镇之一；文化上，同祖同根，两岸文化同质与相融；经济上，互为市场，分工协作，优势互补；在反侵略战争中，闽台人民同仇敌忾，为捍卫国家主权、维护祖国统一共同做出了不可磨灭的贡献。清代闽台区域一体化局面的形成，顺应了当时社会历史发展的潮流。

本文原载于《东南学术》2004年第2期

① 张本政主编《〈清实录〉台湾史资料专辑》，第198页。

② 连横：《台湾通史》卷二七《农业志》，载《近代中国史料丛刊续编》第74辑第738册，第347页。

③ 连横：《台湾通史》卷六《职官志》，载《近代中国史料丛刊续编》第74辑第738册，第74页。

④ 道光《厦门志》卷五《船政略·商船》，载《中国方志丛书》（华南地区）第80号，第111页。

⑤ 道光《厦门志》卷一五《风俗记·俗尚》，载《中国方志丛书》（华南地区）第80号，第323页。

试述清代闽台教育的一体化

赵建群

台湾与福建隔海相望，两地最近处相距仅130千米左右，有特殊的地缘关系。闽台之间这种特殊的地缘关系，使得两地往来联系历来十分密切，两地也由此存在许多文化的同一性。在教育方面表现为，自康熙二十二年（1683）清朝统一台湾后，在清代总体教育体制下，台湾教育的发展深受福建教育的影响，同时不断发展着的台湾教育，也在一定程度上反作用于福建教育。清代闽台教育就是在这种相互影响、相互促进的状况下，趋于一体化。

清代，闽台教育的一体化是一种综合现象，具体表现在下述六个方面。

一　教育行政的隶属关系

康熙二十二年，清朝政府在平定“三藩之乱”后，遣师渡海进攻澎、台，郑经子郑克塽率众归降，郑氏政权在台统治告终，台湾与祖国大陆实现了统一，归属清政府管辖。清朝政府统一台湾后，于次年设立台湾府，下置台湾、凤山、诸罗三县，隶属福建省。台湾与福建这种行政隶属关系确立后，两地之间的联系在原有地缘关系的基础上，更加密切。

依照清朝政府的规定，各省教育及贡举事宜由专任职官主管，由该职官组成一省最高教育行政机构，隶于督抚。有清一代，主管各省学务职官的称谓历经3次变更。初谓提督学道，雍正四年（1726）改称提督学政，清末再改为提学使。台湾与祖国大陆统一后，于康熙二十三年（1684）被划定为福建省下属的一个府。照规定其学务理当归福建提督学道管理。不过，受地理因素的影响，有关台湾学务的管理被作为特例处置。

台湾与福建遥隔大海，而福建主管学务的官员又驻在福州，无法时时涉海处理台湾学务，因此只得指派其他官员兼任。至于由何官员兼任，则因不同历史时期情况变动而多次更易。康熙年间，“提督学政事物，以台湾两隔重洋，学使不能远涉，照陕西延安、广东琼州之例，就台厦道提督学政，兼行试事”。[①] 由分巡台厦兵备道兼理台湾学务的局面，延续至雍正五年（1727），清世宗考虑到台厦道既“有管理地方之责，又兼学政，未免稍繁”，认为“应将学政交与汉御史管理，甚为妥协”。[②] 于是，台湾学务改由巡视台湾的监察御史汉御史兼理。及至乾隆十七年（1752），清政府规定“福建巡台御史，定为三年一次派往，事竣即回”。[③] 如此一来，由其兼理台湾学务显然多有不便，于是复改归分巡台湾兵备道兼理，而且此一做法延续了100多年。从光绪元年（1875）起，由于实行福建巡抚半年驻台的政策，台湾学务也相应改为由福建巡抚兼理。不过，福建巡抚一年中毕竟只有半年驻台，诸多事务仍由台湾道负责处理，因此光绪四年（1878）兼理台湾学务一职复归分巡台湾兵备道，并一直实行至台湾建省为止。

尽管清代台湾学务并不由福建提督学道或提督学政主理，而是另指派官员兼理，但是台湾作为福建省下属的一个府，由于行政上的隶属关系，其教育方面诸项事宜仍由福建地方政府具体管理，属于福建学务的范畴。康熙年间在指派分巡台厦兵备道兼理台湾学务的同时，也相应规定所有有关台湾的教育事宜，均要“附其册于福建学使达部焉”。[④] 乾隆十六年（1751），清朝政府就贡生的选拔问题明确指示道：“福建台湾府由台湾道选拔，移送福建学政会同督、抚覆试验看。如督、抚等别有见闻或验试不

① 康熙《诸罗县志》卷五《学校志》，中华书局，1962，第78页。

② 《福建通志·台湾府》，载《台湾文献丛刊》第84种，台湾银行，1960，第3页。

③ 《清会典台湾事例》，载《台湾文献丛刊》第226种，台湾银行，1963，第87页。

④ 康熙《台湾县志》卷二《建置》。

堪充选，仍发回原籍肄业。”[①] 嘉庆十二年（1807），清政府又规定：“台湾府学及所属四学生员报优者，由台湾道造册送交福建学政，与内地各府优生一体会考。”[②] 上引各项规定虽然涉及不同的事宜，但有一个共同之处，即均规定台湾学务由福建地方政府统一管理。正因如此，康熙四十八年（1709），凤山县修成文庙后，县令宋永清即呈报福建地方政府，而福建按察使、布政使等各级官员，也相继对此做出批复。当然，这仅是诸多事例中的一个。

清代，台湾与福建在教育方面的行政隶属关系，从康熙二十三年台湾置府一直维持到光绪十三年（1887）台湾建省，长达200多年。在这期间，台湾教育始终由福建地方政府具体管理。这种教育行政的隶属关系，毫无疑问成为福建教育影响和促进台湾教育发展的重要因素之一。

二　学校建置的同一格局

台湾自康熙二十二年与祖国大陆实现统一并归属清政府管辖后，其教育也被纳入了清朝的教育体制之中。这种关系转换的具体表现之一，就是在清代总的教育体制下，盛行于祖国大陆各地的各级学校的建置也相应被移植到台湾。因此，清代台湾各级学校的建置，与大陆各地是同一格局。

问题的关键在于，清代台湾移植祖国大陆的学校建置，是在福建地方政府统一管辖下、以福建学校的建置为参照系而逐步实现的。康熙二十五年（1686），即台湾被划为福建省下属一个府的两年后，时任台湾知府的蒋毓英曾就设学建校事宜呈告首任分巡台厦兵备道周昌，称有关设学建校“未尽规条，应候题允之日，于泉州就近移查学政事宜，次第修举可耳”。[③] 由此可见，由于闽台之间特殊的地缘关系以及教育行政的隶属关系，台湾在移植大陆学校建置的过程中，诸凡涉及设学建校的具体规制，均以福建教育为仿效的对象。正因如此，清代台湾所建置的各类学校，与福建的学校建置相仿。

---

① 《清会典台湾事例》，载《台湾文献丛刊》第226种，第96页。

② 《清会典台湾事例》，载《台湾文献丛刊》第226种，第97页。

③ 康熙《台湾府志》卷一〇《艺文志》，国家图书馆出版社，2013，第15页。

（一）儒学

有清一代，地方各级儒学是官立学校。福建各府州县入清后即沿袭明代旧制，且大都利用明代所遗留的旧址，兴办儒学，并遍及八闽。雍正年间，福建全省共置儒学 70 所。乾隆以后，随着行政区划的变动，福建儒学又有所增设。台湾于康熙二十三年，即划归福建省的当年，就相继设置台湾县和凤山县儒学。次年又置台湾府儒学。康熙二十五年再建诸罗县儒学。这样，台湾在与祖国大陆统一后短短的二三年内，最初的行政区划一府三县很快都设置起了儒学。之后，随着台湾增设新的府县，儒学数量也相应增加。终清一代，台湾共置儒学 13 所。清代，闽台各级儒学作为一种官立学校，均在各类学校中居于主导地位。

（二）社学

社学也是清代各地方的主要学校之一。福建各地在明代即已兴置相当多的社学，入清以后其中绝大部分曾一度被废弃，后在清朝政府的倡导和督促下，分别于雍正二年（1724）和七年（1729）有过两次建置社学的热潮，兴办了许多新的社学。道光以后，福建各地的社学逐渐被义学所取代。台湾在康熙二十三年建置儒学的同时，也开始设置社学，并不断推广。清代台湾社学有“民社学”和“番社学”之分，或谓有汉人和土著之分。汉族聚居地的民社学，虽一度较为普及，但自康熙末年开始衰微，渐为义学所替代。及至乾隆末年，所谓社学，则不再是原先意义上的学校，已经演变为文人士子会文结社的文社。尽管如此，清末台湾个别县份又曾广泛兴办社学，如据记载光绪年间凤山县辖内计有社学 238 所[①]，以此在该县推广教育。

（三）义学

清代的义学俗称“义塾”，是专为贫寒家庭的子弟设立的一种学校。从清初起福建境内即有义学之设，之后设置越发广泛，以致到了道光年

---

① 光绪《凤山县采访册》，载《台湾文献丛刊》第 73 种，台湾银行，1960，第 162~164 页。

间，“推诸一邑之内，无不设塾之乡，无不入塾之童”。[①] 清代台湾义学的设置始于康熙四十三年（1704）。及至雍正二年，时任分巡台厦兵备道的吴昌祚接受蓝鼎元“宜广设义学，振兴文教”[②] 的建议，并全力加以推广，由此义学之设在台湾日趋普遍。与社学一样，清代台湾的义学也有汉、番之分。

（四）私塾

清代的私塾属于民学性质，其称法多种多样，因地而异。福建民间素有办学的传统，延至清代，私塾“遍设于全省的穷乡僻壤”。[③] 台湾私塾的设置可以上溯到明郑时代。台湾民间的状况“尤多渊源自闽省”[④]，深受福建的影响，因此，入清以后，民间办学也渐趋发达。如乾隆年间，“澎湖一十三澳，俱有塾以训童蒙。大澳三、五处，小澳亦不下二、三处”。[⑤] 再如乾隆四十八年（1783），年仅 19 岁的福建金门监生郑崇和在淡水厅开设私塾，业绩突出，颇有声誉。由郑崇和开风气之先，于是淡水“私塾之设有增无减，其数实冠全台”。[⑥] 及至光绪年间，台湾私塾的设置更加普遍，成为推广和普及教育的主要学校之一。

（五）书院

清代，福建书院十分发达。据统计，有清一代，福建除台湾府外的各府厅州县共设置书院 430 所。[⑦] 书院也是清代台湾的一类重要学校。从康熙二十二年靖海侯施琅建西定坊书院，至光绪十九年（1893）崇基书院落

---

① 林则徐：《闽县义塾纪略》。

② 蓝鼎元：《鹿洲初集》卷二《书·与吴观察论治台湾事宜书》，载《鹿洲全集》下册，厦门大学出版社，1995，第 51 页。

③ 福建省地方志编委会：《福建省志·教育志》，方志出版社，1998，第 48 页。

④ 民国《台南市志》卷五《文教志·教育制度沿革篇》，载《中国方志丛书》（台湾地区）第 77 号，台北成文出版社，1983。

⑤ 乾隆《澎湖纪略》卷四《文事纪·社学》，载《台湾文献丛刊》第 109 种，台湾银行，1961，第 89 页。

⑥ 民国《新竹县志》卷七《教育志》。

⑦ 福建省地方志编委会：《福建省志·教育志》，第 67~80 页。

成，清代台湾共建置书院 60 所。[①] 其中号称“全台文教领袖”的海东书院，自认与福州的鳌峰书院“并峙”。显见，清代台湾建置书院是以福建某些颇负盛名的书院为仿效、比附的对象。此外，为了培养士人习讲清朝官话，雍正七年（1729）福建几乎各府州县均奉旨设置正音书院。台湾既是福建下属的一个府，当然也不例外，台湾、凤山和诸罗三县都相应建有正音书院。

概而言之，如上所述，就清代闽台的学校建置而言，两地显然是同一格局。

三　教育设施的同一模式

这里所说的教育设施是指学校，尤其是各级儒学地面建筑的总和。如果对清代闽台各级儒学的地面建筑进行比较分析，那么，不难看出，两地的教育设施是同一模式的。

首先，儒学建筑的殿堂配置大体一致。

我国古代官学在宋元时期即已形成庙学合一的基本建筑格局。清承前制，各级儒学既建有大成殿，祀孔子，以崇矩范，又建有明伦堂，以作为讲学之所，再配之以各种祠、阁，即：“京邑之制：右庙左学，前殿后阁。”[②] 此建筑格局成一定式。

清代福建各级儒学均依庙学合一的定式配置殿堂。以福州府学为例，雍正《福建通志》卷十八“学校”载：该府学“中为大成殿，左右两庑，殿之南为戟门，又南为棂星门，学在庙之东，中为明伦堂……南为仪门，门外为泮池，上跨石桥”。此外，府学内另建有名宦祠、乡贤祠、奎光阁、尊经阁、启圣祠、教官宅等。这种殿堂配置的建筑格局，在清代福建各级儒学中带有普遍性，诸如泉州府学、漳州府学等，均与福州府学相仿。

至于清代台湾各儒学，也采用庙学合一的定式。如乾隆《续修台湾府志》卷八“学校”记载：台湾府学“中为大成殿，东、西两庑，前为戟

① 庄明水等：《台湾教育简史》，福建教育出版社，1994，第 63~65 页。
② 陈瑸：《新建文昌阁碑记》，载《台南文化》第 8 卷第 2 期。

门”，另有棂星门、泮池。大成殿左为明伦堂。府学内另有崇圣祠、名宦祠、乡贤祠、礼门、义路、大成坊、泮宫坊、文昌阁、教授宅、训导宅、朱子祠等，“规制完整”。可见，其与福建各儒学殿堂配置的建筑格局大体一致。如巡台御史范咸在《增建凤山县学明伦堂碑记》中所言：“我国家令典，自大成殿成，必有明伦堂以为敷教之地。通省郡邑，皆举为法。”①如此说来，清代闽台儒学采用大体一致的殿堂配置也就是情理中的事了。

更为重要的是，清代台湾各儒学在“如式”构建的过程中，大都效仿福建儒学建筑的规制。康熙四十二年（1703），建台湾县学明伦堂时，台湾地方官“选匠往会城购料”。② 之所以舍近求远往福州置办建筑材料，是因为所置材料必须合乎规制。及至康熙五十二年（1713）新建台湾府学文昌阁时，更是取制于福建儒学：“阁制高广各若干，一准福州府庠奎光阁式。”为此特“会城选匠办料”，并“海运到台”。③ 清代台湾儒学建筑格局所受福建的影响，由此可见一斑。

其次，崇祀朱熹别建朱子祠。

朱熹是南宋著名的思想家、教育家。他生于闽、长于闽、生平讲学著述也主要在闽，被认为是“闽中大儒”，并曾出任同安主簿、知漳州，因此，在福建尤其是闽南一带深受尊崇，被许多儒学、书院列为崇祀的对象。福建自南宋就开始建置朱子祠，延至清代，仍保持这一传统。闽南各府州县的儒学、书院，往往建有朱子祠。据乾隆《泉州府志》卷一三“学校一”载，泉州府原有朱子祠 3 所。雍正八年（1730）、乾隆十六年（1751）和二十一年（1756）又相继另建 3 所。即使未建朱子祠，也大都塑朱子像，如永春文公书院“正室三，中奉朱子像”④，以为膜拜的对象。

清代台湾受福建的影响，相当一部分儒学也别建朱子祠。康熙五十一年（1712），时任分巡台厦兵备道的陈瑸主张在台湾府学中修建朱子祠，

---

① 光绪《凤山县采访册》，载《台湾文献丛刊》第 73 种，第 376~377 页。

② 乾隆《重修台湾县志》卷五《学校》，载《中国地方志集成·台湾府县志辑》第 3 册，上海书店出版社，1999，第 110 页。

③ 陈瑸：《台南文庙碑录》，载《台南文化》第 8 卷第 2 期。

④ 乾隆《永春州志》卷一二《学校志》，载《中国地方志集成·福建府县志辑》第 26 册，上海书店出版社，2000，第 355 页。

他在《请建朱文公专祠》中认为："台处海表，士子鲜知正学，……尤宜专祠朱子，以动瞻仰，定信从，庶乎诸生诵法孔子，可不迷于歧趋，而士习日端，人才亦日出。"[①] 待朱子祠建毕，陈瑸又在《新建朱文公祠碑记》中进一步阐明："按文公宦辙，尝主泉之同安簿，亦尝为漳州守。台去漳、泉，一水之隔耳，非游历之区，遂谓公神不至，何懵也！"[②] 既出于教化的需要，又有地缘关系的影响，言之凿凿，把在台湾修建朱子祠说得有理有据。台湾府学中的朱子祠为台湾第一所，之后其他县也仿效设置。如凤山县于乾隆十一年（1746）在明伦堂后别建朱子祠，"以补旧日之缺"。[③] 因此，清代"台湾各地学宫，多附设朱子祠。盖朱子曾宦游泉、漳等州，教化遍及八闽，而台民多来自泉、漳，故亦受其影响"，并"相沿成例，此为它省所无者"。[④]

至于清代台湾各书院祀朱就更为普遍。正如曾任鹿仔港同知的邓传安在《文开书院从祀议》开篇所言："书院必祀朱子，八闽之所同也。"[⑤] 正因如此，清代台湾各书院大都把朱熹列为主祀的对象，并专辟空间摆放朱熹的塑像。乾隆三十二年（1767）建成的澎湖文石书院，"中祀朱子、两程子、周子、张子五贤"，将朱熹排在首位，因此后人评曰："夫如是，胡建伟（时任澎湖通判）与澎湖书院之学派，从属于'闽派'，固有闽台一体之意。"[⑥] 毫无疑问，如果以此为标准进行归类的话，那么清代台湾的书院绝大部分可划为"闽派"。

清代，闽台两地不仅儒学建筑的殿堂配置大体一致，而且都崇祀朱熹，体现在教育设施上，即或者别建朱子祠，或者专辟空间摆设朱熹塑像。一言以蔽之，清代闽台两地教育设施是同一模式。

---

① 陈瑸：《台南文庙碑录》，载《台南文化》第8卷第2期。

② 《台湾教育碑记》，载《台湾文献丛刊》第54种，台湾银行，1959，第5页。

③ 道光《重纂福建通志》卷六六《学校》，载《中国地方志集成·福建省志辑》第4册，凤凰出版社，2011，第564页。

④ 民国《台中市志》卷五《文教志》。

⑤ 道光《彰化县志》卷一三《艺文志》，载《中国地方志集成·台湾府县志辑》第4册，凤凰出版社，2011，第491页。

⑥ 民国《澎湖县志》卷一二《教育志》。

四　科考的从属关系

清代教育以培育士人应付科考为主要目标，因此论及教育，科考是不可或缺的一部分。就科考而言，清代闽台之间始终保持着从属关系。

其一，清代台湾既是福建省下属的一个府，其科考也就相应被纳入福建省的科考系列。因此，每逢大比之年，台湾生员均需涉海赴福州参加乡试。从康熙年间起，台湾生员至福州后，均在鼓楼贡院附近赁屋而居，颇为不便。为改变这种状况，同治初年，台湾府学训导魏缉熙利用澎湖士绅所捐款项，在福州南台购地建置“台澎会馆”，为应试的台湾生员提供食宿场所。自此，台湾生员赴福州参加乡试有了较好的条件。至于台湾生员赴福州参加乡试的做法，即使在台湾建省后，仍沿袭不变。

其二，清代台湾既是福建省下属的一个府，其生员参加乡试、会试照例应被纳入福建省中式额数中，按名次取进。但康熙二十六年（1687），清政府鉴于台湾兴学不久，文风初开，为“奖掖海外文化”，特在福建乡试中式额数中为台湾应试生员另编字号，规定台湾“额中举人一名”。之后，虽有反复，但有清一代对台湾生员参加乡试，基本是以“台”“至”“田”等字为字号，另编名额取进，给予特殊照顾，而且取进名额不断增加。至于台湾举人参加会试，长期都一体编入福建举人数中，至道光三年（1823）参加会试的台湾举人达11人时，才被作为特例处理。尽管清政府在台湾士子参加乡试、会试时，在中式名额方面予以特殊照顾，另编字号，以特例处理，但从清政府分配额数的角度来看，实际上是归属福建省系统。

总之，有清一代，闽台之间由于行政隶属关系，科考始终维持着如上所述的从属关系。

五　师资的双向交流

师资是学校教育的要素之一。清代，由于闽台之间特殊的地缘关系，两地的师资交流十分密切，而且呈双向交流的态势，从而成为清代闽台教育一体化的一项主要内容。

在清代闽台师资双向交流的过程中，闽人赴台任教所占的比例较大。如道光《重纂福建通志》卷一一七开列的清初至道光年间台湾府、台湾县、凤山县、淡水厅、嘉义县、彰化县各级儒学的教授、教谕、训导，共计 391 人，其中除 2 人籍贯不详外，其余均是闽籍士人。即使道光以后，充任台湾各级儒学教授、教谕、训导的也以闽人为主。以淡水厅为例，从嘉庆二十一年（1816）建厅学至光绪三年（1877）历任 31 个教谕、训导，均是闽籍士人。光绪四年（1878）淡（水）、新（竹）分治，而光绪五年至十九年（1879~1893）的历任新竹县训导 9 人中，除 4 人为台湾本地士人外，其余 5 人均为闽人。不仅儒学如此，书院、义学、私塾等也不例外。被称为"全台文教领袖"的海东书院，于乾隆四年（1739）即聘闽县人薛士中为"掌教"；开办于同治二年（1863）的淡水厅大观义学，特聘泉州名士庄正主讲。诸如此类的例子，在相关文献中多有载述，这表明清代台湾各类学校的师资绝大部分由闽籍士人充任。

清代，赴台任教的闽籍士人中，有相当一部分是进士、举人，其中不少士人有在闽、台两地任教的经历。前述乾隆四年执教于海东书院的薛士中，为雍正二年（1724）进士，先任漳州府学教授，于雍正十年（1732）转任台湾府学教授。这些人将福建的教育规制、经验移植到台湾，极大地推进了清代台湾教育的发展。如雍正十二年（1734）曾"司训福庠六载"的建阳人袁宏仁调任台湾府学训导。他上任后，"见台地遥隔海天，人材蔚起，而博洽尚鲜其人。揆厥所由，盖各庠而无藏书，……爰置古今载籍六百余本，贮之廨中，以资诸生借览"[①]，为台湾府学的藏书建设做出了贡献。再如德化举人郑兼才，历任闽清、安溪、建宁县教谕，"以洁修庠序、阐扬幽隐、扶植人伦、整齐风俗为己任"，嘉庆九年（1804）调任台湾县教谕后，"凡文庙、殿阁、明伦堂及名宦、乡贤、忠义孝悌、节孝祠，莫不劝施兴作"。[②] 因其为台湾县学的教育设施建设殚精竭虑，于嘉庆二十五年（1820）再次出任台湾县学教谕。又如侯官人许德树，道光六年（1826）进士，原任漳州府学教授，道光十三年（1833）转任台湾府学教

---

① 民国《台南市志》卷五《文教志·教育制度沿革篇》。

② 陈寿祺：《台湾县学教谕郑君墓志铭》，载《六亭文选》，收入《台湾文献丛刊》第 143 种，台湾银行，1662，第 115 页。

授后，“端士习，挽颓风”，不久受命兼主海东书院讲席，鉴于“院规久弛，德树创立条约”，并采取措施整肃学风。[①] 概而言之，清代任教于台湾且业绩突出的闽籍士人并不鲜见，他们以自己的所作所为促进了清代闽台教育的一体化进程。

在清代，赴闽任教的台湾士子也不乏其人。以台湾县为例，根据道光《续修台湾县志》卷三“学志”所列名册进行统计：康熙三十二年至嘉庆十二年（1693~1807）39位举人中，赴闽任州学学正、县学教谕的共7人，约占18%；康熙三十六年至嘉庆五年（1697~1800）30名恩贡生中，赴闽任县学教谕、训导的共3人，占10%；康熙二十七年至嘉庆十一年（1688~1806）130位岁贡生中，赴闽任县学教谕、府州县学训导的共35人，约占27%；例贡生96人，赴闽任县学教谕、训导的共9人，约占9%。尽管所占比例均不大，但可以看出，台湾士子把赴闽任教作为自己取得功名后的出路之一。个别台湾士子甚至在知名书院任职，如黄本渊于道光十四（1834）年充任鳌峰书院监院。毫无疑问，台湾士子赴闽任教，对于清代福建教育的发展也起了重要作用。

如上所述，清代既有部分闽籍士人赴台任教，同时也有少数台湾士子赴闽任教。两地之间师资的这种双向交流，显然是推进清代闽台教育一体化的一个重要因素。

六　闽人与台湾学校建置

学校是实施教育的场所，学校建置是教育发展的标志之一。在清代闽台教育一体化的进程中，部分闽人对台湾学校建置做出了自己的贡献，这无疑应被视为清代闽台教育一体化的内容之一而详加论及。

关于闽人在台建置学校的事迹，可以追溯到明郑时代。郑成功子郑经嗣位后，接受时任咨议参军的同安人陈永华的建议，采用明代的教育体制，于永历二十年（1665）创立学院（即国子监），并相继设置承天府学

---

① 《民国福建通志台湾资料选》，载《中国方志丛书》（台湾地区）第44号，成文出版社，1967。

和天兴、万年二州州学以及各社社学，从而使祖国大陆传统教育体制得以在台湾推行，台湾教育也从此被纳入了中华传统教育文化的体系之中。

台湾与祖国大陆实现统一、归属清政府管辖后，闽人在台建置学校的活动更加频繁，不仅有清初的蓝鼎元和清末的沈葆桢在台极力倡学，绝大多数闽人也通过具体办学为清代台湾教育的发展添砖加瓦。从相关文献所记述的各类事迹来看，对清代台湾学校建置贡献较大的主要为下述两类人。

一是由福建转调台湾的各级官吏。尽管他们中有的并非闽籍，但是，在福建任官的经历，显然成为他们日后调任台湾，在台湾倡学、办学，从而将福建教育模式移植到台湾的基础。从这一角度来说，他们也可列入闽人范畴。

有清一代，由福建调任台湾，且在办学方面业绩突出的官吏，不乏其人。如首任台湾知府蒋毓英，原任泉州知府，调任台湾后创府学、办社学，开风气之先。再如陈瑸，原任福建古田县令，康熙四十一年（1702）调任台湾县令，四十九年（1710）再任分巡台厦兵备道。他在台湾任上，完善府、县儒学的殿堂配置，在教育设施的建设方面卓有功绩，因此后人评价说："台湾历任地方官吏，最致力于教育，而学校之规制由之扩充者，首推陈瑸。"[①] 还要提及乾隆三十一年（1766）出任澎湖通判的胡建伟，他原任福建福鼎、闽县县令，调任澎湖后"观风设教"，创建文石书院，并手撰"学约"10条，由是"规模大备，嘉惠士林"，每每为后人所追思。[②]此外，创建彰化县文开书院的邓传安，道光二年（1822）由闽县调任台湾鹿仔港同知后，"以海外学未盛，课之尤勤，士无远近，咸裹粮而至。越二年，乃谋所以育之，而文开书院创之"。时人说他"所至以兴学为先"。[③]这些官吏由福建调任台湾后，均热心教育、兴置学校，从而留名于清代台湾教育史。

二是福建移民。清代，台湾人口以福建移民居多，他们在开发台湾的

---

① 民国《台南市志》卷五《文教志·教育制度沿革篇》。

② 蒋镛：《续修文石书院记》，载道光《澎湖续编》卷下《艺文志》。

③ 黄铨：《广文纪》，载《蠡测汇钞》，收入《台湾文献丛刊》第9种，台湾银行，1958，第20页。

同时，也热心于办学。如乾隆二十八年（1763）永定贡生胡焯猷舍宅捐租办学。胡30岁移居淡水，“青年创业，已荏苒乎七旬；白户成家，实经营乎半世”。落叶归根，在回归故里前夕，捐出房产田租建明志义塾，“俾多士弦诵其中，洵足振兴文教”。[①] 乾隆二十九年（1764）明志义塾扩升为明志书院。对于胡焯猷此一义举，时任闽浙总督杨廷璋亲撰《明志书院碑记》，碑末称：“是举也，舍宅捐租，永定贡生胡焯猷功不可泯；爰书以为来者劝。”[②] 再如淡水厅芝兰堡“地尽漳人”，是漳州移民的聚居地。移民们不仅将漳州芝山移作该地山名，“殆不忘其桑梓而名欤”，而且于道光二十年（1840）在开漳圣王庙旁建文昌祠，“俾诸生肄业其中”。[③] 该义学与同治年间所建的大观义学，同属清代台湾以设施完备、规模较大著称的民办义学。清代福建移民在台湾兴置学校的例子还有许多，他们对清代台湾教育所做出的贡献，的确是“功不可泯”。

毫无疑问，无论是由福建调任台湾的官吏，还是福建移民，他们在台湾兴置学校都不可避免地以福建教育为参照模式。因此，他们在为清代台湾教育的发展做出贡献的同时，也相应推进了闽台教育的一体化进程。

综上所述，有清一代，闽台两地的教育呈现一体化状态。教育的一体化又进一步促进了闽台之间的往来交流，从而使台湾与祖国大陆的联系更加密切。

本文原载于《台湾研究》2000年第2期

① 《明志书院案底》卷一，载《台湾教育碑记》，收入《台湾文献丛刊》第54种，第60页。

② 《明志书院案底》卷一，载《台湾教育碑记》，收入《台湾文献丛刊》第54种，第71页。

③ 傅人伟：《芝山文昌祠记》，载《台湾教育碑记》，第45页。

台湾的海神信仰渊源于祖国大陆

傅　朗

一

数百年来，台湾民众信奉的海神主要有妈祖、玄武、倪圣公和水仙尊王等。

台湾地区最早的海神庙是澎湖妈宫澳（今马公镇）的妈祖宫。它是“澎湖岛最古之寺庙，亦为全台湾最古之妈祖庙。虽有北港与台南二庙，当以此庙为总本山庙”。[①] 从明朝（或说南宋、元初）开始，频繁往返于海峡两岸的大陆人民在澎湖岛上建起这座妈祖庙后，就揭开了台湾的海神信仰历史。

（一）妈祖

妈祖本是北宋时福建莆田嵋洲屿上一名普通女子，本名林默，生于北宋建隆元年（960）三月二十三日。初以巫祝为事，能“知人祸福”“言人休咎”。她事亲至孝，乐于助人，常于黑夜燃薪为渔舟导航。即殁，乡人立庙于本屿祀之。早先，妈祖只是一方土地的一尊小神，但因崇拜她的信徒多是当地的渔民、水手，人们除了因旱涝灾害、疾病生死等前去祈祷福佑外，还为海上安全祈求妈祖的庇护。因此，妈祖成为一位无所不能的地方保护神。又由于妈祖崇拜的诞生地——莆田濒海，隔海峡与台湾相望，

① 台湾文献委员会编印《台湾省通志》卷一《土地志·胜迹篇》，台湾文献委员会，1970，第168页。

又居福州与泉州之间，是海上南北交通的必经之路，且莆田地多咸卤、可耕地的灌溉条件差，当地居民很早就以海为田、以渔为业，与海洋交道至深。在当时的条件下，航海危险重重，人们需要神灵的佑护。林氏既能为乡民禳灾祛病，又能知人祸福；死后被祀，更因“航海者有祷必应”，深得当地人民信赖与崇拜，其海神职能凸显。北宋宣和五年（1123），因妈祖在给事中路允迪奉使高丽的海途中显灵护航，徽宗赐妈祖庙号“顺济”。①

随着各种关于妈祖的神奇故事在出海人群中广为传播，历代出海官员及文人对妈祖神灵的宣传以及儒家、佛教和道教思想的渗透，对妈祖的崇拜迅速由莆田向整个福建沿海传播。自从北宋末年赐封号之后，南宋至清历代朝廷都不断遣官向妈祖进香致祭，甚至将妈祖列入国家祀典，妈祖的封号也由“崇福夫人”升为“天妃”“天后”，直至“天上圣母”，这对妈祖信仰的传播起了极大的推动作用。妈祖崇拜很快从南而北、由北而南在整个中国沿海地区流行起来，并随着出洋的人们散布海外。妈祖在诸海神中的地位也日渐升高，直到后来成为“镇四海而保无虞”、权位超过四海之神、至高无上的官定头号航海保护神，信徒遍布海内外。

虽然福建人民早就将妈祖信仰带到台湾，但其在台湾的盛行，则当从康熙二十二年（1683）清军收复台湾、完成祖国统一之时开始。无论是在清军渡海作战时，还是在收复台湾后，清军前线统帅、闽省政要和中央政府都配合默契，不失时机地利用闽台民众对妈祖的尊崇心理，大力宣扬妈祖崇拜。其目的一是证明朝廷发兵乃顺合神意，鼓舞清军士气；二是在精神上威慑对手、瓦解其斗志；三是有利于从精神上和文化上维护大陆和台湾的统一。因此，自康熙二十三年（1684）施琅建起台湾岛最早的官方妈祖庙——台南天后宫以后，台湾各地官建和民建的妈祖庙如雨后春笋般兴起。到清末，台湾所建妈祖庙由原来的10座猛增至232座。② 除台南天后宫外，台湾主要的妈祖庙还有北港朝天宫、鹿港天后宫和大甲镇澜宫等。

---

① 黄岩孙：（宝祐）《仙溪志》卷三《祠庙》，载《宋元方志丛刊》第8册，中华书局，1991，第8309页。

② 朱天顺：《清代以后妈祖信仰传播的主要历史条件》，载《妈祖研究资料汇编》，福建人民出版社，1957，第49~65页。

其中北港朝天宫所供妈祖神像系康熙年间树璧禅师自湄洲请来[①]，因而在台湾影响甚大。台湾现有妈祖庙已超过 800 座，信众达上千万人。就一般信仰而言，妈祖与王爷、观音是台湾民间信仰的三大主神；就海神而言，自康熙以后，妈祖就一直是台湾的第一海神。

（二）玄武

按中国古代神话传说，青龙、白虎、朱雀与玄武分别代表东、西、南、北四方，因而它们都是方位神、星辰神。又因玄武是“龟蛇合体”，所以至汉代又被尊为水神。[②] 唐时称玄武神为“佑圣玄武灵应真君”，宋真宗时，因避圣祖（赵玄朗）讳，改称“镇天真武灵应佑圣真君”，简称“真武”。明初，朱元璋封其为“玄天上帝”。在明朝皇帝心目中，玄武具有大明政权保护神之地位与作用。除以上名称外，玄武神在闽台地区还有“北极玄天上帝”“北极大帝”“上帝公”“上帝爷”“帝公爷”“开天仙帝”“开天大帝”“真如大师”等称呼。作为星辰崇拜、动物崇拜和水崇拜的对象，玄武神在闽台沿海地区往往被视为航海导航神、保护神和降妖镇邪的河神。

台湾信奉玄武神当始于明郑时代。由于郑芝龙、郑成功父子凭借其海上武装崛起而与官府对抗，并且以海上贸易为自己的经济基础，与海洋有不解之缘，而在中国传统中，尤其是郑氏家乡——福建南安素以北极玄天上帝为水神、海神和镇邪之神，且明末清初郑氏父子又与视玄天上帝为守护神的明王朝有极密切的政治关系，所以郑成功信奉玄武神理所当然。又因台湾“邑之形胜，有安平镇、七鲲身为天关；鹿耳门、北线尾为地轴，酷肖龟蛇”，郑成功由此而“多建真武庙以为此邦之镇”。[③] 据康熙末年的资料统计，当时台湾各地共有真武庙 12 座，其中 7 座为郑成功时代所建。[④] 可见，明末清初，玄天上帝曾是台湾最重要的崇拜神。这一局面到

---

① 连横：《台湾县志》卷一〇《典礼志》，广西人民出版社，2005，第 139 页。

② 《后汉书》卷二二《王梁传》，中华书局，1965，第 774 页。

③ 乾隆《重修台湾县志》卷六《祠宇志》，载《中国地方志集成·台湾府县志辑》第 3 册，上海书店出版社，1999，第 125 页。

④ 陈文达：《台湾县志》卷九《杂记志·寺庙》。

清军收复台湾、结束郑氏政权的统治后才有所改变。之后，妈祖迅速取而代之，成为台湾第一大海神。但玄武至今仍保持其在台湾岛内第二大海神的地位。据《重修台湾省通志》所提供的台湾地区寺庙概况表可知，到1983年，主祀玄天上帝的宫庙有447座。①

（三）倪圣公

倪圣公或称倪府圣公、倪府总管。“神姓倪，忘其名。生长海滨，熟识港道，为海舶总管。殁而为神，舟人咸敬祀之。”② 台湾最早的倪圣公庙建于明郑时期，康熙三十年（1691），时任台厦道的高拱乾又建新庙。③ 因“漳、泉舟人多祀其神”④，此神无疑为闽南移民恭奉入台。

（四）水仙尊王

水仙尊王或称水仙王，以其保护航海平安而为沿海渔民、水手及海商所崇信。康熙年间，曾在台湾采硫的杭州人郁永河，在其《海上纪略》一书中记载了他亲耳所闻的人们以“划水仙法”逃离海难的事例。一是他的同伴王云森的亲身经历。当时，郁氏“于台郡遣二舶赴鸡笼、淡水，大风折舵，舶腹中裂，王君云森居舟中，自分必死。舟师告曰：‘惟有划水仙可免’。遂披发与舟人共蹲舷间、以空手作拨棹势，而众口假为钲鼓声，如五日竞渡状，顷刻抵岸、众喜幸生。”二是郁的同乡顾君的亲身经历。顾在郑成功时期就居住在台湾。一次，他“从澎湖归，中流舟裂，业已半沉。众谋共划水仙，舟复浮出，直入鹿耳门”。三是时隔不久郁永河又得知：“有陈君一舶自省中来，半渡遭风，舟底已裂，水人艎中，鹢首欲俯，而舵又中折，辗转巨浪中，死亡之势，不可顷刻待！有言划水仙者，徒手一拔，沉者忽浮，破浪穿风，疾飞知矢，顷刻抵南嵌之白沙墩，众皆登岸。”陈君还描述了“划水仙”时的航速，“当时虽十帆并张，不足喻其疾。鬼神之灵，亦奇已哉！”陈君之感叹亦为郁永河之感慨，他从这些事

① 台湾文献委员会编印《重修台湾省通志》卷三《住民志·宗教篇》。

② 乾隆《重修台湾县志》卷六《祠宇志》，第127页。

③ 陈文达：《台湾县志》卷九《杂记志·寺庙》。

④ 乾隆《重修台湾府志》卷一九《杂记志·寺庙》。

例中得出结论："水仙者，洋中危急不得近岸之所为也。"①

乾隆前期的《重修台湾县志》介绍了"划水仙法"："今海舶或遭狂飓、危不可保时，有划水仙一法，灵感不可思议。……虽樯倾舵折，亦可破浪穿风，疾飞倚岸，屡有微验。"② 嘉庆年间谢金銮的《续修台湾县志》沿用此说。

虽然各家都认为水仙尊王有五神，但在康熙年间就已经不太清楚为哪五神了。郁永河只在《海上纪略》中告诉人们："水仙王者，洋中之神，莫详姓氏。或曰帝禹、伍相、三闾大夫，又逸其二。"至于所逸二者，有说是项羽、鲁班；有说是项羽、奡；亦有认为是王勃、李白。③然而，不论水仙尊王为何五者，有一点却是可以肯定的，即水仙诸神皆出自大陆。

查福建的地方志可知，闽东北到闽南的沿海一带，不乏水仙王庙、水仙宫的记载。在台湾凤山县（安平镇）、诸罗县、嘉义县、淡水厅和新竹县等地都有水仙庙。台湾最早的水仙庙（宫），是澎湖厅妈祖宫前海滨，康熙三十五年（1696）右营游击薛奎建的水仙王庙④，和康熙五十四年（1715）泉、漳诸商人建的台湾水仙庙⑤。可以肯定，清代流行于台湾的海神——水仙尊王也是从大陆流传而去的。

此外，被台湾民众奉为海神或具有海神职能的还有镇海元帅、近海将军、临水夫人等。甚至有人认为王爷亦与海洋文化有关。⑥ 虽然镇海元帅和近海将军尚不明来历，但估计它们很可能与临水夫人和王爷一样，皆来自大陆。不同的是，在大陆一直具有海神职能的海龙王传入台湾后，其主要职能却是司雨水。

---

① 郁永河：《海上纪略》，载《小方壶斋舆地丛钞》第九帙，上海著易堂排印本。

② 乾隆《重修台湾县志》卷六《祠宇志》，第126页。

③ 参见陈文达《凤山县志》卷一〇《外志·寺庙》；黄叔璥《台湾使槎录》卷二《赤嵌笔谈》；胡建伟《澎湖纪略》卷二《地理纪》；谢金銮《续修台湾县志》卷五《外编·寺观》。

④ 陈文达：《台湾县志》卷九《杂记志·寺庙》。

⑤ 乾隆《重修台湾县志》卷六《祠宇志》，第126页。

⑥ 董芳苑：《台湾民间信仰祀神之研究》，载《同工月刊》第45期，1970年1月。

二

台湾的海神信仰渊源于祖国大陆，其主要表现如下。

首先，历史上台湾民众所信奉的海神，几乎全是从祖国大陆（主要是福建）传播过去的。众所周知，台湾的民间信仰与大陆的民间信仰是一脉相承的。同样，台湾民众也继承了作为民间信仰重要组成部分的大陆的海神信仰。之所以如此，是因为在大陆人民移民、开发台湾的过程中，福建有特殊的地理、历史条件——可耕地少而人口多，有漫长的海岸线和众多天然港湾，与台湾岛仅一水之隔、直线距离最近，有海洋航行、捕捞和海外贸易经验，而且福建民众是台湾岛大陆移民最主要的组成部分。民国九年（1920），台湾居民户口普查，全省共有汉人 337 万人，占该省总人口之 90%；其中福建籍人数达 285 万人，占汉族人口总数的 84.6%。[①] 之后的调查统计结果大致与之相近。1943 年统计的台湾居民中，福建籍人口占 81%；1979 年统计的 1740 万人口中，汉族人口近 1710 万，其中 80%祖籍福建；1985 年 1900 万台湾人口中，福建籍人口达 1500 万，占 80%左右。[②] 福建移民不论是渔民、商人、农民、手工业者，还是其他职业者，当他们离开家乡、乘船横渡台湾海峡时，无不恪守家乡的传统习俗，恭请海神及各自信奉的保护神登船随行，祈求神明们在风浪险恶的大海上保佑航行安全。在他们历尽千辛、平安到达台湾后，随他们而去的神明们也就在新的土地上定居、继续接受信众们的顶礼膜拜。

据统计，乾隆初年，台湾各种庙宇中数量排在前 5 位的是保生大帝庙（22 座）、关帝庙（18 座）、观音庙（16 座）、天妃（妈祖）庙（15 座）、元帝（玄天上帝）庙（14 座）。[③] 这 5 位神祇中，保生大帝和天妃皆是福建籍。1930 年的台湾寺庙调查资料显示，当时排在前 10 位的神祇分别是福德正神（土地公）、王爷、天上圣母（妈祖）、观音菩萨、玄天上帝、关

① 台湾文献委员会编印《台湾省通志》卷二《人民志·人口篇》。

② 林其泉：《闽台六亲》，厦门大学出版社，1992，第 24 页。

③ 乾隆《重修台湾府志》卷九《典礼志》。

帝、三山国王（粤东客家守护神）、保生大帝、释迦佛、清水祖师。[①] 其中福建的地方神祇4个——王爷、天上圣母、保生大帝和清水祖师，广东的地方神祇1个——三山国王，余为全国性的神祇。由此可见，福建民间信仰对台湾的影响程度。实际上，无论是民间信仰的神祇（包括全国性的神祇），还是上文提及的所有海神，大部分是由明清时期占大陆移民绝大多数的福建移民恭奉到台湾去的。妈祖和玄武长期以来都是福建民众信奉的诸海神中最主要的两位，最迟到清乾隆年间，它们已成为台湾最主要的海神。1981年的统计表明，妈祖与玄天上帝宫庙总数分列全台湾寺庙数量统计排序中第3位和第5位的格局依然。[②] 事实证明，自明、清至今，台湾的海神信仰格局一直未变，祀奉的始终是从大陆“分灵”去的各位神祇。

其次，台湾信众祭祀海神的典仪基本上是大陆的传统。作为民间信仰的一部分，祭祀海神的内容也包括“敬神”和“求神”两部分。据台湾学者调查，在台湾民间祭祀典仪的诸多程序中，供设牲馔祭品、燃烛焚香、献茶敬酒、祈拜求问、烧纸放炮（爆竹）等基本仪式[③]，都是与大陆民间信仰的传统做法几乎一致的。以妈祖信仰为例，台湾信众长期以来为祭拜妈祖所举行的请神、奉神游境、送神回祖庙进香、演戏娱神等仪式和活动，皆是福建民间的传统做法。道理其实很简单，神明是从大陆请去的，信众又是大陆移民及其后代，祭祀神明的仪式自然也就是大陆的传统做法了。

再次，台湾保留了大陆民众多海神崇拜的心态。在传统观念中，鬼神既会生灾祸，又能降福祉，祭拜鬼神有助于趋利避害。人们认为献上供品，点燃香烛，跪下磕头，祈求并许下自己力所能还的愿（在一定期限内必须还的愿），就可得到万能神灵的庇护，获得所祈望的福祉。即使后来的事实并不如愿，但信众在祭拜时心灵得到了慰藉，且囿于面对神灵只能自责而不敢怪罪的普遍社会心理，崇拜者完全可以从下次更虔诚地祭拜以求得神灵惠顾的期望中获得精神补偿。置身于海洋险恶风涛之中的人们，尤其需要海神所给予的庇佑和精神支持。基于“心诚则灵”、“有求必应”

---

① 台湾文献委员会编印《台湾省通志》卷二《人民志·宗教篇》。

② 余光弘：《台湾地区民间宗教的发展——寺庙调查之分析》，载《民族研究所集刊》第53期，1981，第81页。

③ 台湾文献委员会编印《台湾省通志》卷二《人民志·礼俗篇》。

和“有应必酬”的经验传闻和功利性社会心态，一般人都会认为多一位崇拜神灵就多一份保佑；信奉的神灵越多，得到护佑的机会也越多，则实现愿望的可能性也就越大。对于崇拜者而言，他们所关注的是自己祈求的愿望能否实现，至于所祀拜的是哪一路神仙，以及这一位神仙属于哪一派系似乎并无大碍，不必深究。他们只认定，哪一位神仙“灵验”就求拜谁。儒家学说、佛教宗旨和道家精神的长期渗透，也为信众们解除了多神崇拜的思想约束和精神障碍，更何况海上航行遇到的艰险与灾难是多方面且严酷的，寻求多位神仙保佑，总比只求一位海神消灾更保险。

正是受这种观念的影响，中国历史上形成了海神众多的格局，福建的海神崇拜尤其如此。我们看到，妈祖和临水夫人这两位本无任何瓜葛的女神却由于救助海难而成为姊妹[①]，且二人或互为主、副神，或与观音一起互为主、副神而同殿或分殿接受供奉。也看到因“水部尚书”陈文龙与妈祖认了乡亲而天后宫与尚书庙并立，且在尚书庙主神陈文龙之旁或之后附祀临水夫人。更看到同治五年（1866）赵新、于光甲将天后、拿公、尚书公及苏神等几位海神一起请上册封舟共渡大海、齐保平安的场面[②]，而且这种恭请多位海神护航的做法在清朝的福建甚为普遍。

台湾不但奉祀妈祖、玄武、海龙王、倪圣公和水仙尊王等多位海神，也普遍存在一庙供奉多神的现象。著名的北港朝天宫就在前殿奉祀妈祖，中殿奉祀观音；凤山县真武庙前祀真武、后祀观音[③]；新竹县的长和宫“前殿崇祀天上圣母，而后盖则崇祀水仙尊王”[④]；由福建晋江安海龙寺分身的台北古刹龙山寺，则在大殿祀观音菩萨，后殿祀北极大帝、天上圣母和水仙尊王等神；据近年调查，高雄县有以玄天上帝为主神、妈祖为副神的祠庙 19 座[⑤]。凡此种种，不胜枚举。

---

① 高澄：《临水夫人记》，载《台湾文献丛刊》第 287 种，台湾银行，1960，第 103 页。

② 赵新：《续琉球国志略》，载《台湾文献丛刊》第 293 种，台湾银行，1970。

③ 光绪《凤山县采访册》丁部《规制 · 祠庙》，载《台湾文献丛刊》第 103 种，台湾银行，1961，第 173 页。

④ 《新竹县采访册》卷五《碑碣（上）· 长和宫碑》，载《台湾文献丛刊》第 145 种，台湾银行，1962，第 181 页。

⑤ 林美容：《妈祖信仰与地方社区——高雄县妈祖庙的分析》，载《妈祖信仰国际学术研讨会论文集》，1997。

闽台海神崇拜中这种奉不同神灵于同一庙宇内，神灵相互之间和睦共处、同受礼拜、共享香火与供品的格局至今不变。闽台多海神崇拜状况最迟到明、清之际已形成定式，即在航海活动中以妈祖为主神，其他诸神则屈尊附从。

最后，与祖国大陆一样，台湾的主要海神也具有保护地域、宗族等多方面保护神的职能。福建的许多海神除具有海上和风安澜、导向护航的祈望职能外，还拥有其他方面的灵异。如：临水夫人不但能祈雨、除妖，更擅长“扶胎救产、保赤育童”；拿公因能防止人们饮水中毒而被尊为井神，后又因司掌仓储而为库神；玄天上帝既可标示方向，又能镇邪除妖；妈祖贵为海神之首，兼具祛除水旱灾异、人间疠疾和寇盗侵害等职能，因而被颂为“有祷必应”的“通天神女”。当人们进行海事活动时，祈求海神发挥海上职能庇护自己；当在陆地定居并谋生时，人们仍相信海神能降福祉、除祸患，这时海神就成为他们日常活动的保护神。以妈祖为例：在远离海洋的闽西山区永定县古竹乡高头村奉祀妈祖的“石泉宫”，系当地大姓江氏宗族所建，“至少在乾隆初期江氏这座妈祖庙就已存在了”，“是永定县各乡村妈祖庙中最古老的一座”。由宗族建造妈祖庙，妈祖的祭祀活动又在宗族内部进行，这是福建普遍存在的妈祖信仰宗族性和聚落性的具体反映。在那里，妈祖的“主要功能是保佑地方平安，成为宗族和村落的保护神”，“其神职功能也发生了变化，人们祈求的不再是保佑航海安全，而是希望妈祖能救难解厄，保赤送子”，且江氏宗族内从事商业贸易的“烟帮”也参与祭祀妈祖的活动，这表明了“妈祖信仰与商业贸易的密切关系”，“商人不仅促进了妈祖信仰的传播，而且促进了妈祖信仰的发展”。①

福建海神的多职能保护神特点在台湾也到处可见。早先移居台湾的福建人多以祖籍、宗族、邻里、友人等关系形成聚落。面对各种自然灾害、水土不服、疾病以及与当地人的矛盾冲突等困难，寻求精神依托以鼓舞勇气和信心是必然且自然的；在聚居地建立祠庙，将家乡的神明供奉起来，继续祈求佑护，更在情理之中。仍以妈祖为例：1991 年至 1992 年，台湾

① 杨彦杰：《山区的妈祖：一个宗族与村落的保护神》，载《妈祖信仰国际学术研讨会论文集》。

学者对高雄县的地方公庙进行了调查，在392座地方公庙中，“以单一神灵而论，以妈祖为主神的庙宇可说最多”，妈祖庙有65座，以妈祖为副祀神的公庙有69座。“总结来说，高雄县妈祖的香火缘起，大多是先民渡海来台之初，随身携来”；其与族姓、庄社的关系密切，且“高雄县渔村的妈祖信仰比之农村、山村或市街并无特别显著的现象”。从高雄县妈祖庙了解到的各种祭祀活动中，就有非常鲜明的地方保护神色彩。比如在妈祖圣诞日或外出进香返乡时，都举行妈祖神像在辖域内出巡以确保境内平安的“巡境”仪式；又如在“巡境”时“钉符仔”——在辖域四角插上贴有神符的青竹，“以神明的灵力来排除可能侵入庄社的邪煞”；还有“问辇仔”（又称“扛辇仔”）的活动，“即用小小的木椅，左右横绑两根竹竿，将神像置木椅上，于神前问事，以右前方竹子敲打桌面的方面，喻示神意”，这种问神方式不但可用来“问公事”，也适用于“有事要求问的信徒”①；等等。另外，明清之际，郑成功在台湾岛多建真武庙的事实也说明，此时的玄天上帝对于郑氏集团而言，早已不仅仅是海神，而是负有海上、陆地、政治、经济、军事等职责的全面保护神。

在信众心目中神是无所不能的，妈祖、玄武等神明的身份及其功能自然也就多样了。也正是因为如此，在今天台湾上千万妈祖信徒中，渔民、船员、海商所占比例很小，大量信徒是社会其他阶层、职业的人们，甚至还有政界、军界、警界人士等。人们对妈祖的祈求也早已从保佑海上平安扩大到了保佑个人社会日常生活的各个方面。

总之，台湾的海神信仰渊源于祖国大陆。由于与大陆在血缘、地缘、意识观念和文化传统等方面有割不断的密切关系，台湾的海神信仰从一开始就毫无例外地表现出极鲜明的中华民族传统色彩，而这种传统色彩至今仍是每一位华夏子孙都可以亲切感受到的。

本文原载于《台湾研究》2001年第2期

---

① 林美容：《妈祖信仰与地方社区——高雄县妈祖庙的分析》，载《妈祖信仰国际学术研讨会论文集》。

科举教育编

明代福建科举盛况与科名的地理分布特征

戴显群

明朝建立后，为了巩固封建统治，施行与民休息和轻徭薄赋政策，福建的社会经济也得到很大程度的恢复和发展，为文教科举的兴盛打下物质基础。同时，在朝廷推崇程朱理学和重视文教的情势下，福建顺应国家的文教政策，使学校教育得到充分的发展。因此，明代福建的科举事业继宋代之后再度出现繁荣兴旺的局面。但是，明代福建科名的地理分布极不平衡，呈现东南沿海府县兴盛与西北山区府县衰败的趋势。

一　明代福建的乡试与举人科名

关于明代福建乡试举人的定额（解额），《闽书》卷七三《英旧志·皇朝科第》记云："福建额，举人仍四十名，洪熙元年增为四十五名，正统六年增为六十名，景泰四年增为九十名，万历四十三年增为九十五名。"考《明史·选举志》《续文献通考·选举考》，明代福建乡试解额仅少于南北两直隶与江西省，与浙江省持平，而多于其他各省。如景泰四年（1453）福建解额增为90名，而南北两直隶增为135名，江西省为95名，浙江省亦为90名。此外，吴宣德先生根据明代各朝实录、《礼部志稿》、万历《明会典》、《明大政记》、乡试录以及相关文献、地方志等记载，作《明代历科乡试解额表》。[①] 其中所记

① 吴宣德：《明代进士的地理分布》，香港中文大学出版社，2009，第94页。

明代福建乡试解额与《闽书》记载基本相同。

乡试是科举考试制度的第一级考试，所以应试人员最为集中，数量最多。为了控制参试人数，明朝政府在不同的历史时期有不同的规定，如嘉靖四十年（1561），规定各处乡试解额1名，允许25人应试；嘉靖四十五年（1566），又规定各处乡试解额1名，允许30人应试。[①] 明代福建参加乡试的人数规定也基本如此，《闽书》记云："其入试士，以三千余人中解额者九十。"[②] 也就是说，90名解额，允许3000多人参加乡试竞争，差不多每名解额允许30余人应试。可见明代乡试中举的概率很小，按照嘉靖四十年的规定，乡试中举率为4%，嘉靖四十五年又降为3.3%，而福建的中举率还达不到3.3%。总之，明代的乡试竞争是十分激烈的，与会试相比可谓有过之而无不及。明末人顾公燮曾说道："乡试难而会试易。乡试定额，科举三十名中一人。……至于会试，进士有三百余人，其途宽矣。故俗有'金举人、银进士'之谣。"[③]

尽管乡试竞争激烈，但它毕竟是科举考试的第一道门坎，是仕途的必经之路，因而士子们趋之若骛。有明一代共举行了90科的乡试，关于福建乡试的中举情况，地方志中有详细的记载，其中主要有黄仲昭《八闽通志》、何乔远《闽书》和陈寿祺《重纂福建通志》等三部省志。《八闽通志》修成于明弘治二年（1489），只能反映明前期福建科举的信息。《闽书》修于明万历四十年（1612）至万历四十四年（1616），崇祯元年（1628）至二年（1629），作者又做了订补，所记内容下限至万历四十八年（1620），仅缺明天启朝与崇祯朝计8科的科举资料，应该说基本上能反映有明一代福建科举的信息。由于《闽书》修于明末，所记载的明代福建科名资料当源于《乡试录》《登科录》等第一手资料，应当比较可靠、翔实。但《闽书》记载也稍有窜乱之处，况且体例不尽合理，将历科举人、进士名录与人物传记按乡贯集中在《英旧志》内，与其他方志的体例大相径庭，因而眉目不清，检索不便。《重纂福建通志》始修于清道光九年

① 张朝瑞辑《皇明贡举考》卷一，载《续修四库全书·史部》第828册，上海古籍出版社，2002，第157页。

② 何乔远编撰《闽书》卷三二《建置志·福州》，福建人民出版社，1994，第781页。

③ 顾公燮：《消夏闲记摘抄》卷中《金举人银进士》。

(1829)，重刊于同治十年（1871），在修撰过程中大量参考了《八闽通志》和《闽书》等志书的记载，对《八闽通志》、《闽书》以及旧志中记载的不实之处做了认真的考证，并以存疑方式附在注文之中，体现出严谨慎重的修史态度。因此，其可信度要比《闽书》等更高。所以，我们在统计明代福建举人和解元名录时，应以《重纂福建通志》为准。根据《重纂福建通志》卷一五三至一五六《选举·明举人》的记载，明代福建 90 科乡试中举人数共 8376 人，而有明一代全国举人总数达 102715 人，可见，明代福建举人数量在全国也是占据较大的比重。

明洪武三年（1370），朱元璋“以天下初定，令各行省连试三年，且以官多缺员，举人俱免会试，赴京听选”。[①] 于是福建也于洪武三年、四年（1371）、五年（1372）连续三年举行乡试，分别中举 40 人、18 人和 19 人。洪武三年规定福建乡试贡额为 40 人，同时还规定“才多或不及者，不拘额数”。[②] 福建这连续三年的乡试，除了第一年中举人数足额外，其后两年均未足 40 名，这也完全符合国家的规定。其后，朱元璋罢废科举，直至洪武十五年（1382）才恢复科举。洪武十七年（1384），朝廷下诏“不拘额数，以实充贡”[③]，所以从洪武十七年至永乐二十一年（1423）共 14 科的乡试均无限额。在这 14 科乡试中，福建最多的一科中举 151 人（永乐十五年，1417），最少的一科中举 61 人（洪武二十三年，1390），各科之间中举数差距较大。洪熙元年（1425）始有定额，这一年福建额为 45 名，正统六年（1441）增为 60 名，景泰四年（1453）增为 90 名，万历四十二年（1614）再增为 95 名。因此，从宣德元年（1426）以后，福建各科的乡试中举人数与定额出入不大，但基本上会比定额多一些。《重纂福建通志》所载明代举人榜中，几乎每科都有一些府县的举人属“寄籍外学”的，这是福建人参加应天府、顺天府或其他行省的乡试而中的。正因如此，所以几乎每科中举人数都要比福建乡试解额多一些。原因是多方面的，我们将在本文第二部分中再一并分析。明代福建乡试的态势无疑对福建的会试与进士的地域分布产生了直接的影响。

---

① 《明史》卷七〇《选举二》，中华书局，1974，第 1696 页。

② 《明史》卷七〇《选举二》，第 1696 页。

③ 《明史》卷七〇《选举二》，第 1697 页。

明初以来，福建的举子们背负行囊，千里跋涉，远赴京师，搏击科场，在历科的会试中均取得优异成绩，显示出强大的竞争力，自宋代以后，再现科举繁荣，再获科举强省地位。

陈寿祺《重纂福建通志》是载录明代福建进士资料的重要文献，该书的明代福建进士信息主要来源于《闽书》等地方志以及《明登科考》《题名碑录》等明代进士题名文献。同时在利用这些文献资料时，还做了相关考证。如洪武十八年（1385）丁显榜侯官县进士陈益的注文“据登科考”；洪武十八年丁显榜长乐县进士陈仲元的注文“题名碑录亦残缺不全，无以考正，今据《闽书》存之”。由此可见，《重纂福建通志》所载明代福建进士资料当比进士题名文献更为完整、详尽、可靠。根据陈寿祺《重纂福建通志》卷一五二《选举·明进士》的记载，明代福建一共出了2418名进士，其中包括崇祯十五年（1642）“赐特用进士出身”29名。关于明代各直省进士分布情况，以及明代全国进士总人数等问题，当代一些学者也做了考订和统计。考订和统计进士人数是一项非常艰难而枯燥的工作，由于明代进士著录上的混乱，以及统计方法的不同，得出的数字也有一定的差异。

吴宣德的《明代进士的地理分布》，以登科录、《南雍志》、《明登科考》、《明贡举考》、碑录所载人数为基准，并参以各朝实录、《明太学志》等书，考订出明代进士总人数，以及各直省进士分布等数据。现根据该书表2-2“明代直省进士分布简表”改制成“明代各直省进士分布表”（见表1）。

表1 明代各直省进士分布

单位：人

直省名称	进士数（按籍统计）	名次	进士数（按贯统计）	名次
南直隶	3892	1	4320	1
浙江	3444	2	3716	2
江西	2756	3	3035	3
北直隶	2419	4	1747	5
福建	2337	5	2378	4

续表

直省名称	进士数（按籍统计）	名次	进士数（按贯统计）	名次
山东	1734	6	1725	6
河南	1684	7	1611	7
湖广	1501	8	1513	8
四川	1422	9	1364	9
山西	1139	10	1240	10
陕甘	1022	11	988	11
广东	883	12	879	12
云南	247	13	111	13
广西	209	14	191	14
贵州	99	15	23	15
辽东	72	16	15	16
外国	2		6	
总计	24862		24862	

美籍华人学者何炳棣的英文著作《中华帝国的成功阶梯：科举与社会流动（1368—1911）》，主要依据《明历科进士题名碑录》，列出明代分省进士统计表，并根据每百万人口的进士数排出各省的名次。现根据该书第227~229页，表27、29改制修订成中文的明代进士地理分布表与明代各直省每百万人口平均进士数量表（见表2、表3）。

表2　明代进士地理分布

单位：人

省份	进士数	排名	省份	进士数	排名
南直隶	3757	1	福建	2116	4
浙江	3280	2	北直隶	1898	5
江西	2400	3	山东	1723	6

续表

省份	进士数	排名	省份	进士数	排名
河南	1598	7	广东	791	12
湖广	1394	8	云南	241	13
四川	1377	9	广西	173	14
山西	1109	10	贵州	75	15
陕甘	981	11	辽宁	53	16

注：该书表27缺少广东省，现根据总数22980减他省数补上。此外，笔者认为，表27中四川省为791人，当为广东省之误，四川省应为1377人。

表3　明代各直省每百万人口平均进士数量

单位：人

省份	进士数	排名	省份	进士数	排名
福建	428	1	四川	172	9
浙江	307	2	陕甘	144	10
北直隶	283	3	广东	144	10
江西	260	4	湖广	123	12
河南	258	5	云南	120	13
山西	209	6	辽宁	57	14
山东	205	7	贵州	42	15
南直隶	177	8	广西	40	16

此外，陈国生《明代人物的地理分布研究》一文统计出明代福建进士计2319名，仅次于浙江（3398名）、江西（2628名）、南直隶（2376名），名列全国第四。多洛肯《明代福建进士研究》一书，统计出明代福建进士计2417名，仅次于南直隶（4090名）、浙江（3458名）、江西（3117名），名列全国第四。

以上四家关于进士人数的考订和统计，虽说数量上有较大的差异，但明代福建进士总人数在全国各直省中位居第四是一致的。另据何炳棣先生的统计，明代福建进士总人数虽然在全国各直省中位居第四，但按每百万人口平均进士数统计，福建高达428人，名列全国第一，比名列第二的浙江省（307人）多出121人。可见明代福建科举在全国称得上名副其实的科举强省。

会试第一名称为“会元”，在竞争激烈的会试中能考取会元实属难得。有明一代闽人在会试中不仅中式人数在全国名列前茅，而且还产生了12名会元。清人梁章钜《归田琐记》卷四《会元》记载的明代福建12名会元基本上与陈寿祺《重纂福建通志》的记载相同，唯有三处略有差异。其一，“嘉靖壬戌为福清林春”，《重纂福建通志》作“壬辰”；其二，“己未为闽清蔡茂春”，《重纂福建通志》作“闽县”；其三，“己未为晋江庄际昌”，《重纂福建通志》作“永春”。

明代的殿试中没有人落选，考试结果只决定一、二、三甲进士的等第名次。一甲只三人，分别是第一名状元、第二名榜眼、第三名探花，世称“三鼎甲”。状元、榜眼、探花是我国封建社会最高一级考试中脱颖而出的佼佼者，是科举制度造就的文化明星，因而历来备受世人的尊崇，成为历代读书人所仰慕和追求的目标。明代福建科学繁盛，号称科举大省，不仅其举人数与进士数均在全国名列前茅，而且进入三鼎甲的人数也不少。据统计，明代福建进入三鼎甲者共33人，其中状元11人，榜眼12人，探花10人，仅次于南直隶、浙江、江西，名列全国第四。但明代福建人口远少于南直隶、浙江和江西，所以若以人口计，明代福建能出33名状元、榜眼、探花也是相当可观的。现根据陈寿祺《重纂福建通志》等相关文献制作出明代福建状元、榜眼、探花表（见表4）。

表4　明代福建状元、榜眼、探花

姓名	籍贯	名次	科年
丁显	建宁府建阳县	状元	洪武十八年（1385）
陈郊	福州府闽县	状元	洪武三十年（1397）
林环	兴化府莆田县	状元	永乐四年（1406）
马铎	福州府长乐县	状元	永乐十年（1412）
李骐	福州府长乐县	状元	永乐十六年（1418）

续表

姓名	籍贯	名次	科年
林震	漳州府长泰县	状元	宣德五年（1430）
何潜	兴化府莆田县	状元	景泰二年（1451）
龚用卿	福州府怀安县	状元	嘉靖五年（1526）
陈谨	福州府闽县	状元	嘉靖三十二年（1553）
翁正春	福州府侯官县	状元	万历二十年（1592）
庄际昌	泉州府永春县	状元	万历四十七年（1619）
唐震	福州府闽县	榜眼	洪武二十一年（1388）
张显宗	汀州府宁化县	榜眼	洪武二十四年（1391）
陈全	福州府长乐县	榜眼	永乐四年（1406）
林志	福州府闽县	榜眼	永乐十年（1412）
李贞	漳州府南靖县	榜眼	永乐十三年（1415）
龚锜	建宁府建安县	榜眼	宣德五年（1430）
赵恢	福州府连江县	榜眼	宣德八年（1433）
黄凤翔	泉州府晋江县	榜眼	隆庆二年（1568）
李廷机	泉州府晋江县	榜眼	万历十一年（1583）
杨道宾	泉州府晋江县	榜眼	万历十四年（1586）
史继偕	泉州府晋江县	榜眼	万历二十年（1592）
庄奇显	泉州府晋江县	榜眼	万历四十一年（1613）
吴言信	邵武府邵武县	探花	洪武二十四年（1391）
黄旸	兴化府莆田县	探花	永乐九年（1411）
陈景著	福州府闽县	探花	永乐十三年（1415）
谢琏	漳州府龙溪县	探花	宣德二年（1427）
林文	兴化府莆田县	探花	宣德五年（1430）
李仁杰	兴化府莆田县	探花	成化八年（1472）
戴大宾	兴化府莆田县	探花	正德三年（1508）
林士章	漳州府漳浦县	探花	嘉靖三十八年（1559）
张瑞图	泉州府晋江县	探花	万历三十五年（1607）
林钎	漳州府龙溪县	探花	万历四十四年（1616）

根据表4的统计，在明代的某些科年，福建人在殿试中创造了一系列科举奇迹，被传为科场佳话。如宣德五年庚戌科殿试，考试结果第一甲三人皆为福建人，状元为漳州府长泰县人林震，榜眼为建宁府建安县人龚锜，探花为兴化府莆田县人林文。该科进士共100名，一甲3名，二甲35元，三甲62名，其中福建人仅9名，虽然登科人数不算多，却包揽了一甲3名，一举夺得科举的三个最高科名——状元、榜眼、探花，创造了同省人一榜三鼎甲的科举奇迹，这是福建科举史上一件盛事。

此外，福建人夺得一榜两鼎甲的情况也再三出现。洪武二十四年辛未科殿试，榜眼为汀州府宁化县人张显宗，探花为邵武府邵武县人吴言信；永乐四年丙戌科殿试，状元为兴化府莆田县人林环，榜眼为福州府长乐县人陈全；永乐十年壬辰科殿试，状元为福州府长乐县人马铎，榜眼为福州府闽县人林志；永乐十三年乙未科殿试，榜眼为漳州府南靖县人李贞，探花为福州府闽县人陈景著；万历二十年壬辰科殿试，状元为福州府侯官县人翁正春，榜眼为泉州府晋江县人史继偕。这种同省人夺得一榜两鼎甲的情况，虽说有些许遗憾，但也属难能可贵。

明代福建人在科举考场上的出色表现，充分显示了福建人在科场的强大竞争力和福建科举大省的地位。

二　明代福建科名的地理分布特征

从明代福建举人的分布看，各府之间极不平衡。福州府10县举人数2555名，为全省之冠；兴化府2县举人数1702名，名列全省第二，泉州府7县举人数1685名，名列全省第三。其次是漳州府1034名，建宁府549名，汀州府259名，延平府243名，邵武府178名，福宁州59名，平海卫、镇海卫112名。福州府的举人数约为全省的30%；福州、兴化、泉州三府举人数量超过全省的70%；福州、兴化、泉州、漳州四府举人总数超过全省的80%。此外，从县城分布上看，兴化府的莆田县举人最多，达1596人，其次是泉州府的晋江县（997人），再次是福州府的闽县（969人）。据《重纂福建通志》卷一五三至一五六《选举·明举人》的记载，明代福建解元除洪武五年缺名外共89人，而福州、兴化、泉州、漳州四府解元达 81 人，其他五府仅 8 人。其中莆田县解元最多，达 29 人，其次是晋江县（15 人）。明代福建还多次出现了同县同府一科两解元以及所谓一科“五魁”现象，如清人施鸿保《闽杂记》卷六《兴泉科甲之盛》记云：

> 明时，兴化、泉州科甲最多，乡试每占通省之半，有一科两元者，兴化则永乐戊子省元杨慈、应天元黄寿生，皆莆田人。泉州则隆庆庚午省元林奇石，同安人；顺天元李廷机，晋江人。又有一科五魁者，嘉靖癸卯元黄继周、第三林仰成、第四黄谦、第五江从春，皆兴化人，惟第二陈应，福州人。然是科莆田林亳以训导中广西榜第二，仍合五魁之数。泉州则万历辛卯亦中五魁。

明代福建举人的分布情况，无疑对福建会试与进士的地理分布产生了直接的影响。

明代福建进士的地理分布与举人分布一样，各府之间极不平衡，同样呈现一种地域性集聚现象，而且这种现象比举人分布更为严重。福州府 10 县进士数 670 名，为全省之冠；泉州府 7 县进士数 592 名，名列全省第二；兴化府 2 县进士数 537 名，名列全省第三；以下依次是漳州府 309 名，建宁府 136 名，汀州府 52 名，延平府 42 名，邵武府 41 名，福宁州 14 名，平海卫、镇海卫 25 名。沿海地区的福州、泉州、兴化、漳州四府进士数共计 2108 名，约占全省总数的 87.2%。状元、榜眼、探花的分布情况大抵也是如此。明代福建共出了 11 名状元，其中福州府 6 名，兴化府 2 名，泉州府、漳州府、建宁府各 1 名；东南沿海四府有 10 名，而闽西北山区各府仅有 1 名。明代福建共出了 12 名榜眼，其中福州府 4 名，泉州府 5 名，漳州府、建宁府、汀州府各 1 名；东南沿海四府有 10 名，而闽西北山区各府仅有 2 名。明代福建共出了 10 名探花，其中兴化府 4 名，漳州府 3 名，福州府、泉州府、邵武府各 1 名；东南沿海四府有 9 名，而闽西北山区各府仅 1 名。从县域分布上看，兴化府的莆田县进士最多，高达 518 名，约占全省总数的 21.4%，不仅名列全省第一，而且名列全国第一，比第二名晋江县多 144 名，比第三名浙江省余姚县多 195 名，可以说是创造了我国古代科举的奇迹，史言："科目得人之盛，天下鲜俪。"[①] 其次是泉州府的晋江县，也高达 374 名，名列全省、全国第二，同样也创造了科举的奇迹。福州府的闽县也多达 252 名，名列全省第三、全国第六，第四至十名分别是漳浦县、侯官县、长乐县、龙溪县、福清县、同安县、怀安县（并列第九）和南安县。进士数的前十名县域同样也是集中在东南沿海四府。

三　影响明代福建科名盛况与地理分布的主要因素

总体上看，明代福建科名十分兴盛，继两宋之后再度出现繁荣兴旺的局面。两宋时期，随着经济重心的南移，福建的社会经济与文教事业得到长足的发展。特别是到了南宋时期，福建不再是边远地区，而是已发展成为理学渊薮、文教中心。至南宋末年，福建各州县基本上都建立了官学，书院数量居浙江和江西之后，名列全国第三。据不完全统计，宋代福建共有进士 7000 余人，不仅名列全国第一，而且约占全国进士总数的五分之一，深刻地影响了后代福建的科举事业。入明以后，由于统治阶级推崇程朱理学，重视文教事业，福建的学校教育在元末遭到破坏的情势下，迅速得到恢复和发展。仅据陈寿祺《重纂福建通志》卷六二至六六《学校》的记载，明代福建书院就多达 87 所，超过了宋代。同时，明代福建的社会经济在宋元发展的基础上，又跃上了一个新台阶。因而，承两宋福建科举文化之余脉，明代福建科举事业再度兴盛，当是历史的必然。明代福建科名的地理分布具有不平衡性，究其原因，除了沿海地区自唐宋以来文教事业就相对发达之外，明代福建沿海地区社会经济的迅速发展以及一系列的地域特点也是至关重要的因素。

首先，沿海地区的农业经济走向多元化。福建的粮食作物历来以水稻为主，并兼种麦、黍、稷、菽等。入明以后，福建粮食作物的种植面积比宋元时期有所增加，品种也有所增加。万历年间，福建还从吕宋（今菲律宾）引进耐旱高产的农作物番薯，对于解决福建长期缺粮问题具有重要的

① 黄仲昭：《八闽通志》卷三《地理・风俗・兴化府》，福建人民出版社，1990，第 49 页。

经济意义。福建山多田少，沿海多沙地，很适合推广番薯种植，福建人民赖“以当谷食，足果其腹，荒不为灾”。[①] 明万历年间，福建还引进了经济作物烟草，明人张介宾《景岳全书》记云：“烟草自古未闻，近自我万历时，出于闽广之间。”种植烟草经济价值甚高，“一亩之收，可以敌田十亩，乃至无人不用”。[②] 明代福建的甘蔗种植相当普及，闽广所种甘蔗占全国十分之九，“它方合并，得其什一而已”。[③] 福建所产的红糖、白糖以及冰糖远销全国各地，《闽大记》记云：“糖产诸郡，泉、漳为盛，有红有白及冰糖，商贩四方货卖。”[④] 明中叶以后，随着海禁渐开，福建的白糖运销欧美各国，成为欧洲人十分喜爱的食品。由于种植甘蔗利润更高，沿海很多农民纷纷改稻田为蔗田，明陈懋仁《泉南杂志》云：“甘蔗干小而长，居民磨以煮糖，泛海售焉。其地为稻利薄，蔗利厚，往往有改稻田种蔗者。”

其次，明代福建的花生、茶叶、水果、蓝靛等经济作物的种植都有较大的发展，农业经济形成多元化发展的格局。在手工业生产方面，明代福建的纺织工艺有了创造性的发展。万历《福州府志》记云：“明弘治间有林洪者，工杼柚，谓吴中多重锦，闽织不逮，遂改缎机为四层，故名改机。”[⑤] 这项工艺的革新使福建锦缎工艺水平超过江南一带的同类产品。此外，漳州的丝织业由于学习引进江浙、日本等地的先进工艺，所生产的漳纱、绮罗、天鹅绒等产品巧夺天工，十分精美。所仿制的山西潞绸也达到了潞州所产丝绸的同等水平。[⑥] 明代福建冶铁业也十分发达，有“南方以闽铁为上”[⑦] 的说法。制瓷业也遍布全省各地，其中德化窑生产的“建白瓷”造型美观、胎薄质坚、釉色晶莹、通体透明，被称为“象牙白”“鹅绒白”“中国白”。德化明代著名的瓷器雕塑家何朝宗塑造的瓷观音等佛像线条明快、神韵感人、形象逼真、雕琢精美，具有很高的艺术价值，被世

---

① 陈梦雷等编《古今图书集成》卷五四《草木典·薯部汇考》。

② 杨士聪：《玉堂荟记》卷下，中华书局，1985。

③ 宋应星：《天工开物》卷上《甘啫》，广东人民出版社，1976，第 162 页。

④ 王应山：《闽大记》卷一一《食货考》，中国社会科学出版社，2005，第 190~196 页。

⑤ 万历《福州府志》卷三七《食货志·物产》。

⑥ 唐文基：《福建古代经济史》，福建教育出版社，1995，第 418 页。

⑦ 方以智：《物理小识》下，商务印书馆，1937，第 167 页。

界各国的收藏家珍藏，被称为“东方艺术”。[①] 福建造船业历史悠久，降至明代，成为我国主要造船基地。船厂遍布福州、泉州、漳州等沿海口岸地区，所造的船有战船、册封舟、民用船三种类型。战船又有大福船、冬船、哨船、艟船、快船、乌船等诸种。其中福船与广船、沙船并称我国航海的三大船型。[②] 此外，明代福建沿海的制糖业、制茶业、制盐业以及养殖业等都十分发达和繁荣。

再次，明代福建沿海的城市经济也迅速发展。据万历《福州府志》记载，福州共有 9 个市，其中城内 6 个，城厢 3 个。[③] 明人王世懋形容南台街市曰：“十里而遥，民居不断。”明人林燫描述洪山桥集市曰：“商舶北自江至者，南自海至者，咸聚于斯，盖数千家云。”[④] 在明代的漳州，自月港兴起后逐渐发展成为商贸发达的繁华都市，明人张燮在《清漳风俗考》中描绘了漳州府城的繁华富饶景象，曰：“甲第连云，朱甍通梁，负妍争丽，海滨饶石，门柱庭砌，备极广长，雕摩之工，倍于攻木垣设色也。……人无贵贱，多衣绮绣，意气相诡，华采相鲜。”

明代福建商人活跃于全国各地，其商业资本也相当雄厚。明代泉州学者李光缙，是一位重商主义者，他所著的《景璧集》中记述了泉州安平商人：“贾行遍郡国，北贾燕，南贾吴，东贾粤，西贾巴蜀，或冲风突浪，争利于海岛绝夷之墟。近者岁一归，远者数岁始归，过邑不入门，以异域为家。”[⑤] 明末学者何乔远《镜山全集》记安平商人云：“两京、临清、苏、杭间，多徽州、安平之人。”又云：“安平一镇尽海头，经商行贾，力于徽歙，入海而贸夷，差强资用。”[⑥] 吴梅村曾作诗《木棉吟》以描述闽商（福州商人）形象，其诗云：“眼见当初万历间，陈花富户积如山，福州青袜乌言贾，腰下千金过百滩。”《古今图书集成》记载福清人“民半逐工商为生，南资粟于惠潮，北仰哺于温宁”。[⑦] 福建商人外出贩卖的商品主要是

① 唐文基：《福建古代经济史》，第 421 页。
② 唐文基：《福建古代经济史》，第 426 页。
③ 万历《福州府志》卷一二《街市》。
④ 道光《福建通志》卷二九《津梁》，清同治十一年刻本，第 6 页。
⑤ 李光缙：《景璧集》上，曾祥波点校，福建人民出版社，2012，第 183 页。
⑥ 叶廷琯：《欧波渔话》，转引自唐文基《福建古代经济史》，第 488 页。
⑦ 陈梦雷等编《古今图书集成》卷一〇《食货典 · 论本邑禁余仓粮书》。

本省的土特产品，如王世懋《闽部疏》记云：“凡福之绸丝，漳之纱绢，泉之蓝，福、延之铁，福、漳之橘，福、兴之荔枝，泉、漳之糖，顺、昌之纸，无日不走分水岭及浦城小关，下吴越如流水。其航大海而去者，尤不可计。”福建商人出外经商，特别是海外贸易获得了丰厚的利润，积累了雄厚的资本。《景璧集》记云：“四方郡国无所不至，珠玑、犀角、玳瑁、丝枲、果布之贸，转毂以千万数，赢得十之。”① 福建商人的经济实力与地位甚至超过了徽商，“经商行贾，力于徽歙”。

明代福建经济的一个显著特点是沿海地区严重缺粮。福建是一个多山的省份，素有“八山一水一分田”之称，耕地面积有限。明人形容福建的农业地理特点是：“东南阻海，西北负山，壤狭田少，山非沙石，自麓至巅，尽耕治为陇田。”② 所以福建历来粮食生产就不富余。明初，福建粮食尚不紧缺，到了明中叶，福建缺粮问题凸显出来，尤其是沿海地区的福州、兴化、泉州、漳州四府。如泉州府的惠安县，在嘉靖四十年（1561）春夏之间输入粮食就达 7 万石。③ 造成福建缺粮的原因是多方面的，人口的增长当是最主要的原因。据官方统计，明初洪武二十六年（1393），福建人口为 392 万人。④ 到明中后期，福建人口当倍于明初，据当代学者研究，明末福建人口应为 640 万～768 万人。⑤ 福建沿海的福州、兴化、泉州、漳州四府人口最为密集。到了明中后期，福州府是“承平日久，生齿蕃息”，“固宜数倍于国初时”⑥；兴化府是“生齿日繁，田畴有限”⑦；泉州府是“近年以来，生齿日繁，山穷于樵采，泽竭于罟网”⑧；漳州府是“生齿甚繁，以口度地，常一亩十口资焉”⑨。可见，到了明代中后期福建沿海一带人口密度的确很高，而福建内地山区人口问题并不突出，依然是

① 李光缙：《景璧集》上，第 184 页。

② 张萱：《西园闻见录》卷六二《职方福建》，民国哈佛燕京学社印本，第 21 页。

③ 叶春及：《惠安政书》卷四，福建人民出版社，1987，第 64～114 页。

④ 《明史》卷四五《地理志六》，第 1121 页。

⑤ 徐晓望：《福建历史上几个人口数字考证》，《福建论坛》（人文社会科学版）1987 年第 4 期，第 80 页。

⑥ 万历《福州府志》卷二六《食货志一》，明万历二十四年刻本，第 102 页。

⑦ 弘治《仙溪志》卷一《风俗》。

⑧ 万历《泉州府志》卷三《风俗》。

⑨ 沈演：《止止斋集》卷一九。

山广人稀。这种沿海与山区人口分布的不平衡性也使粮食供求处在不平衡状态。沿海地区由于人口增长较快，垦田面积较少，出现了严重缺粮问题；山区人口较少，垦田面积较广，因而粮食生产自足有余。

明代福建社会经济发展的一系列特点对是代福建科举也产生了一定的影响。首先，为闽人科举活动打下经济基础。明代福建农业、手工业以及商业贸易的发展，为福建人民积累了一定的财富，仓廪实而知礼节，生活富裕之后的人更注重文化教育，更热心于参政议政，更希望通过科举寻求政治出路。因而明代闽人参加科举活动的积极性更高，人数也更多。其次，明代实行禁海和迁海政策，使沿海相当一部分居民的生计陷入困境，虽有一部分人私自冒险入海进行贸易活动，但毕竟还是少数。读书科考，谋求出仕也成了一部分居民的发展之路。最后，明中叶以后福建沿海地区人口增长和严重缺粮问题，使沿海地区出现了大量的富余劳力，从事农业生产的出路狭窄，私人海上贸易风险很大，因而读书科考做官不啻一条最好的出路。这也是明代福建沿海地区科举事业迅速发展的重要原因。

本文原载于《教育与考试》2013 年第 5 期

清代福建科举与科名的地理分布特点

戴显群

与明代相比，清代福建科名总体上有较大的滑落，进士科名在全国的排位从明代的第四位下跌到第八位，三鼎甲及第人数也大大减少。但是按人口平均，福建的进士科名在全国仍名列前茅，尚能继续保持科举大省的地位。此外，清代台湾的科举也取得了可喜的成绩，这对台湾文教事业进一步发展，以及巩固国家统一都有促进作用。值得注意的是，清代福建科名的区域不平衡性更加突出，除了继续呈现明代以来东南沿海兴盛与西北山区衰败的趋势外，福州府一枝独秀，而沿海的兴化、泉州、漳州三府也出现下滑趋势，其中尤以兴化府最为严重。关于清代福建科举与地理分布特点问题，至今尚无专文讨论过，因而该问题尚有较大的创新空间。本文拟全面论述清代福建科举与地理分布问题，并探讨其原因，以求教于专家学者。

一　清代福建的乡试与举人

清承明制，参加乡试的对象主要为本省府州县学生员，贡生、监生，及部分儒士之未仕者、官之未入流者。但他们都要经过学政“科考”录科、录遗后，才可以应试，即获得参加乡试的资格。

清代乡试的时间、地点与明代一样，时间为子、午、卯、酉年的八月，首场初九日，二场十二日，三场十五日；乡试的地点在福州贡院。清代福州贡院曾先后数次扩建，其中康熙四十四年（1705）与乾隆十八年

(1753）扩建的工程最大，影响也最显著。康熙四十四年，福建巡抚李斯义，“念闽地人文日盛，每科应试，多至万人，与布政使高绢睿集议拓贡院旁隙地，复购民居，增号舍千余楹”。[①] 乾隆十八年，总督喀尔吉善、巡抚陈弘谋重修福州贡院，“宽展号舍，增高墙垣，又另筑夹道，疏通沟渠，拓至公堂而新之。各堂所房舍俱加增建，规制肃然，福州府知府徐景熹、抚标参将窦宁董其役”。[②]

清代福建文教发达，人文日盛，闽人参加科举活动的热情持续高涨，参加乡试的考生逐科增多，因而原来的贡院显得狭小，考生的号舍也不够用，需要拓建贡院，增建号舍。号舍亦称“号房”，是考生的考场，考生人住一间，乡试的三场考试期间，考生的考试答题与衣食起居均在号舍内。因此，号舍是贡院建筑最重要的组成部分。据说清代顺天贡院的号舍有 9000 余间；晚清时江南与浙江考生常超过万人，号舍不够，须临时搭建简易号舍；广东贡院的号舍也有 7000 余间。[③] 福建在清康熙年间“每科应试，多至万人”，以此看来，清代福州贡院的号舍不会少于顺天贡院的号舍，否则无法应付上万名应试者。省城福州面积并不算大，人口亦不多，然每逢子、午、卯、酉年乡试，来自全省各地的上万名应试者及其家属随从云集福州，盛况空前，这是三年一遇的科举盛会，给省城福州增色不少。清代福建乡试盛况以及福州贡院的规模甚至感染了乾隆皇帝，乾隆九年（1744）特赐御书匾、联各一件，匾曰“旁求俊乂”，联曰“立政待英才，慎乃攸司，知人则哲；与贤共天位，勖哉多士，观国之光”。[④]

清代乡试的解额，主要是依据各省文风之高下，人口之多寡，丁赋之轻重而定。顺治初年定额较宽，顺天、江南皆 160 余名，福建、浙江、江西、湖广均超过 100 名，河南、山东、广东、四川、山西、陕西、广西、云南自 90 余名递减，至贵州 40 名为最少。顺治十七年（1660），减各直

① 乾隆《福州府志》卷四六《名宦一》，载《中国地方志集成·福建府县志辑》第 1 册，上海书店出版社，2009，第 925 页。

② 乾隆《福州府志》卷一八《公署一·贡院》，载《中国地方志集成·福建府县志辑》第 1 册，第 431 页。

③ 李树：《中国科举史话》，齐鲁书社，2004，第 340 页。

④ 乾隆《福州府志》卷一八《公署一·贡院》，载《中国地方志集成·福建府县志辑》第 1 册，第 431 页。

省中额之半。这样，福建的乡试中额仅50余名。康熙年间，先后又增加了各直省的中额。乾隆九年，北闱因考生夹带败露者40余人，乾隆为严肃纪律，诏减各直省中额十分之一。于是定顺天南、北皿中额各36名，中皿改二十取一，江南上江（安徽）45名、下江（江苏）69名，浙江、江西均94名，福建85名，广东72名，河南71名，云南54名，湖北48名，湖南、广西皆45名，贵州36名。此后，这一定额再无增加。咸丰、同治年间，由于各省输饷达数百万，因而先后增加各省中额，福建及台湾增13名。① 雍正十三年（1735），福建巡抚庐焯上疏朝廷："今台属五学，人文日盛，请于闽省解额外，将台字号再加中一名，以示鼓励。"② 礼部议覆，同意增加台字号一名中额。嘉庆十二年（1807），又增加台湾府至字号举人中额一名。③

关于录送（参加）乡试的额数，顺治二年（1645）规定，各直省每举人1名，录送生儒20名应试。其后加宽录送名额。至乾隆九年后，又规定直隶、江南、江西、福建、浙江、湖广为大省，每举人1名，录送生儒80名应试，山东等中省为60名，广西等小省为50名。副榜举人1名，大省加送40名，中省加送30名，小省加送20名。④ 而台湾初录送200名，嘉庆十二年改为录送300名。

从以上乡试解额与录送乡试的额数来看，清代福建仍处在科举大省地位。正是由于福建的文化教育发达以及以往的科举成就，清朝政府才一直将福建列为科举大省。这从清初担任各省主考官的职位规定中亦可看出，"初制，顺天、江南正副主考，浙江、江西、湖广、福建正主考，差翰林官八员。他省用给事中、光禄寺少卿、六部司官、行人、中书、评事"。⑤ 福建等科举大省的乡试主考官由翰林官担任，而其他中、小省乡试主考官的职位就大为逊色。

有清一代共举行110科乡试，其中包括恩科与恩正并科。顺治二年与

---

① 关于乡试中额问题，参见《清史稿》卷一〇八《选举志三》，中华书局，1977，第3157~3158页。

② 《清世宗实录》卷一五六"雍正十三年五月辛亥"，中华书局，1985年影印本。

③ 《清仁宗实录》卷一七九"嘉庆十二年五月丁卯"，中华书局，1985年影印本。

④ 《钦定大清会典事例》卷三三七、三三八。

⑤ 《清史稿》卷一〇八《选举志三》，第3154页。

顺治三年（1646）这两科乡试因清王朝尚未完全统一全国，仅在部分业已稳定的直省举行，这两科福建均未举行乡试。康熙十四年（1675）与康熙十七年（1678），福建因三藩之一耿精忠叛乱，停止乡试两科。所以清代福建共举行106科乡试。根据陈寿祺《重纂福建通志》卷一六二《国朝举人》与民国陈衍《福建通志》卷一三《清举人》，清代福建乡试举人分布如表1所示。

表1　清代福建乡试举人分布

单位：人

地区	人数	地区	人数
福州	4309	福宁	195
兴化	546	台湾	301
泉州	1694	永春	143
漳州	893	龙岩	177
延平	311	平海卫、镇海卫	12
建宁	398	满洲八旗	64
邵武	265		
汀州	659	合计	9967

顺治二年，福建尚未开科，但有些福建人参加了顺天等地的乡试，福州府福清县的林起龙、泉州府晋江县的黄志遴、延平府沙县的朱之弼等三人均在顺天乡试中举。顺治三年，福建仍未开科，福州府福清县的穆尔谟在顺天乡试中举。

康熙十四年，福建因耿精忠叛乱，停止乡试两科，该年漳州府龙溪县的谢亦骥在顺天乡试中举。康熙十七年，福州府闽县的王九宁在浙江省乡试中举；莆田县的吴琪在江南乡试中举。

除了上述正榜举人外，清代还有所谓副榜举人制度。副榜举人之名始于明嘉靖五年（1526），清朝沿袭之，于顺治二年定为制度。副榜举人亦谓副举人、副贡，其地位远逊于正榜举人。按规定，副榜举人不能与举人同赴会试，仍可应下届乡试，只有乡试中式后才可参加会试。关于清代福建副榜举人情况，陈寿祺《重纂福建通志》没有任何记载，民国《福建通志》从咸丰元年（1851）开始有详细记载。以此看来，清代福建似乎从咸丰元年才开始实行副榜举人制度。根据民国《福建通志》卷十三《清举人》，清代福建副榜举人分布如表2所示。

表2　清代福建副榜举人分布

单位：人

地区	人数	地区	人数
福州	265	邵武	8
兴化	17	汀州	23
泉州	46	福宁	16
漳州	20	永春州	5
延平	5	龙岩州	10
建宁	10	合计	425

二　清代福建的进士与三鼎甲

乡试中举后，举人们将于次年的二月份赴京师参加由礼部主持的会试。雍正、乾隆年间，会试改于三月份举行。

清代会试没有定额，顺治三年、六年（1649）、九年（1652）、十二年（1655）、十八年（1661）等五科中式者均为400名，顺治四年（1647）中式者300名，顺治十年（1653）、十六年（1659）中式者均为350名。顺治三年与九年，福建所在的南方五省为南卷，中式者233名，北卷中式者153名，而中卷才14名。可见清初包括福建在内的南方地区各省在科举上继续保持明代以来的优势地位。有清一代共举行了112科会试，其中正科84科，恩科26科，加科2科，共有进士26391名。[①] 那么，清代福建究竟

① 参见商衍鎏《清代科举考试述录》，生活·读书·新知三联书店，1958。另据美籍华人何炳棣《中华帝国的成功阶梯：科举与社会流动（1368—1911）》的统计，为26747名。尚有其他学者的统计数字，此不一一赘列。

有多少人荣登进士第，各府州分布又是如何？根据陈寿祺《重纂福建通志》卷一六一《国朝进士》与民国陈衍《福建通志》卷十、卷十一《清进士》所载，清代福建进士分布如表 3 所示。

表 3　清代福建进士分布

单位：人

地区	人数	地区	人数
福州	736	汀州	87
兴化	66	福宁	22
泉州	235	台湾	33
漳州	120	永春	12
延平	28	龙岩	17
建宁	41	镇海卫	3
邵武	26	合计	1426

上文提到，顺治二年、三年福建尚未开科取士，仅有少数福建人参加了顺天乡试，结果福清人林起龙、晋江人黄志遴、沙县人朱之弼、福清人穆尔谟等四人在顺天乡试中举。顺治三年、四年，这四名福建籍举人继续参加会试，结果全部登第，成为清代福建最早的一批进士，这在福建尚未开科的情势下，实属难能可贵。

清代福建乡试共有 9967 人中举，这些举人在乡试结束后的次年二月、三月间，背负行囊，跋涉千里，远赴京师参加会试，其艰辛程度可想而知。据表 3 统计，清代福建共有 1426 人进士及第，及第率仅为 14%左右，在这 9967 名举人中，绝大多数在会试中名落孙山，遭到淘汰，可见竞争是相当激烈的。清代会试中式人数最多的是雍正八年（1730）庚戌科，为 406 名，最少的是乾隆五十四年（1789）己酉科，仅 96 名，平均每科大约 240 名。福建人所参加的 109 科会试中，平均每科中式人数大约 13 名。明代福建共有 2418 人进士及第，平均每科大约 27 名。因而，清代福建人的会试成绩远逊于明代。

另据美籍华人何炳棣的英文著作《中华帝国的成功阶梯：科举与社会

流动（1368—1911）》第228页表28的统计，清代全国进士及第者26747名，其中福建省1399名，在全国各省中居第八位。根据该书表28，清代全国进士地理分布如表4所示。

表4　清代全国进士地理分布

单位：人

省份	进士数	排名	省份	进士数	排名
江苏	2920	1	湖北	1221	11
浙江	2808	2	安徽	1189	12
河北	2701	3	广东	1012	13
山东	2260	4	四川	763	14
江西	1895	5	湖南	726	15
河南	1693	6	云南	693	16
山西	1430	7	贵州	599	17
福建	1399	8	广西	570	18
陕甘	1385	9	辽宁	183	19
旗人	1300	10	总计	26747	

清代福建进士及第人数虽居全国第八位，但由于福建省面积较小，人口较少，因而按人口数量进行平均计算，福建的排名将大大提升。再据该书第229页表29统计，福建省每百万人口中平均有进士117名，在全国排名中与河北省并列居第三位。

明代福建进士数量仅次于南直隶（江苏和安徽）、浙江、江西，居全国第四位。而按每百万人口的平均进士数量计算，福建则居全国第一位。与明代相比，清代福建进士人数以及在全国的排名大大地下滑了。造成这种现象的主要原因是，清代中国幅员辽阔，人口增长，政治统一，各地社会经济与文教事业的发展趋向平衡，以往科举相对落后的省份逐渐缩小了差距，有的甚至赶超先进省份。如贵州省明代进士仅85名，而清代则增至599名；云南省明代进士241名，而清代则增至693名；广西省明代进士173名，而清代增至570名。其他如山东、山西、河北、河南、陕西等省份也均有长足的进步。因而清代福建进士及第的绝对数量被一些省份赶上也在情理之中。此外，由于明代进士及第者集中在部分省区，如南北直隶、浙江、江西、福建等地，而清代进士及第者则分散到各个省区。这样，福建因人口数量少，所以每百万人口的平均进士数量尚可居全国第三位，若排除旗人这一特权阶层，福建则仅次于浙江而排在全国第二位。以此来看，清代福建仍算得上科举大省。

与明代一样，在清代的殿试中没有人落选，考试结果只决定一、二、三甲进士的等第。一甲三人，分别是状元、榜眼、探花，世称“三鼎甲”。明代福建三鼎甲共计 33 名，而清代如何呢？根据陈寿祺《重纂福建通志》、民国陈衍《福建通志》以及商衍鎏《清代科举考试述录》的记载，清代福建三鼎甲情况如表 5 所示。

表 5 清代福建三鼎甲情况

姓名	籍贯	名次	科年
林鸿年	福州府侯官县	状元	道光十六年（1836）
王仁堪	福州府闽县	状元	光绪三年（1877）
吴鲁	泉州府晋江县	状元	光绪十六年（1890）
赵晋	福州府闽县	榜眼	康熙四十二年（1703）
吴文焕	福州府长乐县	榜眼	康熙六十年（1721）
邓启元	泉州府德化县	榜眼	雍正五年（1727）
林枝春	福州府闽县	榜眼	乾隆二年（1737）
廖鸿荃	福州府闽县	榜眼	嘉庆十四年（1809）
何冠英	福州府闽县	榜眼	道光十六年（1836）
黄贻楫	泉州府晋江县	探花	同治十三年（1874）

此外，清代福建还中了两名会元（会试第一名）和两名传胪（二甲进士第一名）。他们分别是：顺治十八年辛丑科会元陈常夏，光绪二十一年（1895）乙未科会元陈海梅；乾隆元年（1736）丙辰科传胪蔡新，嘉庆二十五年（1820）庚辰科传胪龚文辉。

清代福建三鼎甲数量不仅远逊于明代，横向比较更是落后于其他省份。根据商衍鎏《清代科举考试述录》统计，清代江苏三鼎甲多达117名，其中状元49名；浙江三鼎甲76名，其中状元20名。苏、浙两省可谓遥遥领先。而福建三鼎甲仅10名，状元才3名，不仅对苏、浙两省望尘莫及，而且还落后于安徽、江西、直隶、山东等直省，在全国处在中下游水平，这与科举大省的地位是不相匹配的。从清顺治三年的第一场会试至道光十五年（1835）的190年间，福建竟然无一人考中状元，直至道光十六年福州府侯官县人林鸿年才中了状元。关于林鸿年中状元之事，坊间还流传一个歌谣。施鸿保《闽杂记》卷六《闽中状元谣》记云：

> 国朝开科以来，至道光丙申一百九十三年，闽县林鸿年始中状元。旧有谣云："五眼开，状元来。"丙申以前，闽省榜眼五人：赵晋、吴文焕、邓启元、林枝春、廖鸿荃也，其谣果验。徐时作《闲居偶录》谓乾隆戊辰状元番禺庄有恭，本籍泉州，遂疑当作四眼，非也。既由番禺籍中，不得仍应闽中状元之谣矣。

按，是科侯官何杰夫冠英亦登榜眼，是有六眼矣，岂同榜者不在其数耶？

上述记载说的是清代福建迟迟未出状元，于是民间有歌谣说："五眼开，状元来。"意思是要有五人中榜眼，才会有人中状元。至道光十六年，闽县人林鸿年终于中了状元，此前福建恰好有五人中了榜眼，终于应验了这一歌谣。清代福建这一旧谣，反映了福建因迟迟未出状元，民间渴望尽快出个状元的迫切心情。

三 清代福建科名的地理分布

清代福建科名的地理分布特点与明代基本一样，继续呈现东南沿海地区兴盛与西北山区衰弱趋势。但局部地区发生了显著的变化，而且地域性集聚现象更为严重。

从举人的分布情况看，各府之间依然很不平衡。清代福建中举人数共计9967人，其中福州府10县4309人，为全省之冠；泉州府7县1694人，位列全省第二；漳州府 8 县 893 人，位列全省第三。其他依次是：汀州府 659 人，兴化府 546 人，建宁府 398 人，延平府 311 人，台湾府 301 人，邵武府 265 人，福宁府 195 人，龙岩州 177 人，永春州 143 人，八旗 64 人，平海卫、镇海卫 12 人。福州府以 4309 名举人遥遥领先，约占全省举人总数的 43%。福州府的闽县与侯官县以绝对优势名列全省各县第一、第二。而福、泉、漳沿海三府 6896 人，约占全省举人总数的 69%。再据陈寿祺《重纂福建通志》卷一六二《国朝举人》与民国陈衍《福建通志》卷十三《清举人》统计，清代福建解元共 106 名，其中福州府 45 名，泉州府 22 名，此两府约占全省解元总数的 63%。其他 11 个府州以及满洲八旗总共才 39 名，依然是福州府与泉州府名列全省第一、第二。从以上统计数字看，清代福建举人与解元的分布依然是东南沿海府县强于西北山区府县，而且地域性集聚比明代更为严重。明代基本上是福、兴、泉、漳齐头并进，而清代则是福州府一枝独秀。值得注意的是，兴化府的排位严重下滑，而汀州府赶上了兴化府。兴化府仅辖两县，在明代中举人数方面却接近福州府，名列全省第二。明代莆田县以解元 29 人为全省之冠。而清代兴化府中举人数仅名列全省第五，退居汀州府之后，解元人数也仅有 6 名。

清代福建进士的地理分布情况与举人分布基本一样。清代福建进士共计 1426 人，其中福州府 736 人，名列全省第一；泉州府 235 人，名列全省第二；漳州府 120 人，名列全省第三。其余依次为：汀州府 87 人，兴化府 66 人，建宁府 41 人，台湾府 33 人，延平府 28 人，邵武府 26 人，福宁府 22 人，龙岩州 17 人，永春州 12 人，镇海卫 3 人。福州府进士数占全省总数的 51.6%，而其他 12 个府州的进士数只占全省总数的 48.4%。福州府三鼎甲的数量也占绝对优势。福州府进士数不仅在省内占有绝对优势，而且在全国也是名列前茅。据美籍华人何炳棣先生统计，清代杭州府进士及第 1004 名，排在全国各府第一位；苏州府 785 名，排在第二位；福州府 723 名，排在第三位。福州府闽县与侯官县的县治均在福州府城内，民国时期曾合并为闽侯县，清代两县共有进士 557 名，同样排在全国各县第三位。①

① 何炳棣：《明清进士与东南人文》，载《中国东南地区人才问题国际研讨会论文集》，转引自刘海峰、庄明水《福建教育史》，福建教育出版社，1996，第 220 页。

此外，福州府的不少大家望族还出现了父子叔侄同登科第，兄弟连捷，累世举人、进士的现象。如乾嘉年间，家住三坊七巷之文儒坊的叶观国，其七子皆中科甲；道光年间有两家“五子登科”，即家住三坊七巷之黄巷的郭阶三与家住东街孝义巷的曾晖春；同光年间，家住文儒坊的陈承裘，其六个儿子也全部登第，号称“六子科甲”，长子陈宝琛后来成为宣统帝师。这些都被世人传为科举佳话。

清代兴化府进士科名的滑落比举人更为严重，清代 112 科会试，兴化府仅有 66 人进士及第，平均每科不到 1 人。明代兴化府的莆田县，出了 518 名进士，占全省总数（2418 名）的 21.4%，不仅名列全省第一，而且名列全国第一，创造了福建科举的奇迹。相比之下，清代莆田进士科名竟下滑到如此地位，乃至清代 112 科会试，兴化府竟然有 68 科全府无一人及第，实属不正常现象。

清代泉、漳两府的进士科名情况与明代相比，也衰落了不少。清初泉州府进士科名与福州府不相上下，清中期以后开始滑落，与福州府逐渐拉开了距离，到了清后期已远远落后于福州府。漳州府进士数仅为泉州府的一半，清前期的科名情况尚可，中期以后开始滑落，到了后期与兴化府一样，相当衰败，据《重纂福建通志》与《福建通志》记载，从嘉庆元年（1796）到光绪三十年（1904）的 109 年间，仅 16 人进士及第。清代建宁府的进士科名较明代更加衰落，进士仅 41 名，不及明代的 1/3。清代汀州府以 87 名进士超越兴化府跃居全省第四位，在福建西北山区府县进士科名普遍衰败的情势下，汀州府尚能异军突起，取得长足进步，实属难能可贵。

清代福州科名之盛况不是偶然的，福州作为我国东南沿海的一个都会，历来就是福建的政治、经济和文化中心，号称“八闽首府”“闽中首邑”。长期以来，福州拥有丰厚的文化教育资源和政治经济优势。唐宋以来，福州文化教育事业发达，在全省处于领先地位。吕祖谦《冶城诗》云：“路逢十客九青衿，半是同胞旧兄弟。最忆市桥灯火静，巷南巷北读书声。”读书仕进已成为福州人的一种风俗。在科举时代，福州的科名一直兴盛发达，不但领先而且稳步发展，绝少大起大落。入清以后，社会政治稳定，经济文化进一步发展，省会城市的教育资源优越地位更加凸显，不仅官学完备，且书院的数量与质量都大大提升。如坐落于福州于山之麓的鳌峰书院，为康熙四十六年（1707）福建巡抚张伯行所创建。该书院在福建极具代表性，一直受到中央政府和直省政要的关注，拥有相当大的经费投入，连康熙皇帝、乾隆皇帝都曾给它赐钱赐匾。鳌峰书院的山长与老师均为当时福建出类拔萃的学者，如蔡璧、蔡世远、郑光策、陈寿祺、陈宝琛等，学生也是来自全省各地品学兼优的学子。它倡导经世致用的思想，先后培养出林则徐、蓝鼎元、张际亮、梁章钜、陈化成等出类拔萃的人才。其中，仅嘉庆三年（1798）戊午科乡试，鳌峰书院中举人数竟多达50人。鳌峰书院俨然成为当时福建的文化教育中心，是清代书院蓬勃发展的一个典型与缩影。鸦片战争以后，开五口通商，福州又是开风气之先。因此，清代福州的科名承历史余脉，进一步发扬光大，取得前所未有的好成绩也是历史的必然。

兴化府莆田县的文化教育事业素来发达，自古就有“海滨邹鲁”“文献名邦”之称。历史上，莆田的科名一直都很兴盛，明代更是达到辉煌地步，进士数以绝对优势名列全国第一。但是入清以后，莆田的科名却一落千丈，与明代相比，反差之大令人难以置信，其原因颇值得探讨。有学者认为，明嘉靖四十一年（1562），倭寇攻陷了兴化府城，使富庶的府域以及莆中文物遭到空前的浩劫，对莆田的经济和文教事业造成沉重的打击，因而影响了莆田明末以及清代的科名。[①] 此分析有一定的道理。我们认为，清初的禁海与迁界政策对莆田科名的衰落具有重要影响。由于郑成功控制台湾，使之成为反清复明的基地，清廷为了有效控制与打击郑氏政权，不得不实行禁海与迁界政策。“将所有沿海船只悉行烧毁，寸板不许下水。”“沿海居民，尽徙入内地，设立边界，布置防守，则不攻自灭也。”[②] 这样，海外交通贸易遭到重创，沿海30里成为无人区，沿海的社会经济发展也遭到沉重打击。所以，清初沿海地区的科举活动受到一定的影响，科名开始下滑，其中犹以兴化府最为严重。此外，其自身的因素也应当考虑，诸如地方政府与民间对文教事业重视不够，抑或当地人的价值取向发生了变

① 刘海峰、庄明水：《福建教育史》，第212~213页。

② 江日升：《台湾外志》卷一一，齐鲁书社，2004，第170页。

化，重商观念盛行，更多的人选择了经商贸易。此问题还有待专家学者进一步探讨。

值得一提的是，清代台湾的科举也取得了可喜的成绩。台湾自康熙二十三年（1684）归属福建，到光绪二十年（1894）割让给日本的200余年间，在福建乡试中共有301人中举，名列全省第八；在会试中共有33人进士及第，名列全省第七。此前，台湾人并无科举的经历，回归之后，在短暂的时间内迅速崛起，成绩斐然，其科名甚至超过闽北、闽东以及闽西南的一些府州。这是台湾回归之后文教事业迅速发展以及两岸人民经济文化交流的结果。从康熙二十三年到台湾建省为止，台湾地区先后建立了9所府县官学，50所书院[①]，台湾科举的成就不仅给福建增添了光彩，同时对促进台湾文教事业的进一步发展，巩固国家的统一起到了重要的作用。

本文原载于《福建论坛》（人文社会科学版）2013年第7期

① 王启宗：《台湾的书院》，台北“行政院”文化建设委员会，1984，第20~23页。

试论闽都书院教育与乾嘉之后闽学转型

徐心希

唐宋时期是福州历史上最好的发展时期，其中包括教育领域。除了府学、县学等官办教育之外，书院教育在福州入唐之后千余年的历史进程中，在人才培养与储备、文化提升与发展等方面，均发挥了不可替代的特殊作用。本文结合乾嘉之后闽学的转型，回顾与总结闽都书院起源与发展的历史足迹，给予公正、全面的评价，相信对福州今后的发展，有一定的启迪意义。

一　闽都书院的缘起与发展

书院名称始于唐开元十一年（723），原为朝廷刊印、收藏书籍和侍读之地，抑或为私人学馆。入宋后，官办或民办书院均有教学行政管理，有学田等经费来源，按院规开展教学，拥有私人捐赠或国家颁发的图书。宋代福州建有众多书院，譬如三山书院（原址在福州西湖）、拙斋书院（原址在城西三山驿）、濂江书院（在福州郊区城门乡林浦村，朱熹曾在此讲学，并题有“文明气象”匾）、竹林书院（在今台江乡竹屿村，朱熹亦曾在此讲学）。元初汉族士人拒绝出仕为官，遂自立书院隐居讲学。至元二十二年（1285）元世祖诏令恢复书院，官方向书院委派山长。当时，福州除宋代所建书院外，新增有勉斋书院（原址在鳌峰之麓，已圮，今由黄儒论先生在乌山风景区投资重建）。明代书院起伏迭沓，中叶民间讲学盛行，书院各学派多带政治色彩。嘉靖年间朝廷曾两次禁毁书院，但福州书院仍有增无减。清代前、中期书院为清政府严密控制。顺治年间，清廷担心书院传播反清复明思想，下诏地方官“不许别创书院，群聚结党，及号召游食之徒，空谈废业”。雍正十一年（1733）始诏谕督抚于各省省会设一书院，并赐帑金作为师生膏火之资。乾嘉以后福州著名书院譬如鳌峰、凤池、正谊、致用等四大书院在大力推动闽学转型中功勋卓著。下面对闽都书院予以概要介绍。

共学书院，位于西门街北，旧为怀安县学。共学书院始建于明万历二十二年（1594），由巡抚许孚远与提学徐即登将原怀安县学旧址改建而成。许孚远认为“工必居肆而后可成事，士必共学而后可致道”，因名之“共学”。[①] 其举措有四：一是改明伦堂为时习堂；二是建左右学舍百余间；三是拨闽县开化里寺田、侯官三十都官田、闽清十一都寺田、宁德小云峰寺田若干亩，作为学田；四是从全省各地招收生员百余人，日课之外，每月两次大会。万历四十六年（1618）提学副使岳和声扩地重修，耗银1100多两。新建寝室四楹，建内堂曰“来复堂”。重修扩建后的书院，正门题“共学书院”，其后依次为凤麟山海坊、万仞宫墙；二门为“千古文在”，其后为月课之所，名为“善与人同”；月课之所后为观生堂；观生堂之左为“适道之门”，门内依次为求我轩、时习堂，是诸生会课之所；时习堂旁有耳房两间，左藏典籍，右存教学器材；时习堂后是道南翼统祠，祀从宋至明的先儒36人。适道之门左右各有通道，分别名“院舍东衢”和“院舍西衢”。共有号房（学舍）120间，分别以云、龙、风、虎、照、明、类、求、观、光、利、宾十二字编号命名；院舍东衢之前为“崇德”“报功”二祠；道南翼统祠左有“味兰居”，为书院主教所居，每年春秋大会时，礼请内外乡绅有道者下榻于此，平日则由文行兼优之士居之，以统领诸生。书院崇祀先贤，依次为宋代程颢、杨时、游酢、王苹、陈瓘、罗从彦、李侗、胡安国、林光朝、刘子翚、刘勉之、胡宪、朱熹、蔡元定、胡寅、胡宏、刘爚、黄榦、魏掞之、高颐、陈淳、李方子、林之奇、蔡沈、真德秀、陈宓、杨方、魏了翁、廖德明，明代陈真晟、蔡清、陈琛、林希元、聂豹等

① 徐即登：《共学书院记》，载《共学书院志》卷中。

30余人。从许孚远开始，先后入藏的图书有《十三经注疏》《史记》《前汉书》《后汉书》《辽史》《金史》《龟山文集》《延平答问》《四先生语录》《朱夫子答问》《易经疑问》《书经疑问》《诗经疑问》《春秋疑问》《南皋语义》《程史》等。明万历间共学书院先后刻印《白沙绪言》《困辨录》《乐舞谱》《讲堂歌选》《共学记》《圣学图说》《餐微集》《观生堂草》《等学书院志》等九种图书，前八种计版片227片。[①] 清康熙二十四年（1685）总督王国安、巡抚金铉予改旧制而新之。四十一年（1702）巡抚李斯义修葺学舍，延师课士。四十六年（1707）鳌峰书院成立，两院互为辅翼。其后共学书院肄业生优秀者升入鳌峰书院，便有“上下庠”之别。

泉山书院，河西尚书里，明正德间提学副使杨子器、姚镆建为讲学处。

养正书院，乌石山北，明嘉靖七年（1528）建。金贲亨，字汝白，人称“一所先生”，明台州临海人，明正德九年（1514）进士，初任扬州教授，后历官南京刑部主事、员外郎、郎中，江西按察司佥事，兼理学务。他选拔优秀生员数十人，聚集白鹿洞书院，亲赴讲学。其后又任贵州、福建学政等。在福州创建道南书院，教育诸生“先行后文”，注重品德教育。又选优秀生员集于养正书院，研讨洛闽理学。曾于福建刻印宋朱熹撰《伊洛渊源录》14卷、明黄岩谢铎撰《伊洛渊源续录》6卷。

登云书院，位于府治西登云坊，明成化间知府唐珣建。

竹田书院，位于桂枝坊，明正德间同知叶铁为工部尚书林廷选建。

涌泉书院，位于闽县河口，旧为僧庵。正德十五年（1520）巡按御史沈灼建。

玉泉书院，位于西门外，正德十五年巡按御史沈灼毁淫祠改为书院。

一峰书院，位于朱紫坊内，旧为广善堂。正德十五年巡按御史沈灼改为书院。

养心书院，位于通津门外，明正德、嘉靖间巡按御史聂豹建。

道原书院，位于贡院南，明正德七年（1512）提学副使姚镆将怀北社学改为书院，以祀先儒林拙斋、黄勉斋。

---

① 岳和声等撰《共和书院志》卷上《典籍·刻版》。

道山书院，位于乌石山麓，明隆庆五年（1571）按察使邹善建。另，道山观在乌石山冲天台侧，明万历初为孙提学昌裔石梁书屋。有石题曰："大明孙子长读书处。"清顺治年间，孙昌裔子学稼、学圃舍为观。原有玉皇阁、三宝殿诸胜。道光年间又添建鬼谷子祠及吕祖官。道光十八年（1838）因守观道人滥祀铁头和尚及蚨蝶母等淫神，被布政司吴荣光废止。观亦坍塌湮没，后漳州商人捐金重修，增设"望潮峰""飞鹊池"诸景。谢道承《道山观留别》、陈朝麟《避暑道山观》均有怀旧此举。郭柏苍《癸未游道山观》则云："扬尘不变高人宅，胜地终成佛老宫。"《乌石山志·石梁书屋》记："在山之东冲天台侧。明孙提学昌裔尝读书于此，后舍为道山观。旁有巨石镌'大明孙子长读书处'八字。"明陈汝修《夜至孙子长山斋》、陈衎《孙子长先生招集石梁书屋》、林蕙《过石梁旧迹感怀孙子长先生》、郭柏苍《过石梁旧迹感怀》均回顾了书屋的由来。据《乌石山志》知昌祖又号鹤林，书中记载："学稼从父昌祖，举天启甲子举人，以闱策刺太监魏忠贤，罚停会试三年，与艾南英、谢于道、程科会三人，诏颁名天下，以禁闱中之讥讽朝政者。后昌祖崇祯庚辰成进士，任嘉兴推官，以仁明称。当时磨勘媚阉至此，无怪其有监生陆万龄之请也。昌祖、昌全，皆居清要，父执多九列。"

崇正书院，位于神光寺，明嘉靖间督学副使姜宝建。

三山书院，位于福州西湖，宋宝祐二年（1254）提刑王泌建，明嘉靖间知府汪文盛修。

拙斋书院，位于府治西南三山驿，宋儒林之奇与其徒吕东讲道处。明成化间其裔孙林培重建。林之奇（1112~1176），字少颖，号拙斋，世称"三山先生"，侯官（今福州）人，《宋史》本传曰："紫微舍人吕本中入闽，之奇甫冠，从本中学。时将试礼部，行次衢州，以不得事亲而反。学益力，本中奇之，由是学者踵至。中绍兴二十一年进士第，调莆田簿，改尉长汀，召为秘书省正字，转校书郎。会朝廷欲令学者参用王安石《三经义》之说，之奇上言：'王氏三经，率为新法地。晋人以王、何清谈之罪，深于桀、纣。本朝靖康祸乱，考其端倪，王氏实负王、何之责。在孔、孟书，正所谓邪说、诐行、淫辞之不可训者。'（中略）以痹疾乞外，由宗正丞提举闽舶，参帅议，遂以祠禄家居，自称拙斋。东莱吕祖谦尝受学焉。

淳熙三年卒，年六十有五。”从本传可知，林之奇是南宋福建名儒、著名理学家，以研究书经闻名天下。他曾从浙东名儒“大东莱”吕本中学。吕教之以广大为心，以践履为实。在吕氏门下称为高徒。与其同学者有福州李楠、李樗兄弟，系林之表兄弟，均一代名儒。黄榦评价道：“吾乡之士，以文辞行义为学者宗师，若李若林，其杰然者也。”后吕本中之侄“小东莱”吕祖谦入闽师从林之奇，在其所创拙斋书院就学。史载其门下弟子达“数百人”。黄榦最早所受的理学启蒙教育也来自林之奇，吕祖谦即与朱熹、张栻并称“东南三贤”。之奇当为早期闽学重要传播者。绍兴二十三年（1153）青年朱熹在初入仕途、赴同安主簿任途经福州时拜访过他。盛赞道：“惟三山林少颖向某说得最好。”显然之奇予以朱熹颇多教益和启迪。朱熹曾委托蔡沈编《书集传》，林之奇的《尚书全解》亦为必读书。清人林枫《榕城考古略》卷中证实南宋时期在三山驿内有林拙斋祠，祀林之奇，以吕祖谦配。此地即原为林氏讲学的书院旧址，黄朴匾其堂曰“拙斋”，莆田陈宓署其门曰“拙斋先生书院”。据说其故居原在甘液坊（今三坊七巷之宫巷口），福州南屿镇水西林家祠尚存。

观澜书院，位于螺洲镇洲尾村。书院与螺女庙相邻，又名“读书楼”，是明代林氏三才子林亗、林峦、林颖之读书处。相传三人因不满朱棣非法夺位，忿而不仕，把螺女庙旁的文昌宫改建为楼，以耕读自娱。此即观澜书院。书院面向西南，由前、中、后三幢楼房及前后天井组成。书院周围古榕似伞，树荫覆盖。书院左侧江边原有一块石碑，楷书“曲水观澜”四字，今复立于书院侧。书院曾培养出优秀人才，如乾隆三十三年（1768）举人林希五。他耿直敢言，不附权贵，与林则徐之父林宾日等结社“真率会”。林则徐十分佩服，以其风节激励自己。清刑部尚书陈若霖曾就读于观澜书院，明林氏三才子之一林亗曾孙林景达为其启蒙业师。清嘉庆六年（1801）及二十二年（1817）书院学子林瑞春和林筠先后高中进士；举人林光霭、林光谱等被陈宝琛太傅重用。光绪壬辰科有叔侄林书栾、林琴荪、林鼎燮一科三举人，乡中传为美谈。

古灵书院，乃宋儒、监察御史陈襄读书处。明成化初乡人林宪率众设立。位于古灵溪旁（今闽侯南通古城村）。

凤山书院俗称“文昌阁”，位于荆溪镇港头村凤髻峰。圮于明季，清乾隆二十八年（1763）重建六子祠，乾隆五十二年（1787）重建奎光阁。1958年书院遭台风再圮。1994年由海内外乡亲集资重建。并存有清代《凤山书院碑记》，由叶观国撰写。叶观国，字家光，号毅庵，晚年又号存吾，闽县（今福州）人。乾隆十六年（1751）进士。官至日讲起居注官。乾隆五十三年（1788）乞假归里，在乌石山购建"双榕书屋"。著有《老学斋随笔》《绿筠书屋诗钞》《闽中杂记》等。朱熹曾多次游经此地，作有许多脍炙人口之诗篇。

陶南书院位于尚干镇闽侯二中内，清光绪年间陈宝琛倡建并题写院名。《尚干乡土志》载："尚干多械斗，事闽督使者卞公宝第，知俗悍非文化莫挽之。前届督闽时，即倡建书院，乡人以款巨难筹中寝，卞公再督闽复提此议。适信阳李文卿司马来办保甲事，偕螺江阁学陈弢公组织之。阅两月，事成。王少希山长为主讲。院两进，中一大厅，事为讲堂，可坐学生百余人。东西两旁屋夹之，东为山长住宿室，西为会客厅。左编列屋数楹为院生肄业所，右边小屋为庖丁烹饪处。厅后有堂三楹，为报功祠，前后位置井井。"古建筑已毁，后重修书院。书院原对联"彰显圣经远宗孔孟，集成理学独贯汉唐"尚存。书院左侧还有淘江书院，始建于明初嘉靖年间，为本乡秀才、举人诸生进修之所，有耆老指教。生员二三十人，只招本乡子弟。

湖山书院位于大湖，清道光年间设侯官分县。书院坐落于古县衙近处，始建年代不详，前身为文昌书院，清嘉庆十八年（1813）改建并改今名。现仅存有书院改建时《立定规条》石碑二块。碑文明确规定书院的办学宗旨为"振起文教，养秀毓英"；严格监管资金使用，"每年所收租谷，先尽完粮，其次修理屋宇，余作延师之用。如未延师，此租留顿董事收贮或凑置业户……建立明细账本，逐年清核"；规范教师聘用，"当聘学明德尊之士，毋得滥请庸师，致误读书子弟……先生不得仍前自行收租，以致正课虚悬"。碑文对资金来源、校规、教师待遇、蒙童入学、董事会管理、护院员工薪酬等均有明确规定。实属难得。

龙津书院，位于亭江镇长柄村，明万历年间进士董应举偕里人郭心山建，中祀朱子。朱熹避"伪学"之禁曾讲学于此。

东野竹林书院，位于台江乡竹屿村，建于南宋，明扩建为东野竹林书院。南宋庆元年间，理学被诬为“伪学”，朱熹入闽到众多书院讲学，如长乐刘砥、刘砺兄弟所创石门洞精舍、林浦濂江书院，以及永福林学蒙、林学履兄弟在石鼎峰之阳所建龙门精舍等。闽县黄榦先后创建了两所“竹林精舍”。一所在长乐十一都青山下，此地为黄榦入闽始祖黄膺之孙黄宾侨居之地。一所在福州东门外浦下村，乃黄榦出生地。庆元二年（1196）朱熹避难于此，见门前麻竹高耸，颇类建阳考亭，于是题写书额“竹林精舍”四字。翁正春与叶向高互主讲席。五代时邓兴随王潮、王审知入闽。宋初邓兴官至宣议郎。邓氏家族于南宋乾道年间，在竹屿村瑞胜里设立家塾“东野竹林书院”。朱熹曾在此讲学。书院一时名声大噪。其后有“鸿儒名宿”元代陈北山、明代宰相叶向高和状元翁正春等在书院讲授儒学。因院址美如图画，万历年间遂一度更名为“犹画书院”。书院敦请巨卿鸿儒教学，学生“穷养达施”“有意上进”，诵经论文风气极盛。仅有明一代，名人辈出。书院设“名帅祠”，祀朱熹、陈北山、叶向高、翁正春等4人。

云程书院，位于建新洪塘，原为文昌祠。明初洪塘瓦埕儒士林静斋在此设馆授徒，后改云程书院。瓦埕乃洪光村之自然村，自古人才辈出，林玭，林瑭、林文缵、林坣等都出自这个自然村。唐朝，这里建造了一座七级石塔，呈八角形，高35米，气势雄伟，蔚然壮观。

上述诸多书院推动了闽省学术的繁荣，并且为乾嘉之后闽学转型奠定了学术根基，促进了人才提升。①

二　清初鳌峰书院引领闽学转型

闽学，即朱熹等人开创之理学，在经历了清初的短暂复兴后，开始走向衰微。省内学者墨守朱子学，在乾嘉汉学兴盛的时代，闽学基本被边缘化了。闽省内仅有雷鋐等人承袭理学大师李光地、蔡世远的学说，为世人推崇。建宁籍鳌峰书院学人朱仕秀以古文独占鳌头。“乾隆间，

① 福州市地方志编纂委员会编《福州市志》第7册，方志出版社，1999，第11~15页。

则建宁朱裴瞻能为古文，朱笥河亟称之，而汀州雷翠庭则继李、蔡治理学。”① 清初闽学的复兴与官方大力扶持紧密相连，以致闽人所治之朱子学多为抱残守缺，并无真正创新。乾嘉时清廷政策已然转向，闽省理学之没落遂成定局。陈庚焕甚至断言：“此则流风余韵浸以销歇，间有诵法朱子者，或迂闻而无当或浮慕而失真，其或跖行孔语，身败名裂……而闽学微矣。”② 乾嘉之际，清廷衰世渐显。权臣擅政，吏治腐败，加之人口剧增，土地兼并加剧，流民问题严重，社会矛盾激烈。此时闽省经济文化十分落后，痼疾新疴，呼唤学者关注现实，思想界逐步由虚空转入务实，如郑光策、谢金銮、陈寿祺等人，均致力于经世之学，关注民间疾苦，希冀改变当时无实无用、唯利是图习气。③ 乾隆晚期经世思潮在闽渐成气候。与此同时，有志士人力图转变墨守朱学陈规局面，重振学界，汉学影响开始凸显。乾隆时纪昀与朱珪兄弟先后视学福建，注重培养通经崇古之士，闽省频出以考证为业之学者。谢章铤曾说：“吾闽自龟山得道南之统。而集大成于考亭，数百年来一以朱学为职志，读四子书内外注，不敢磋跌一字。……延至乾隆中叶，纪文达、朱文正相继视闽学，以淹洽倡庠序。于是高才辈出，星联霞蔚。”嘉庆初陈寿祺等人在京城师从汉学大师钱大昕、段玉裁等人，与各地汉学中坚相互问学，确立研习汉学志向，“最后陈恭甫侍御出，以沉博绝丽之才，专精许、郑，建汉学之赤帜。先导者为林畅园、郑西霞诸公，羽翼者为万虞臣、萨檀河、谢甸男诸公”。④

鳌峰书院作为闽省学术中心，在闽学转型过程中发挥了难以估量之作用。乾隆四十二年（1777）张甄陶掌教书院即明确讲求汉唐注疏之研习方向。⑤ 之后纪昀等人借助鳌峰书院云集众多有志于经史考据之学人，利用书院资源研习汉学。其中，朱珪出类拔萃。谢章铤说：“国初吾闽不矜淹洽经书，时文以外多置不理。自朱石君珪督学，以通博倡庠序……列郡靡

① 梁启超：《近代学风之地理分布》，载《梁启超全集》第7册，北京出版社，1999，第4273页。

② 陈庚焕：《闽学源流说》，载《惕园初稿》卷五，道光元年刻本。

③ 龚书铎：《清嘉道年间的士习和经世派》，载《中国近代文化探索》，北京师范大学出版社，1997，第94~95页。

④ 谢章铤：《西云记序》，载《赌棋山庄全集》，文海出版社，1974，第485~486页。

⑤ 游光铎：《鳌峰书院志》卷二《祠祀》，第298页。

然从风，而俗习一变。”① 在任粮道观察使时，朱珪曾以粮储观察身份管理鳌峰书院，在诸生中“拔时髦二十八人，令联一社，曰读书社，授以治经作文之法”。② 朱珪倡联读书社，在闽省传统的饮酒作诗之会中，融入经史考据之学，使文会成为学人研习、交流学术的处所。③ 读书社的出现是嘉道年间闽学转型的标志。在读书社内，社人各就其性情所近，“或好宋儒言性命之学，或好求经世之务，或耽考订训诂及金石文字”。④ 读书社中人才辈出，孟超然是乾隆年间闽省最有名的程朱学者。郑光策则以开创嘉道以后闽学向经世致用之学转型而著名。龚海峰、林樾亭既以诗文闻于时，也长于经史考据之学。林樾亭所治礼学被陈寿祺称为“盖李氏之支裔”，是乾隆年间在福建萌生的汉学的代表人物。朱珪组织读书社的目的也在于为培养汉学萌芽创造条件。随之而起的是殖社，“读书社颇零落，则陈恭甫又倡以实学，名曰‘殖社’。盖取不殖将落之义”。⑤ 陈寿祺云：“往寿祺与同人倡为通经复古之学，以时群集课业，命曰殖榭。”⑥ 殖社成员专注于“通经复古之学”，闽学转型初见成效。殖社所出人才亦不少，陈寿祺蔚为学界领袖已成公论，谢震、万世美、林一桂皆治考据学，尤见长于治礼学。陈寿祺提倡“以为善风俗在正人心，正人心在厉行义、尊经学”，在福建进一步倡扬经学研究，于是新闽学与旧闽学传统结合，最终形成典型的汉宋并重的新闽学，从而正式开启乾嘉之后闽学转型之新风尚。

三　汉学与宋学之争促使书院创新

1. 汉学与宋学之争及二学互补

乾嘉汉学盛世刚刚过去之后，宋学代表者方东树便对汉学进行全面攻击，但和者甚寡，攻汉之声，遂音沉响歇，道咸以降反而出现了汉学、宋

① 谢章铤：《围炉琐忆之一》，载《赌棋山庄全集》，第 2426 页。

② 谢章铤：《课余续录》卷二，载《赌棋山庄全集》，第 3038 页。

③ 谢章铤：《课余续录》卷二，载《赌棋山庄全集》，第 3090 页。

④ 郑光策：《西霞文抄》卷上《林樾亭乔荫六十寿序代郑存敦作》，清嘉庆十年刻本，第 61 页。

⑤ 谢章铤：《课余续录》卷二，载《赌棋山庄全集》，第 3089 页。

⑥ 陈寿祺：《左海全集·文集》卷六《赠林文敬庐序》，清道光年间陈氏刻本，第 28 页。

学调和的局面，这是出人之所料的。当时方东树认为汉学之衰落，必待之宋学之复兴，他说：“考证汉学，以文害辞，以辞害意，弃心而任目，刓敝精神而无益于世用。……使其人稍有所悟而反乎已，则必翻然厌之矣，翻然厌之，则必于陆王是归矣。……如弋者之张罗于路歧也，会鸟之倦而还者必入之矣。”① 但“倦鸟”并未返之宋学，对此，钱穆先生曾有论述，他说：“陈兰甫起于粤，倡为郑朱同归之学，亦所以防倦返者之归于陆王也。今文学派则转而治《春秋》以发明微言大义为标帜，而德清戴望子高倡为颜李，凡此皆倦鸟也。惟均不归陆王，植之言卒不验。是盖乾嘉尚实博证之风，尚有其宰剥牢笼之力，使后之来者，虽变不能脱其樊。倦鸟之飏不历，圄阱之防尚密，此亦道咸以下学术风气回翔往复终不能一变故昔之所由也。”② 道咸以降，学者未返之宋学，代之而起者乃今文学，使学者由东汉之学上溯西汉之学，公羊学披靡一时，“是学也，亦为汉学，而无训诂之琐碎；亦言义理，而无理学之空疏。适中清儒厌钻故纸而不忍遽弃故纸，非薄宋儒而又思求义理之心情。……由是而平章朝政，由是而试议改革，皆据圣经贤传以立论，而又莫便于公羊，于是公羊之学，披靡一世矣”。③ 其实，学者未返之宋学，与理学自身价值也有密切关系，方东树、夏炯、姚莹批判汉学无益于世，但理学又何尝能补世救国？宋明理学空谈性命，无益经世，早在清初就遭到针砭。何况理学被宋明人明道析理已尽，清人已再无大发明和创论，致使斯学弗彰，而实学以兴。晚清时代，理学只在湖湘间渐次复活，但此时理学已是力图调和汉、宋二学，黜浮尚实，不为门户之争，但求经世致用。此时汉学家亦不以探赜索隐为能、以搜奇嗜琐为博，而是吸收宋学之所长，汲汲振发义理，且有汉、宋兼治之学者。

此时汉学家亦积极倡导汉、宋二学之互补，主张吸取宋学之所长，如汉学家丁晏治经学，“不掊击宋儒，尝谓汉学、宋学之分，门户之见也。

① 方东树：《仪卫轩文集》卷一《复罗月川太守书》，载《续修四库全书》第1497册，上海古籍出版社，2002，第349页。

② 钱穆：《中国近三百年学术史》，商务印书馆，1997，第577页。

③ 陆宝千：《清代思想史》，广文书局，1978，第222~223页。

汉儒正其诂，诂正而义以显；宋儒析其理，理明而诂以精，二者不可偏废”。[①] 汉学家桂文灿反对为学立门户，认为汉学、宋学宗旨同归，他说："郑君、朱子皆大儒，其行同，其学亦同。"[②] 汉学家王筠辨汉学、宋学之关系最能洞其纤旨，他认为汉学、宋学都是时代的产物，"汉儒承焚书之后，搜讨于仪文度数至详，此孔门博文之教，非象数无以载义理也。宋儒承汉学明备之后，从而推求其所以然，此孔门约礼之教，非义理无以宰象数也。使汉儒生宋时，亦必汲汲于义理；宋儒生汉时，亦必汲汲于象数"。他认为，汉学、宋学调和是必然趋势，汉学之弊在缴绕破碎、附会穿凿，"即有大力者起而矫之，不复拘牵文义，而求理之所安，此自然之势也"。宋学之弊在蹑空步虚，"有大力者出，即必以汉相补救，又自然之势也"。相反，如不取对方所长，"惟持门户，乃各匿其师之所短，而张其所长，以相与抵牾，使此人互问焉，有不按剑相向者乎！"王筠认为这种人是治学"最下者"。[③] 晚清时期，虽有陈澧、朱一新辈继续论汉学之弊，但皆能实事求是，持论得当，无门户之私和负气之言，"宗宋儒而不废汉学"，属汉宋兼采一派，与桐城派迥异。钱穆先生对此议论道："盖深识之士，彼既有意于挽风气，砭流俗，而又往往不愿显为争驳，以开门户意气无谓之争，而惟求目出其成学立业之大，与一世以共见，而祈收默运潜移之效，此实斋、东塾靡不然，若袁简斋、方植之则态度迥异，亦可以窥学者深浅之一端也。"[④] 综上所述，对清代汉学与宋学之关系，应做具体分析，清代前期无汉学、宋学之分。乾嘉时期汉学鼎盛，但多数汉学家并不排斥宋学，此时宋学衰微，治宋学者已少，鲜有宋学家诋汉学，诋讥汉学者多文士。道咸以降，虽有方东树等人讨伐汉学，但汉、宋二学调和已然成为主流。

2. 清代书院的创新

清代书院，按其讲学内容，大致可分为以下四类：以应科举、学习八股文为主的书院；以讲求程朱理学为主的书院；以博习经史辞章为主的书院；以学习"经世致用"为主的书院。清代书院讲学以第一、二类最为普

---

① 《清史列传》卷六九，中华书局，1987，第5621页。

② 《清史列传》卷六九，第5656页。

③ 王筠：《问经堂序》，载《清诒堂文集·序跋》，齐鲁书社，1987，第113页。

④ 钱穆：《中国近三百年学术史》，第667~668页。

遍。然而嘉庆至咸丰时书院讲学已出现了新特征。其主要表现是，以讲授汉学、博习经史辞章为主的书院影响不断扩大，以阮元（陈寿祺师）创办的“诂经精舍”和“学海堂”影响最广，同时提倡通经致用的书院也得以初步发展。诂经精舍始创于嘉庆五年（1800）。嘉庆初年，阮元在任浙江学政与浙江巡抚后，遂于书院内专祀汉儒许慎、郑玄，“选诸生中经学修明、通于一艺者，习业其中”，“课经义、史学、诗赋”。由他和著名汉学家王昶、孙星衍轮流主讲，在教学形式与内容上都完全摆脱了理学的束缚。“其课士，月一番三人迭为命题。”“问以十三经、三史疑义，旁及小学、天部、地理、算法、词章，各听搜讨书传条对，以观其识，不用扃试糊名之法。暇日聚徒讲议服物典章，辨难同异，以附古人教学藏修游息之旨。”气氛活跃，成就可观。“议论风生，有不相能者辄吵面赤。”仅据钱泳《履园丛话》所载，其著名者即有“洪银煊、洪震煊、蓄养源……张立本辈凡三十余人，为一时之盛”。对汉学的广泛传播起到了重要作用。其后，阮元在两广总督任上，已为学界泰斗，于嘉庆二十五年（1820）在广州创办学海堂。从道光六年（1826）起，阮元断然革除院长、山长称号，“永不设山长，亦不允荐山长”。在教学内容上虽仍如杭州诂经精舍一样“课举贡生监以经解诗古文词”，在教学方法上则注意调动生徒积极性。要求“各因资性所宜”，于十三经、二十四史、《文选》、杜诗、韩文、朱子书中，“听择一书专习。或先句读，或加评校，或抄录精要，或著述发明，学长稽其密疏，正其归趣”。“该生等于学长八人中择师而从，谒见请业，庶获先路之导。”为了激励生徒向学，还改变原来膏火奖赏办法，规定“有随课之奖，无常课之额”。① 这种方法使教师可以扬长避短，有利于教学水平的提高。据统计，学海堂的主讲名师，先后有55人；有著述问世的学生，可查者有300余人，有几千种书。

在阮元和诂经精舍、学海堂的带动下，嘉道时期，全国各地又涌现了一大批汉学学者和以讲授汉学为主要内容的书院。与此同时，主张“经世致用”的经今文学派进入书院讲学。

受阮元影响，其高足陈寿祺在福州鳌峰书院进行了一系列改革，提倡

① 《清史稿》卷三六四《阮元传》，中华书局，1977，第11423页。

新学风。

鳌峰书院顺利发展了两个世纪，成为福建学者的摇篮。她以弘扬闽学为宗旨，教、学、研、编齐头并进，定期从全省择优录取秀才，聘各方名士讲学。大学士李光地就曾应邀前来讲学，堪称东南第一学府，享誉全国。清廷为书院所拨经费一般为 2000 两，鳌峰书院却有 4000 余两；乾隆为书院御题“澜清学海”并赐帑。嘉庆时，书院大规模翻修扩建，各级官员也纷纷解囊，闽地历任督抚均有宣劳，形成惯例。鳌峰书院对生员进行最严格、最正统的教育，培养了大量杰出人才。据游光绎《鳌峰书院志》载，截至嘉庆十年（1805），共考取进士 163 人，举人 700 多人。这些人当中，“上者醇茂敏达出为公卿，次亦化其乡人”。其中有著名理学家蔡世远、雷鋐、孟超然、郑光策等，有被雍正称为“筹台宗匠”的蓝鼎元，有精于刑律、铁面无私的陈若霖，有学问家陈寿祺和署理两江总督梁章钜，有民族英雄、两广总督林则徐，有为官清廉、曾国藩的导师廖鸿荃，有与龚自珍齐名的诗人张际亮等。他们都是鳌峰书院各个时期的高才生。另外，尚有福州籍著名人物，如船政大臣沈葆桢、晚清状元林鸿年等，虽无法确认是否求学于此，但资料证明其学识与鳌峰书院学者教诲密切相关。

乾嘉时期汉学占据学界主导地位，理学逐渐被边缘化，这样的学术风尚必定波及书院，甚至影响到书院教学的内容。当然，乾隆对汉学的推崇和对理学的厌倦，殿试策问时增加越来越多的经、史内容，无疑直接导致全国书院调整教学内容。从当时书院学规来看，部分书院正在从教授程朱理学向博习经史词章转变。在这样的背景下，不少书院聘请经史研究有成之学者主讲，以强化对在院生徒经史功底的训练，如章学诚主讲于直隶定州定武书院、保定莲池书院，陈寿祺主讲于福州鳌峰书院等。他们的讲学活动，产生了相当大的影响，培养了一批著名学者，如王鸣盛、洪亮吉、汪中、孙星衍等。

四　闽学转型对学术与社会的影响

1. 探讨学术蔚为风气，求索治理社会良方

在陈寿祺等人的倡导下，嘉道之际的鳌峰书院汇集了一批向心实学的士人，逐步形成了注重经世致用之学、热衷经史考证的风气。张际亮、林昌彝等省内一流诗人聚集于鳌峰书院陈寿祺门下，古文诗斌之风也蔚然勃兴。在经世思想带动之下，各种学风相互促进，最终形成以倡实学、汉宋并重、诸学并举为基本特征的新学风。

（1）从务俗学到倡实学

乾嘉以后，鳌峰书院举业渐盛，院中诸生专习八股帖括之学，书院变成专营考课举业之所。[①] 为改变这种风气，郑光策首先开创嘉道鳌峰书院经世致用学风。陈寿祺也希望恢复书院治学修身的传统，重振实学风气。陈寿祺把培养实学人才作为育人目标，他特意制定的《鳌峰崇正讲堂规约八则》中专列经济书籍一门，让学生潜心研读，以期开阔眼界，掌握致用之学，成为“处可立言以传世，出可敷政而佐时”[②] 的通经致用之才。他还把古学、经解、史论、杂体诗赋列为规定的师课内容，以提高学生学习的积极性。[③] 通过这一改革扭转书院因专科举时艺而荒弃经世有用之学的现象，树立崇尚实学的风气。

另外，他还充分利用鳌峰书院及其私人藏书，分门别类地指导诸生博览群书，“欲其讨论古今，通达时务，以为穷经致用之本”。[④] 同时，他开出一份相当详细的书单，以指导诸生读书路径。[⑤] 若诸生以此用心讲究，研经考史，不出数年，必可成为辨是非、穷变化、晓时务的通儒。即便是以专门之学为目标去积书探讨，也会有得于心，成为大学问家。[⑥] 因此，陈寿祺的《鳌峰崇正讲堂规约八则》在福建许多地方被人传抄，成为学子治学的指南。[⑦] 嘉道年间鳌峰书院的经世致用思潮相当浓郁。郑光策、陈寿祺等以身作则，热心当世之务，对嘉道年间的闽省时政都有深刻独到的见解，这些思想也影响了他们的弟子。这期间，鳌峰书院培养出了林则

---

① 游光铎：《鳌峰书院志》卷二《祠祀》，第 312 页。

② 陈寿祺：《左海全集·文集》卷一〇《鳌峰崇正讲堂规约八则》，第 58 页。

③ 陈寿祺：《左海全集·文集》卷一〇《鳌峰崇正讲堂规约八则》，第 61~63 页。

④ 林昌彝：《林昌彝诗文集》卷一五《公请陈恭甫先生入祀鳌峰名师祠》，上海古籍出版社，1989，第 340 页。

⑤ 陈寿祺：《左海全集·文集》卷一〇《鳌峰崇正讲堂规约八则》，第 61~63 页。

⑥ 陈谷嘉、邓洪波：《中国书院制度研究》，浙江教育出版社，1997，第 203 页。

⑦ 杨雪沧：《岛居续录》卷五《陈恭甫太史鳌峰崇正讲堂规约》，光绪十三年养云书屋刻本，第 4 页。

徐、梁章钜、李彦章、陈庆镛、张际亮、林昌彝、刘家谋、林寿图等嘉道年间有名的经世之才。继陈寿祺之后，林春溥掌教书院，他同样关心地方利弊，延续此股风气。

（2）从独尊宋学到汉宋并重

陈寿祺在书院提倡经史考据之学，培养有志于通经致古的弟子。他是嘉道汉学新风气的倡导者与实践者，主张经世致用，把崇尚经学看成扭转学风的一个重要途径，认为“若夫士子读书，患在学无师法，墨守讲义，猎取浮华，而不知为通经复古之业”。陈寿祺曾把闽学转型的希望寄托于以扶持汉学闻名的阮元身上，后因阮元拒绝未能成行，但是二人的往返信件体现了他们对福建汉学改变的期望。① 在掌教鳌峰书院后，陈寿祺把“崇经学”作为设教之要，有意招收有志于经学研究的后进，逐步形成崇尚经学的风气。针对大多学生惧怕读经的畏难心理，陈寿祺在规约中特意讲明研习经史有助于科考，并不比专攻八股制艺难。② 为敦促诸生勤学经史，陈寿祺分发“程簿册”，让诸生“按日所读经史古文等，照式填写课程簿，每逢十日汇呈讲堂，酌名面加考验”。③ 陈寿祺指导学生非常细致：“先师讲学，必详经说，深于传注诂训。时稽诸生所习业，为之厘正句读、辨订伪误、详究音韵、分别训义。诸生执经问难，无不为之考核是非，折衷群说，缕析条分，明辨以晰。”④ 即使诸生肄业后，陈寿祺仍常在来往信件中敦促学生学习，指导治学门径。陈庆镛曾提到陈寿祺离泉掌教鳌峰书院后，“尝屡以手教来，命稽识达旨，务得古人堂奥，而于经师中许、郑尤宜容仰”。⑤

在陈寿祺的苦心栽培下，其门下弟子如孙经世、陈庆镛、林昌彝、王捷南、张冕等在经学考据上均有成就。其治学特点是以宗汉学为主，而道德修养兼学程朱。孙经世“治经不名一家，以宋儒义理之说体之于身，而超然心契其微，又深探训诂声音文字之原，而求之于经，能明大义”。谓：

---

① 杨雪沧：《岛居续录》卷五《陈恭甫太史鳌峰崇正讲堂规约》，第 59 页。

② 陈寿祺：《左海全集·文集》卷一〇《鳌峰崇正讲堂规约八则》，第 59 页。

③ 陈寿祺：《左海全集·文集》卷一〇《鳌峰崇正讲堂规约八则》，第 60 页。

④ 林昌彝：《林昌彝诗文集》卷一五《陈恭甫师请崇祀鳌峰名师祠事实》，第 340 页。

⑤ 陈庆镛：《籀经堂类稿》卷一二《鳌峰载笔图题辞》，清光绪九年刻本，第 19 页。

“不通经学无以为理学，不知声音、文字之原，无以通训诂。”[①] 陈庆镛尝自书楹语云：“六经宗孔郑，百行学程朱。”[②] 林昌彝曾言：“是两汉名教，得儒经之功，宋、明讲学，得师道之益，皆于周、孔之道，如日之中天，未可偏讥而互诮也。”[③] 清初李光地、蔡世远折中汉宋的态度，在嘉道年间重新得到发扬，并逐渐形成汉宋并重的新风气。

道光中叶以后，掌教鳌峰书院的林春溥也是一位“得宋学之醇，而兼汉学之博者”。[④] 汉宋兼采的风气继续在书院得到发扬。

2. 促进社会各界藏书，闽学大师藏书蔚然成风

清中叶闽北、闽南多藏书家。闽中藏书更为习见，当时闽县的陈寿祺和长乐的梁章钜藏书齐名闽中，施鸿宝云：“闽中藏书最著称者……近时梁茝林（章钜）中丞，陈恭甫（寿祺）太史……所藏皆十余万卷，真可羡也。”[⑤] 除此之外，还有侯官的郑杰、陈征芝、李彦章和李彦彬兄弟，闽县的孟超然、刘家镇、叶大庄、萨玉衡、何蔚然等，长乐的林琼蕤、郑敷亨、陈崧生等，莆田的陈云章、陈学田、林文豹、陈椿龄、郑王臣等也称盛一时，称雄里闾。

藏书家收藏丰富，数量多且质量高，藏书多善本、旧刻。仅清代，福建私人藏书万卷以上的就有 30 余家，如黄虞稷的“千顷斋”藏书 8 万余卷，陈征芝的“带经堂”藏书 8 万余卷，陈寿祺的“小嫏嬛馆”藏书 8 万余卷，郭柏苍的“沁泉山馆”藏书 6 万卷；藏书在 10 万卷以上的有 10 余家，如杨浚的“冠悔堂”藏书达 10 万余卷，陈宝琛的“沧趣楼”藏书达 10 万卷。同时藏书家的藏书各有专长，如陈寿祺的“小嫏嬛馆”多藏福州方志，秘本居多，珍藏善本为闽中藏书家所未有；郭柏苍多闽中文献；叶大庄“小玲珑阁”多藏明代福建麻沙本。对萧梦松的“名山草堂”藏书，许旭《闽中纪略》评价道：“偶见萧御史家所藏书目，厚六七寸，内多未有睹，大抵闽中之书也。”黄宗汉“一六渊海”藏书万卷，其中多孤本、

---

① 《清史稿》卷四八二《儒林三·孙经世传》，第 13250 页。

② 陈庆镛：《籀经堂类稿·旧序》。

③ 林昌彝：《林昌彝诗文集》卷一一《汉宋学术论》，第 241 页。

④ 林春溥：《墓志铭》，载《竹柏山房十五种·卷首》。道光十五年竹柏山房刻本。

⑤ 施鸿宝：《闽杂记》卷八《闽中藏书家》，福建人民出版社，1985，第 117 页。

善本，尤以大部书居多；许贞干“味青斋”藏书万卷，且多秘本，所藏旧抄本明张萱《西园闻见录》当属海内孤本。

清代福州藏书楼与藏书室、斋数量极多。如清初黄虞稷“千顷斋”、林佶“朴学斋”、萧梦松“名山草堂”、李馥“居敬堂”盛极一时；嘉道时藏书楼登峰造极，如郑杰“注韩居”、梁章钜“退庵”“黄楼”、陈云章“清远楼”、高明远“环翠楼”、陈若霖“居敬堂”、陈征芝“带经堂”、林则徐“七十二峰楼”、陈庆镛“籀经堂”等。有的藏书家有多个藏书楼（室），如李彦章“榕园”“吉祥馆”，梁章钜“黄楼”“东园”“北东园”“亦东园”“退庵”5座藏书楼，伊秉绶“留春草堂”“白鱼山房”“秋水园”“春及草堂”等，郭柏苍藏书室更多，有“红雨山房”“补蕉山馆”“鄂跗草堂”“三峰草庐”“葭柎草堂”“秋翠院”“沁泉山馆”等7处。晚清藏书楼渐衰，仅龚易图“大通楼”、陈宝琛“沧趣楼”等闻名于世。①

福州藏书家在校勘、著述、辑佚、编藏书目录等领域成就斐然。谢章铤勤于校书（约有200多种），点校后均有“赌棋山庄校本印记”“枚如手校”“枚如读过”图章。沈觐平浏览群书，每卷必经勘点，丹铅之迹斑驳其间。孟超然，家藏书中丹铅殆遍，其所见疑写于纸尾眉间等。郭柏苍著有《乌石山志》《竹间十日话》《全闽明诗传》等10余种著作；李光地主编《朱子大全》《性理精义》等经籍，且诸子百家及星日命卜著述达60种；梁章钜计有《归田琐纪》《退庵笔记》《楹联丛话》等70余种，为清代各省督抚中著述最多者。藏书家还自编藏书书目，以泽后世，如黄虞稷的《千顷堂书目》32卷，陈树杓《带经堂书目》5卷，郑杰《注韩居书目》4卷。郑杰、张祥云、陈築仁诸位学者成果卓著。此类藏书多具有家族性质，世代薪火传承，如郑廷莅、郑杰父子藏书，萧震、萧梦松父子藏书，李彦彬、李彦章兄弟藏书等。再如伊为皋、伊朝栋、伊秉绶三代藏书，陈若霖、陈景亮、陈承裘、陈宝琛四代藏书，叶观国、叶申蔼、叶仪昌、叶滋森、叶大庄五代藏书，令人叹为观止。

总之，福州书院自唐宋始，在人才培养与储备、文化提升与发展等方

① 方挺：《清代福建私人藏书》，《福建图书馆理论与实践》2007年第1期。

面均发挥了不可替代的特殊作用。入清之后，闽都各书院引领闽学转型，鳌峰书院等四大书院在兼采汉宋二学、探讨学术、求索治理社会良方等方面，成绩卓著，并陶冶了数代福州藏书家。

本文系“闽都教育与福州发展研讨会”会议论文

经济贸易编

唐宋时期福建与日本的经济文化交流

胡沧泽

一

福建与日本的交往，见于文字记载的最早的是在唐玄宗天宝十三年(754)，泉州超功寺僧人昙静随师父唐高僧鉴真搭乘日本归国的遣唐使船赴日本。[①] 以此为开端，福建与日本之间的商人、僧人、官吏及各色人等频繁往来。

昙静随鉴真前往日本，一行共24人，带去的物品有佛像、佛具、佛经和字帖等。佛像有功德绣普集变1铺、阿弥陀如来像1铺、阿育王塔样金铜塔1躯等8种；佛具有如来肉舍利3000粒、玉环水晶手幡4口，菩提子3斗等7种；佛经有金字大方广佛华严经80卷、大佛名经16卷、四分律1部（60卷）等33种；字帖有王右军真迹（行书）1帖，小王（献之）真迹（行书）3帖，天竺、朱和等杂书50帖等3种。[②] 泉州超功寺僧人昙静应也参与了这些物品的采办。同时，昙静也带了一定数量的香料、药物和佛具等前往日本。鉴真一行在日本传道弘法、校勘佛教经典、建寺庙、行善事，为日本天平时代的佛学、艺术、建筑、医药等事业的发展和繁荣做出了卓越的贡献，其中也有福建僧人昙静的一份功劳。昙静后来成为鉴真

---

① 〔日〕真人元开：《唐大和上东征传》，汪向荣校注，中华书局，1979，第42页。

② 〔日〕真人元开：《唐大和上东征传》，第8~9页。

弟子中扬名于后世的18位名僧之一，他担任戒师，并设立了放生池。①

除了福建人前往日本，日本也有人员到达福建。唐德宗贞元二十年（804），日本桓武朝遣唐使团赴唐，七月六日自肥前松浦郡田浦出海，遭遇暴风，大使藤原葛野麻吕的第一舶，在海上漂流34日，于八月十日到达福州长溪县。② 这是日本官方遣唐使团第一次到达福建。日本遣唐使团一般都有四舶，人数最多的近600人，少的也有一二百人，设有大使、副使、判官、录事、翻译、医师、阴阳师、船师、船匠、射手、水手、留学生、学问僧等。这次到达福建的遣唐使团也是一支规模庞大的队伍。临行前，日本朝廷举行隆重的朝见仪式，并特别按照汉法做成中国菜，赐宴给大使藤原葛野麻吕、副使石川道益，并制御制诗："此酒虽不丰，愿祝平安归。"另外，赐给藤原葛野麻吕御被三领，御衣一袭，黄金200两；赐给石川道益御衣一袭，黄金150两。③ 藤原葛野麻吕等人也将这些赐物的一部分带往中国。

同时，日本遣唐使团到唐朝，往往带有絁、绵、帛、布等礼品。据《延喜式》载，日本统治者委托遣唐使赠给唐帝的礼物有："银大五百两，水织絁，美浓絁各二百匹；细絁、黄絁各三百匹，黄丝五百絇，细屯绵一千屯，别送彩帛二百匹，叠绵二百帖，屯锦二百屯，纻布三十端，望陀布一百端，木绵一百帖，出火水精十颗，玛瑙十颗，出火铁十具，海石榴油六斗，甘葛汁六斗，金漆四斗。"④

日本遣唐使团出发时，朝廷一般还赠给大使、副使、判官、录事、知乘船事、译语、请益生、留学生、学问僧等各种人员数量不等的絁、绵、布。如给大使"絁六十匹、绵一百五十屯、布一百五十端"，副使"絁四十匹、绵一百屯、布一百端"，判官"絁十匹、绵六十屯、布四十端"，录事"絁六匹、帛四十屯、布二十端"，留学生、学问僧"絁四十匹、绵一百屯、布八十端"。⑤ 朝廷主要是为了让遣唐使团成员在到中国后作为费用

---

① 〔日〕《类聚三代格》，东京八木书店，2005。

② 〔日〕藤原东嗣、〔日〕藤原绪嗣：《日本后纪》延历二十四年六月乙巳条，东京吉川弘文馆，2000。

③ 〔日〕《日本纪略》延历二十二年三月庚辰条，东京吉川弘文馆，1980。

④ 〔日〕《延喜式》卷三十《大藏省》，东京吉川弘文馆，1995，第651页。

⑤ 〔日〕《延喜式》卷三十《大藏省》。

而赏赐了这些物品，使团成员也会带上这些物品的大部分或部分前往中国，作为旅费或交易之用。

随同这次遣唐使舶到达福建的还有日本僧人空海、留学生桔逸势等。这一年十一月三日，他们在福建观察使阎济美的安排下，离开福建，由陆路跋山涉水，前往长安。空海在唐朝留学期间，与唐朝著名的僧人、文人广泛接触交流，归国后，努力传播中国文化，著有《文镜秘府论》等数十部著作。①

唐宣宗大中七年（853），日本僧人圆珍附商舶来到福建，在福州开元寺就中天竺般恒罗学悉昙。② 日本僧人在福建的寺庙从师学习，与中外僧人进行交流。圆珍后来离开福建，参拜天台山，在越州开元寺研究天台宗，到长安从法全学密教，归国时带回经论章疏441部1000卷及道具、法物等16种。他在日本近江开创圆城寺，成为天台宗寺门派的开山祖，被日本醍醐天皇赐予“智证大师”称号③，为中日佛教交流做出了很大的贡献。

五代时期，中原战乱频繁，南方小国林立，福建为闽国所统治。闽王王审知重视发展海外贸易，在福州设置榷货务，由随王氏入闽的光州固始人张睦任之，张睦“招蛮夷商贾，敛不加暴，国用日以富饶”。④ 在福建泉州，王审知的侄儿王延彬继其父王审邽为泉州刺史26年，“每发蛮舶，无失坠者，人称招宝侍郎”。⑤ 当时这些船只主要发往东南亚各国，但也会间接或直接与日本有往来。

北宋时期，经济发展，政局较为稳定，在唐五代时期农业、手工业、商业全面发展的基础上，福建的海外贸易事业勃兴。福建商船到达日本的不少。北宋真宗咸平五年（1002），建州海商周世昌的船遇风漂流到日本，他受到日本朝廷的关照，留住七年才回国。周世昌在日期间，曾与日本诗人互相赠诗唱和，并编成诗集带回给宋真宗。与周世昌同船至宋的还有日

---

① 〔日〕《大师御行状集记》，〔日〕《桔逸势传》。

② 《天台宗延历寺座主圆珍传校注》，载《行历抄校注》，白化文、李鼎霞校注，花山文艺出版社，2004，第127~129页。

③ 〔日〕《智证大师传》。

④ 康熙《福建通志》卷二九《名宦一·张睦传》，四库全书本，第436页。

⑤ 吴任臣：《十国春秋》卷九四《闽五·王审邽传》，中华书局，1983，第1363页。

本人藤木吉。宋真宗亲自接见了藤木吉，还赠送了时服、铜钱等物，送其归国。[①]

宋仁宗天圣四年（1026）秋，福州商客陈文祐由日本归国，第二年，陈文祐又到日本。[②] 天圣六年（1028）九月，福州商客周文裔再次赴日，十二月，周文裔上书右大臣藤原实资，并赠送土特产品。[③]

神宗熙宁元年（1068），福州商客潘怀清前往日本[④]，熙宁三年（1070），潘怀清献佛像给大宰府。[⑤] 熙宁五年（1072），日僧成寻乘中国商舶来华，他在《参天台五台山记》中写道："当时船头有三人，一为（广东）南雄人，一为福州人，一为泉州人。"[⑥] 在这艘宋朝商船船头的三人中，福建人占了两位。

徽宗崇宁元年至四年（1102～1105），泉州商客李充曾两次到日本从事贸易。[⑦] 他第二次到日本大宰府时，呈上宋朝的公凭，请求贸易。这份公凭，至今还保存在日本的古代典籍中，为《朝野群载》一书所辑录。这份公凭不仅登记了全体船员的姓名、所有货物的名称及船上的其他器具，还记载了有关船舶出海的各项具体规定，为我们了解当时中日之间的海船组织、市舶制度及进出口货物提供了第一手资料。

北宋时，福建已有比较固定的通往日本的航线，曾任福州太守的蔡襄在《荔枝谱》中记道："舟行新罗、日本、琉球、大食之属。"[⑧] 福建商船往返于中国与日本等国之间。

到了南宋，航行在东海两侧的商船除了福建船等中国商船外，又增加了日商的船只。开庆《四明续志》载："倭人冒鲸波之险，舳舻相衔，以

---

① 《宋史》卷四九一《外国列传七·日本国》，中华书局，1977，第14136页。

② 〔日〕《小右记》。

③ 〔日〕《小右记》。

④ 〔日〕《朝野群载》，东京吉川弘文馆，1999。

⑤ 〔日〕《续本朝通鉴》。

⑥ 〔日〕成寻：《参天台五台山记》，白化文、李鼎霞校点，花山文艺出版社，2008，第1页。

⑦ 〔日〕《朝野群载》。

⑧ 蔡襄：《荔枝谱》，福建人民出版社，2004，第5页。

其物来售。"[1] 可知有很多日本商船驶往南宋的明州。离明州不远的福建也常有日本商船到达。南宋理宗时泉州市舶提举赵汝适撰写的《诸蕃志》"倭国"条载：该国"多产杉木、罗木，长至十四五丈，径四尺余，土人解为枋板，以巨舰运至吾泉贸易"。[2] 日本商人常运载杉木板、罗木板直接驶往福建泉州港进行贸易。日本各色人等到福建的也不少，南宋嘉定十年（1217），日本僧人庆政上人侨居泉州，从事中日佛教文化的交流，归国时带回福州版《大藏经》和其他书籍。[3]

二

综观唐宋时期福建与日本的经济文化交流，可以看出有如下两个特点。

一是从国家间的官方交流逐步走向民间商人贸易。

唐代前期和中期，由于受生产力条件的限制，日本与福建的交流往往要依靠国家的强大力量，要靠官方组织的遣唐使团，个人的力量是无济于事的。泉州超功寺僧人昙静赴日，乃是跟随鉴真和尚，搭乘日本归国的遣唐使舶才得以成功；空海、桔逸势等人赴唐，也无不是搭乘遣唐使舶赴唐。只是到了唐代后期，由于中日之间私人海上贸易的兴起[4]，来往于中日之间的民间商船增多，才可能有唐大中七年日僧圆珍附商舶到福州，以及宋代大量福建、日本的商人、僧人频繁来往于两地的景象。宋代来往于福建与日本之间的福建商人见于记载的有周世昌、陈文祐、周文裔、潘怀清、李充等，他们都属于民间商人，并非由国家组织的。总的来看，从国家间的官方交流逐步走向民间商人贸易，乃是唐宋时期福建与日本之间经济文化交流的必然趋势和一大特点。

---

① 梅应发等撰（开庆）《四明续志》卷八《蠲免抽博倭金》，载《中国方志丛书》（华中地方）第576号，台北成文出版社，1983，第5442页。

② 赵汝适：《诸蕃志》卷上《倭国》，商务印书馆，1937，第28页。

③ 高山寺旧藏《波斯文书》，转引自〔日〕木宫泰彦《日中文化交流史》，商务印书馆，1980，第347页。

④ 详参拙文《略论唐后期的中日民间贸易》，载《中国中日关系史研究会会刊》1986年第2期。

二是交流物品逐步从以贡品、礼品为主转变为以商品、文化用品为主。

唐宋时期，福建与日本交流的物品种类很多。唐代前期和中期，由于遣唐使团的因素和作用，往来的物品多以贡品、礼品为主，如金、银、水晶、玛瑙等。唐后期至宋代，由于私人海上贸易的兴起，来往的物品多为瓷器、绫绢等商品和书籍。如北宋时泉州商客李充驾船到日本，运去的货物有生绢 10 匹、白绫 20 匹、瓷碗 200 床、瓷碟 100 床等。[①] 当时福建输往日本的物品中有大量的青瓷器。福建同安汀溪窑的青釉划花篦纹碗输入日本后，很受日本人的欢迎，日本高僧珠光和尚很喜欢用这种青瓷碗饮茶，故这种青瓷器又被日本人称为“珠光瓷”。在日本福冈松州等地出土有晋江磁灶窑生产的“黄釉铁绘花纹盘”和德化窑生产的“白瓷盒子”。[②]

宋代，福建输往日本的物品中还有很多是书籍，日本僧人庆政自泉返日，就带回很多书籍，至今日本宫内厅还保存有庆政所献的福州版《大藏经》。福建建阳麻沙是全国四大印刷中心之一，建阳刻书也传播到日本等国。宋末建阳学者熊禾在《建同文书院上梁文》中写道：“儿郎伟，抛梁东，书籍高丽日本通。一滴龙湖山下水，千源万派定朝宗。”[③] 可知福建书籍已远输日本等国。至今，一些建阳刻本还珍藏在日本，由于这些刻本在中国已不可见，因此在日本的藏书已成为海外孤本。

唐宋时期福建与日本的经济文化交流，开了后代两地大规模交流的先声。综观这种交流，是由多种因素造成的。

首先，福建与日本双方经济的发展与相互需求，是促进这种交流的主要因素。

唐初的福建还比较落后，随着人口的增加和各项生产事业的发展，福建迅速崛起。尤其是唐后期随着中西交通西北陆路的受阻，东南海上丝绸之路发展迅猛，中日之间的海上贸易兴起，福建的各项产业也迅速发展。

---

① 〔日〕《朝野群载》。

② 〔日〕东京国立博物馆：《日本出土的中国陶瓷》，载《中国古外销陶瓷研究资料》第三辑，内部资料，1983。

③ 熊禾：《熊勿轩先生文集》卷五《建同文书院上梁文》，中华书局，1985，第 65 页。

宋代，福建的制瓷业、纺织业、造纸业、印刷业等生产事业已走在全国的先进行列，并且积极地开拓海外市场。于是大量的福建商人便频繁地来往于福建与日本之间，从事瓷器、丝绸等商品的贸易活动。

唐初日本的生产力还较为落后，贵族专权，朝臣倾轧，社会不安定。但日本人很善于学习外来的东西，他们加强与唐朝的联系，派遣规模庞大的遣唐使团，学习中国先进的经济、政治和文化制度及经验。遣唐使团到福建，也与福建人进行了交流。

遣唐使时期大规模的对中国的学习，促进了日本生产的发展和社会的进步。到了唐后期，日本已羽翼渐丰，不需要像唐前期那样花费大量的人力、物力学习唐朝的先进经验了，中日之间的交往便逐渐由民间商人海上贸易取而代之。

北宋初，公元967年（北宋乾德五年，日本康保四年），日本藤原实赖出任关白，朝臣尽归藤原氏，开始了百余年的摄关政治，藤原氏掌权期间，深受唐文化影响的日本本土文化正处于繁荣发展时期，统治者并不主动与中国建立过分密切的联系。所以，在中日海上之间活跃的主要是包括福建商人和商船在内的中国商人和商船。

南宋建立不久，在日本，武士平清盛以平定保元之乱（1156）的军功，出任大宰府大宰大贰。平清盛接触宋日贸易并从贸易中获得巨利后，便积极主动地开展对宋贸易。1167年（南宋乾道三年，日本仁安二年）平清盛升任大政大臣，日本政权归平氏，启武士掌权之滥觞。平氏修筑港口，整治濑户内海航路，使宋日贸易向前发展。1181年（南宋淳熙八年，日本养和元年），平清盛死，朝政归于源氏，源氏幕府和平氏一样，热衷于对宋贸易，南宋商人到日贸易时常受将军召见。源氏幕府第三代将军源实朝甚至亲造大船，准备赴宋朝佛。由于日本统治者的重视和生产力的发展，南宋时往来于中日之间的，不仅有包括福建船在内的中国船，还有不少日本船。

其次，福建造船业和港口建设事业的发展，为这种交流提供了前提和物质基础。

福建与日本隔着浩瀚的海洋，没有船只根本不可能交流。福建的造船业在我国属先进水平。早在三国时期，立国于东南的孙吴在福建侯官（今福州）设有典船校尉，负责督造船只，在温麻（今福建宁德地区）设有温麻船屯，负责建造船只。孙吴曾数次派军队北攻辽东，南取珠崖、儋耳（两地均在今海南省），又遣中郎康泰、宣化从事朱应出使南海诸国。黄龙二年（230），派遣有甲士万人的庞大船队到达台湾。这些大规模的航海所使用的船只也很多来自福建的温麻船屯。

隋唐时期，福建造船业继续发展，福州、泉州是两个造船中心。唐天宝三年（744），唐高僧鉴真和尚与日本僧人荣睿、普照曾派人到福州买船，准备东渡日本。[①] 可见福州的造船业已闻名遐迩、蜚声海外，并且具有横绝东海的能力。

宋代福建造船业加速发展，造船的数量和质量都有很大的提高。《宋会要辑稿》载，南宋乾道四年（1168），“福州番船主王仲珪等言，本州差拨海船百艘至明州”。[②] 根据南宋绍兴三年（1133）以后的规定，福建海船“自面阔一丈二尺以上，不拘只数，每县分三番应募把隘”。[③] 有学者据此推算，当时仅福州一地，面阔一丈二尺以上的海船就有 300 艘以上。[④] 这是一个相当可观的数字。而且出现了“番船主”，为海商提供船只。

在港口建设方面，唐宋时期，泉州港、福州港等福建港口都得到不同程度的开发。唐代后期，泉州已与交州（今越南河内）、广府（今广州）、江都（今扬州）并列为唐代的四大贸易港。五代时期，闽王王审知为了鼓励商业贸易，发展对外交往，又在闽江口外的黄岐半岛开辟了甘棠港，作为福州的外港。到了宋代，泉州港、福州港继续发展。北宋哲宗元祐二年（1087）泉州市舶司的设置，是泉州港海外贸易发展的必然结果，它奠定了泉州在宋元之际成为世界第一大港的基础。当时，泉州港“风樯鳞集”，海舶穿梭，蔚为东方巨港。

最后一个重要因素，就是为海洋文化所熏陶的福建人所具有的坚韧不拔、顽强拼搏的开拓精神和日本人的奋斗精神。

福建山多地少，有漫长的海岸线、无数的海岛和辽阔的海域，居民具有海洋文化影响下的强悍气质和勇于开拓的精神。秦汉魏晋时期，很多中

---

① 〔日〕真人元开：《唐大和上东征传》，第 5 页。

② 《宋会要辑稿》食货五〇之二三，中华书局，1957，第 5668 页。

③ 《宋会要辑稿》食货五〇之一三，第 5563 页。

④ 陈高华、吴泰：《宋元时期的海外贸易》，天津人民出版社，1981，第 140 页。

原人民南下，他们和当地人结合，成为福建的主要居民，共同开发福建的山区、沿海平原和海洋资源。唐代福建人口迅速增加，隋代仅有 12420 户①，到唐中期德宗建中时期（780～783），户口数一跃而为 93535 户②，为隋代的 7 倍多。隋代福建仅有建安一郡和闽县、建安、南安、龙溪四县，到唐玄宗天宝前后，福建已有福、建、泉、漳、汀五州和闽县、侯官、长乐、连江、长溪、建安、晋江、南安、莆田、长汀、龙溪、漳浦等 23 县③，这些州县除了一部分在山区外，大部分建置在沿海地区，从中也可看出福建沿海的迅速发展。沿海的福建人除了发展农业、手工业，还积极开拓海外贸易事业，他们积极与世界各国往来，发展友好关系。唐包何在《送李使君赴泉州诗》中写道："傍海皆荒服，分符重汉臣。云山百越路，市井十洲人。执玉来朝远，还珠入贡频。"④ 在泉州，异国商人云集，各国使臣从泉州上岸朝贡唐廷很频繁。五代至宋，福建的海外贸易继续发展。宋代泉州伊斯兰教、婆罗门教、摩尼教等各种外来宗教竞相传播和发展，也显示出福建人对外来文化兼容并蓄的气魄和胸怀。

日本地处海岛，日本人民具有与大自然搏斗的勇敢精神和虚心学习外来文化的好学精神。唐前期，日本人不畏艰难险阻，冒着生命危险，派出庞大的遣唐使舶赴中国学习。唐后期，尽管遣唐使活动已停止，但中日海上往来还是持续不断。到了南宋，在福建与日本之间往来的商船和商人便有很多是日本的了。

三

唐宋时期是福建经济文化发展的关键期。福建由僻处海隅的蛮荒之地一跃成为富庶之区、文物之邦。促进福建发展的原因有多种，其中之一乃是福建发挥自己的海洋优势，加强与包括日本在内的世界各国的经济文化

① 《隋书》卷三一《地理志下》，中华书局，1973，第 879 页。

② 《通典》卷一八二《州郡一二》，中华书局，1988，第 4845～4848 页。

③ 详参拙文《唐朝前期对逃户政策的改变与福建州县的新建置》，《福建师范大学学报》（哲学社会科学版）1992 年第 1 期。

④ 《全唐诗》（增订本）卷二〇八，中华书局，1999，第 2171 页。

交流。北宋泉州市舶司设置以后，市舶收入不断增加。南宋建炎元年（1127）至绍兴四年（1134）的八年间，泉州市舶司仅因一个番舶纲首招致泊船，就获得“净利钱”98万缗①，平均每年12万缗以上。绍兴末年，泉州市舶司每年的收入有100万缗。② 这些收入，已成为福建财政收入的重要来源，支持了福建的各项生产建设事业和公益事业。福建输入日本的物品主要有瓷器、丝绸、干鲜水果、铜钱、书籍等。这些物品远销日本也反过来促进了福建制瓷业、印刷业、水果加工业等产业的发展。日本输入福建的产品主要有硫黄、木板、黄金、水银、珠子、折扇、日本刀等，这些物品进入福建，满足了福建人民在这些方面的物质和精神需求，丰富了福建人民的生活。

对日本来说，加强与福建的经济文化交流，福建物品、技术、人员输入日本，也促进了日本各项生产事业的发展。考古学者研究认为：日本古窑址的建造方式深受福建古窑的影响。福建德化的盖德、屈斗宫和晋江磁灶等古窑址出土了碗、瓶、杯、军持等标本，在日本古窑址中也先后出土了同类型的实物，可见日本制瓷业的发展与福建技术的传入有一定的关系。福州版《大藏经》和其他书籍的传入，也促进了日本印刷事业的发展。日本输往福建的各种物品，同样也促进了日本硫黄生产业、黄金生产业、木材加工业等产业的发展。

本文原载于《福建师范大学学报》（哲学社会科学版）1999年第4期

① 《宋会要辑稿》职官四四之一九，第3373页。

② 李心传：《建炎以来朝野杂记》卷一五《市舶司本息》，徐规点校，中华书局，2000，第330页。

简稽唐至明万历年间福州的“市”

唐文基

在古代，“城”与“市”有别。“城”指城郭，是古代统治集团在聚居地出于政治统治，尤其是军事防御的需要而构筑的城墙及护城河等。《礼记·礼运篇》载：“城因沟池而为固。”“市”则指城内的商品交易之所。《考工记》载：“匠人营国，方九里，旁三门……左祖右社，面朝后市。”意即城中以“朝”为中心，“朝”的后面是“市”。当然，某些村野的一些临时交易地也称为“市”，如《盐铁论·授时第三十五》：“田畴赤地，而停落成市。”这里的“市”是指临时的交易之所。南朝时，南方的经济中心建康有“建康大市”、“建康东市”“建康北市”和“秣陵斗场市”共四个。[①]

唐末以前，市的设置受严格控制。其一，只允许县治以上的地方设市。《唐会要》卷八六〇唐景龙元年（707）十一月，“敕，诸非州县之所，不得置市”。其二，不许临街设市。如隋开皇中，汴州“禁游食，抑工商，民有向街开门者杜之”。[②] 不许临街开门，亦即不许临街开门做买卖。因此，唐末以前，街与市不是一回事。如此说来，“市”究竟在何处？“市”在官府指定的“坊”中。古代县治以上的城不止一重，有的二重或二重以上，即有罗城（大城）、子城、牙城之别。每座城又有多个城门。罗城与子城之间、各城门之间有纵横交错的街道相通。被纵横街道切割的一块块的是居民区，即“坊”。“市”就设在官府指定的“坊”中。一般来说，

① 《太平御览》卷八二七《资产部》引《丹阳记》，中华书局，1960，第11926页。

② 《隋书》卷五六《令狐熙传》，中华书局，1973，第1386页。

每个“市”占地两个坊。如唐代洛阳有丰都、大同、通远三个市，各占二坊之地。[①]

唐以降，设“市”的上述限制，逐步取消。

唐以前，福州“市”的情况不详。降至唐代，有关记载也只是一鳞半爪。王应山《闽都记》载：“侯官市。古侯官县治也。唐武德六年置县螺江之北，贞元五年为洪水湮没，观察使郑叔则奏移入州城，移民廛居，城市里社巍峨，有石塔临于江滨，其山名龙台，与赤塘山并峙。”这一记载告诉我们，唐初侯官市设于郡城西北的螺江，即螺女江，这里为福州水路咽喉，上接水口，纳闽江入海。唐贞元年间迁入城内，与赤塘山隔江相望，“移民廛居”。[②] 东汉经学家郑玄注《礼记·王制》说：“廛，市物邸舍。”“廛居”意即居货做买卖。这是关于福州“市”的最早记载。另据黄仲昭《八闽通志》卷二七《秩官·方面·唐》记载：“市令一员，掌交易，禁奸、非，通判市事。市丞一员，其隶有佐一人，吏二人，帅二人，分行检事。仓督二人，专莅出纳，史二人。”这是唐朝福州管理“市”商品交易的全部官吏，总数十一人。由此可以推断，唐代福州“市”规模小，贸易额不大。

唐末五代，福州又多一个新丰市。唐昭宗天祐元年（904），翁承赞受命到福州册封王审知为琅琊王，事毕，王审知在南台新丰市堤边饯别翁承赞。翁作诗曰：“登庸楼上方停乐，新市堤边又举杯。……争得长房犹在世，缩教地近钓龙台。”[③] 可见新丰市在钓龙台附近。钓龙台地处闽县南门外，当上、中、下杭同在嘉崇里。梁克家也说：“闽王时，江边号新市堤。翁承阁还朝，王审知饯行于此。”[④]

宋代，福州城市人口或说“几万户”，或说“十万家”[⑤]，城中商业贸易很是繁荣。时人曾有诗咏颂福州商贸繁荣景象。如天圣元年（1023）陈

---

① 杜宝撰，辛德勇辑校《大业杂记辑校》，三秦出版社，2006，第15页。

② 王应山：《闽都记》卷二一《闽西侯官胜迹》，方志出版社，2002，第199页。

③ 王应山：《闽都记》卷一四《郡南闽县胜迹》，第146页。

④ 梁克家：淳熙《三山志》卷二《地理类二》，载《宋元方志丛刊》第8册，中华书局，1991，第7798页。

⑤ 参见林之奇《拙斋文集》附录《林之奇行实》，文渊阁四库全书本，第2页；王象之《舆地纪胜》卷一二八，中华书局，1992，第20~22页。

绛任福州郡守时，蜀人龙昌期入闽授诸生《易》，龙作诗吟福州城，其中两句“百货随潮船入市，万家沽酒户垂帘”，道出江海交汇处福州百货交易的繁荣景象。北宋绍圣年间曾知建州的鲍袛也吟福州曰：“两信潮声海涨天，鱼虾入市不论钱。”南宋哲学家、文学家吕祖谦写道：“最忆市桥灯火静，巷南巷北读书声。”[1] 这些都是对福州“市”的生动描绘。如果说，五代时的新丰市是在城外，两宋时期的市则进入城内，而且多集中于罗城——夹城周围。据淳熙《三山志》卷四《地理类四》记载，在行春南有思义坊，“旧日阜财，交易所也，通大隐坊，地名广下”。所谓“交易所”，无疑是市。这里与大隐坊相通。大隐坊又名冠英坊，“旧号都市，宋通直韩召居之。崇宁间举人行郡守黄裳更名大隐”。[2] 可见，大隐坊原是“都市”，改名“大隐”，正是自古有“大隐隐于市”之说。《三山志》卷四还记载，通津门西游“积货坊，近市”。此坊近市，以积货得名，近似于货栈。《八闽通志》卷一三《地理》还记载了一则故事，说侯官县“耆德魁辅坊，在急避巷口，宋郑性之居此。闽俗谓：腊月二十四日灶君上天奏人间事，家家必祭而送之。时郑性之家贫无钱，只得贷肉于巷口肉铺屠者之妻。屠归问其妻，大怒，入郑家索肉而归”。关于故事真伪，作者黄仲昭存疑，但急避巷有肉铺当无疑。急避巷后改为急巷，在城内还珠门南。城内坊巷出现多处“市”，至此，中原地区坊市隔绝制度的取消也在福州城中体现。淳熙《三山志》卷四《地理类四·内外城壕》载：“之子城西南隅发苗桥髢也。俗称‘苗’为‘尧’，昔有妪于此卖发髢，因名。”这是说在子城西南老妪设摊卖发髢，近似于草市。同书卷二《地理类二》载，侯官县东孝悌乡孝顺里有“城西草市”。而城厢的草市就更多了。同书卷十四《版籍类五·海船户》载：“建炎间，建寇窃发。城居编户自结忠义社。于是，州置左、右、南、北厢，以有产业人充社首。……乾道二年，王参政之望增城外草市社。如城内法。闽县六厢，左一厢，左二厢，左三厢、南斗厢、南津厢、北津厢，总共三十七社。门外十社，行春门外三社、合沙门外四社、美化门外三社。绍兴二十八年，知县张维括产业户

① 以上均见王应山《闽都记》卷二《城池总叙》，第6~10页。

② 黄仲昭：《八闽通志》卷一三《地理》，福建人民出版社，2006，第254页。

外，凡在市经营物力人，并籍之，以流水法差，一季替。”

据此，南宋绍兴、乾道年间，在福州城厢内外草市经商的户数不在少数，他们被编为六厢三十七社。除福州之外，福州周边的几个县也有草市出现。如闽清有“县前市”，“在县治前，宋元时邑人贸易多萃于此”。[①] “福清县苏田里宝林尼院附近有渔溪市。”[②] 随着草市贸易额的增加，不少草市也升格为商业镇。据傅宗文教授研究，宋代福州及其周边县出现了闽安镇、侯官镇、海口镇、水口镇、鸡菜镇、黄崎镇、烽火镇、莆门镇、南门镇、白沙镇、关隶镇、北交镇、三砂镇、北岭镇、硖口镇、连江镇、飞泉镇、永泰镇等。[③]

下面两点，亦可证实两宋时期福州“市”的增多。

其一，征收商业税的衙门和官吏增多。与唐代福州仅有寥寥十一人的税吏不可同日而语。两宋时期福州征收商税的衙门较为健全，税吏也增多。宋制，商税分“过税”和“住税”。过税是向过往行商收税，住税是向住市开店坐贾收税。马端临说：“贩鬻不由官路者罪之。有官须者十取其一，谓抽税。……凡州县皆置务，关镇抑或有之；大则专置官监临，小则令佐兼领。诸州仍令都监、监押同掌。行者赍货，谓之‘过税’，每千钱算二十；居者市鬻谓之‘住税’，每千钱算三十，大约如此。然无定制。”[④]

福州商税征收基本按此规定。北宋初，由州司武官派监，外监税务员三员。天圣时，在福州设都税务、临河务。淳熙《三山志》卷九《公廨类三·诸县镇务》载：“祖宗时，州城都务、临河务，号里、外税务。二务之外，惟九县十务而已。闽清、长乐、罗源、宁德、长溪、永福、连江、福清、古田，里外二务是也。”降至崇宁初，增怀安务。各务置监商税务一员或二员。重和元年（1118）又在商旅必经之地设四重镇，即闽县闽安镇、长溪县黄崎镇、福清县海口镇、古田县水口镇。水口镇即原来古田的外税务。这就是宋代福州及其周边各县的四镇十税务。此后务、镇多有变革，此不赘述。宋代除务、镇设官征税外，还允许年税收不及千贯或五百

---

① 黄仲昭：《八闽通志》卷一四《地理》，第264页。

② 梁克家：淳熙《三山志》卷三六《寺观类四》，第8205页。

③ 傅宗文：《宋代草市镇研究》，福建人民出版社，1988，第529~530页。

④ 马端临：《文献通考》卷一四《征榷考·征商》，中华书局，2011，第402页。

贯的地方由商人包税，俗称“买扑”。

其二，商税增多。据淳熙《三山志》卷十七《财赋类·岁收》记载，南宋淳熙时每年上述十县务、四镇及福州务税收入如下：

闽县：3118贯868文

侯官：1597贯441文

连江：6313贯136文

长溪：4876贯571文

长乐：6176贯997文

福清：3283贯953文

古田：7936贯519文

永福：5547贯622文

闽清：4169贯110文

宁德：1937贯24文

罗源：4130贯556文

怀安：5259贯868文

闽安镇：29160贯852文

水口：17248贯433文

黄崎镇：6404贯15文

海口：9688贯920文

周务税：日纳商税、牙契、丰州所得钱25000贯（文省）

在城楼店务，地基正钱4334贯328文

总计以上各项，淳熙年间福州及其周边各县商税年收入约14.6万贯。据同书同卷记载，时福州周边各县岁征“夏税产钱”不过8148贯余，徭役中“免役物力钱”只有13632贯。与此两项相比，可见其时商税收入之多。当然，与同时期南宋都城年收入商税约100万贯的临安相比还相去甚远。[1] 元明时期，福州“市”发展的速度是惊人的。至元二十八年

① 汪圣铎：《两宋财政史》上册，中华书局，1995，第298页。

（1291）著名旅行家马可·波罗途径福州。他笔下的福州：

> 有一条大江（闽江）穿城而过。江面宽一点六公里，两岸簇立着庞大漂亮的建筑物。在这些建筑物前面停泊着大批船只，满载着商品，特别是糖，因为这里也制造大量的食糖。许多商船从印度驶达这个港口。印度商人带着各色品种的珍珠宝石，运来这里出售，获得巨大的利润……这里各物资供应充足，还有许多爽心悦目的园林，出产优质味美的瓜果。①

这里描绘的是福州城外闽江沿岸的情形。明初，闽中十大才子之一王恭吟福州曰："七闽重镇旧繁华，九陌三衢十万家。"② 描绘出福州城中繁荣、人口稠密的景象。但福州"市"的巨大变化，实在16世纪中叶以后。这可以从万历《福州府志》的记载看出。明成化弘治年间成书的《八闽通志》卷一三至一四《地理·坊市》中，闽县、侯官、怀安三县的"地理"，均以"坊"为目而写。但是，万历《福州府志》卷十二《建置五》，则是以"街市"为目而叙述的。前已叙及，唐末以前，不允许临街开门设市。而在万历《福州府志》中，"街市"合二为一而列一目。据此目载，万历时福州城中"郡城中街"有十二：宣政街、南街、新街、后街、西门大街、北街、北门后街、东街、仙塔街、井楼门街、汤门街、馆前街。"郡城中市"有六：还珠门市、安泰桥市、土街市、闽县前市、相桥市、怀德坊市。郡城外街有八：中亭街、南台街、下渡街、钵头街、新亭街、洪塘街、下坞街、芋原街。郡城外市有三：中亭市、潭尾市、洪塘市。

这时期的街，再也不是唐末以前不许开门设市的街，而是可以设市贷卖的街。如下渡街"廛居成市"，潭尾市在王应山《闽都记》中就写作"潭尾街"，那里"委巷纵横，民居鳞次，鱼盐成市"。③ 街市已无区别。而每一街、市周围分布着若干坊、巷。如南街东有六巷：旌族坊巷、通贤

---

① 〔意〕马可·波罗：《马可波罗游记》卷二，陈开俊等译，福建科学技术出版社，1981，第191页。

② 王应山：《闽都记》卷三《郡城东南隅·闽县》，第17页。

③ 王应山：《闽都记》卷一四《郡南闽县胜迹》，第149页。

境巷、嘉荣坊巷等。南街西则有十一巷：杨桥巷、郎官巷、文兴坊巷、黄巷、安民巷、英达坊巷、天王崎巷、螺女巷等。街市周围的巷，就是该街市商业辐射所致。街市的增多给福州商人和商业资产活动提供了更广阔平台，也正是商业和商业资产，促进了福州“市”迅速发展变化。可以认为，福州近代“市”的雏形于16世纪中后期露出端倪。

万历年间，随着福州“市”的增多，贸易额加大，封建政府的商税收入也增多。据万历《福州府志》卷三四《商税》载，福州税课司年收入商税约1330两，此外，闽县闽安关年收入约6070两，侯官竹崎关年收入约4020两，三者合计约11420两。其实，福州一府九县农业税收入据同书卷二八《食货》所载，民田秋粮除纳本色末外，还征收折粮银计293737两余，官田秋粮纳折粮银计7405两，两者合计301142两余。换言之，当时福州商税收入与田赋秋粮中折粮银收入之比约为1∶3。这反映了当时福州商税收入的增多。过税收入较多的闽安关、竹崎关是重要税关。天启六年（1626）巡抚右佥都御史朱钦相报告：“若闽安、竹崎等关则万历年间新开之税也。”万历新开两关税收超过税课，这又说明福州过往贸易额增多，长途商贸活跃于兹可见。

本文原载于《闽商文化研究》2015年第2期

关于明清时期福建土地典卖中的找价问题

唐文基

明清时期土地典卖中找价情况较为普遍，而福建这一现象尤其突出，早已引起学术界重视，学者们在论著中时有述及，但没有专文探讨。本文利用福建师范大学历史系收藏的大量土地契约文书，对这一问题做肤浅剖析。

一 找价的广泛性及其特征

所谓找价，指的是土地的典卖主在土地典卖并收取了典卖价之后，仍向买主索取加价，这种找价的名称甚多，在福建称“尽”“撮”“凑”“添”“扎”“洗”“断”等。明清时期福建土地典卖中找价行为的普遍性，可以从福建师范大学历史系收藏的土地契约文书的数量中反映出来（见表1）。

表1 福建师范大学历史系收藏的土地契约文书的数量

单位：件，%

	福州	南平	漳州	宁德	仙游	合计
典卖契总数	985	489	40	182	43	1739
找价契件数	503	50	14	38	8	613
找价契占典卖契总数百分比	51.1	10.2	35.0	20.9	18.6	35.3

表 1 中数字说明，福州、南平、漳州、宁德、仙游五地区 1739 件土地典卖契中，找价契 613 件，占总数的 35.3%；其中福州 985 件土地典卖契中，找价契达 503 件，占总数的 51.1%。找价的广泛性，于兹可见。

明清时期，福建与全国许多地区一样，土地所有权已分化成土地占有权与使用权的对立。占有权在福建各地名称不一，或称田面、田底、田骨、大苗等，也有叫田根的；使用权或称田根、田皮、小苗等，也有叫田面的。无论占有权或使用权，都可单独典卖，也可找价。

明清时期，福建与全国许多地区一样，土地典、卖界限不清。已卖出的土地，仍在契约上写明回赎的期限。清政府虽屡颁禁令，禁止绝卖地回赎[①]，企图杜绝由此引起的地产纠纷案件，但福建师范大学历史系收藏的土地契约文书资料表明，这些禁令在福建仅是具文。关于卖地回赎的习俗，福建地区一直保持到 1949 年。因此，不论是典出地还是卖出地，都可以找价。

我们姑举二例来说明以上两点。

例一，闽侯县二十都魏贤五，乃祖于乾隆三十六年（1771）将 41 担 50 斤的田面租，以每担 4 两 2 钱 5 分的价格，卖“断与刘家永远为业”，共得卖价银 176.375 两。46 年之后，即嘉庆二十二年（1817），魏贤五又向买主刘家找价，“得讫断出价银 60 两”。[②] 这是土地所有权卖断之后，要求找价。

例二，嘉庆十五年（1810）永春县林光田“添断契”：

> 立添断契人林光田，有承管得林宅佃田一段，贯在本都黄坑头，土名炉内前，先年送卖与郑祖道边，租声价声登载原契。今思价未敷，再就与郑宅上添断出价银一元五角，银即日收讫，将佃田付银主依旧永远耕种，日后不敢言添，亦不敢言赎。[③]

这是土地佃耕权卖断之后的找价。

---

① 光绪《钦定大清会典事例》卷七五五。

② 福建师范大学历史系藏契约文书 0598 号。

③ 福建师范大学历史系藏契约文书 4576 号。

持续性和高频率，是明清福建土地典卖找价行为的鲜明特点。持续性表现之一是，找价行为往往不是一次性的，而是反复多次，持续几十年。万历时谢肇淛说："俗卖产业与人，数年之后，辄求足其值，谓之尽价。至再至三，形之词讼。此最薄恶之风，而闽中尤甚。"[①]

找价至再至三，持续多年的实例甚多，此处姑举嘉庆二十年（1815）闽清县陈焕彩凑断契为例：

> 立凑断契陈焕彩同堂兄焕文。原祖上阁分有民田数号，坐产闽清县六都李厝柄，……共受种二石七斗五升，载租谷三千六百六十四斤，折米一十六石四斗八升五合，经曾祖有鼎手，于乾隆二十年间典于谢处为业，得讫价银一百七十两纹广。嗣于乾隆二十八年间经曾祖手，又向谢处凑出纹广银四十两。乾隆三十四年间经曾祖手又向谢处借出制钱六千文。乾隆三十八年间经父诸绅即梅官，同祖母罗氏、叔祖母蒋氏又向谢处凑出制钱六千文。乾隆四十三年间经祖道起，同叔祖道谋，又向谢处尽出制钱四千文。先后典凑借共得价银二百三十两纹广，钱一十六千文，时价已经过浮，本无可凑。奈因彩等葬柩无资，托友再向谢处凑断出制钱一十四千文。其钱即日收足，其田听从谢家永远管业，陈家向后永不得言凑言赎以及别生枝节（下略）。[②]

契中文字表明，卖主从乾隆二十年（1755）至嘉庆二十年，祖孙四代历60年五次找价。

找价持续性特点表现之二是，土地经多次转卖易手之后，原卖主仍向现买主找价。如闽侯县有位叫杨成侯的，其祖传的田地，从康熙以来，相继辗转卖过连、江、周、陈四家，至乾隆三十二年（1767），杨成侯居然向第四家买主陈则义索取"归断价"：

> 立归断契人杨成侯，承祖顶有屯田二号。坐产本县二十三都马坑地

① 谢肇淛：《五杂组》卷四《地部二》，明万历四十四年潘膺祉如韦馆刻本，第160页。

② 福建师范大学历史系藏契约文书0602号。

方，其田土名、租额、粮色俱载原契明白，于康熙年间已卖本都连家为业，历掌无异，（连家）将田于乾隆年间典卖水口江良佐为业，良佐将田（于）乾隆年间又典卖福（州）城周姓为业，周又于乾隆年间典卖与在闽二十三都北垅陈则义为业。而侯今因无钱安祖骸，致赖连家凑尽钱文，但连家所说此田经典四姓，年久难以凑尽，且侯求托亲友进前劝谕，其田系连、江、周三姓相议，会归与现业陈则义，归断得价钱七千文正。其钱即日系侯收足埋葬祖骸归土，其田自归陈姓久业，且杨、连、江、周四姓无干，向后永不得生端枝节等情。恐有来历不明，系杨、江、连三姓出头承担，不涉陈姓之事。两家情愿，今欲有凭，立归断契一纸，并连、江退还契一纸，又及杨家原尽契，又及江、周原尽契一并缴付陈家为照。

乾隆三十二年十二月日立

归断契人杨成侯（押）

（在见人等略）①

从契面可以看出，该田不仅转让四姓，且已经找价三次。如今，现买主陈家，不得不再向第一次的卖主支付追加的田价。

找价的高频率特征，是指两次找价之间的间歇时间短，有时是一年一找，有时甚至一年多次找价。如侯官县而坦，于雍正七年（1729）把一块载租6石的土地，以13两价银卖给其兄而替，乾隆十年（1745）以前已取过“尽价”，但乾隆十年之后，而坦几乎每年以“尽”“撮”等名目，向而替的儿子找价。我们将而坦的找价行为，列成乾隆十年至二十一年（1756）侯官县而坦找价情况（见表2）。

表2　乾隆十年至二十一年侯官县而坦找价情况

	十年	十一年	十二年	十三年	十四年	十五年	十六年	十八年	二十年	廿一年
尽、撮价	谷300斤	谷60斤	米6斗	谷12斗	谷150斤	谷60斤	米9斗	谷120斤	钱720文	断尽银6两

资料来源：福建师范大学历史系藏契约文书第0468、2038、2054、2046、2284号。

① 福建师范大学历史系藏契约文书0661号。

明清福建土地典卖中找价具有持续性和高频率的特征，因此卖地人只要手持一张地契，就犹如抱着一株摇钱树，明末冯梦龙在《寿宁待志》中说，该县“如鬻产者再三加贴尚告白占，百年前古契犹怀为至宝”。①

当然，买主支付找价，有时也提出一些附加条件。常见的条件是，把典改为卖断。如上述陈焕彩土地，其祖先原是典于谢家，经多次找价后，在契上写明“向后永不得言凑言赎”，即卖断了。此外，便是要求延长典期。如康熙五十四年（1715）侯官县林克彩“尽契”：

> 立尽契人林克彩，前伯母欧氏于康熙五十年间手赎有己业民田一号，坐产本县二十三都汤院地方，……自情愿托中汤院卖与郑允知处为业，今因伯母已故，无银埋葬，系侄克彩向郑处尽出价银三两平，平戮，前去埋葬伯母，……俟至卖契内限，外加二年限，备银取赎，不得阻留（下略）。②

此契写的是卖，因可回赎，实际是典，经尽价之后，典期延长二年。

有时，经过屡次找价之后，买主实无价可找了，在这种情况下，买主往往以“撮”“扎”等为名，贷款给卖主，请看道光七年（1827）福州孟秩“撮字契”：

> 立撮字兄孟秩，今在弟孟准、孟偏公众处撮出钱三千六百文正。俟至来年十一月内拨还，不敢欠少，如有欠少等情，言约每千每年加利二百文算。俟至赎水槽田之日，并本利一起送还。③

这实际上是土地买卖双方从找价转化成借贷关系。

---

① 冯梦龙：《寿宁待志》卷上《狱讼》，福建人民出版社，1983，第40页。

② 福建师范大学历史系藏契约文书0199号。

③ 福建师范大学历史系藏契约文书1899号。

二 找价的理由

福建土地典卖中找价行为究竟始于何时有待进一步探讨。据上引谢肇淛《五杂俎》记载，至少在明中期，这一现象已是“闽中尤尝了。降至清代，为了避免因找价而引起诉讼，清朝于禁止绝卖地回赎的同时，屡颁禁止找价命令，如雍正八年（1730），清廷下令禁止绝卖土地“告找回赎”，违者“重律治罪”。[①] 乾隆十八年（1753）又补充规定：“嗣后民间买卖产业，如系典契，务于契内注明回赎字样；如系卖契，亦于契内注明永不回赎字样。其自乾隆十八年定例以前典卖契载不明之产，如在三十年以内，契无绝卖字样者，听其分别找赎；若在三十年以外，契内虽无绝卖字样，但未注明回赎者，即以绝产论，概不回赎。”[②] 这就是说，以乾隆十八年为界，凡在此之前三十年内典卖的土地，可以找、赎；乾隆十八年之后绝卖田土，既不准赎，也不准找价。但禁赎是具文，禁找价也是具文，直至1949年以前，找价现象仍普遍存在于福建各地。换言之，即土地典卖找价行为，只能随着封建土地所有权的消失而消失。

明清时期土地典卖中找价行为之所以屡禁不绝是因为导致找价的社会因素一直存在。但在探索这些因素之前，我们还得先看卖主找价的种种具体理由。

理由是各式各样的，但概括起来，有如下几点。

第一，以田价不敷为理由要求找价。如雍正九年（1731）福州一位叫尔辅的卖主，在尽契上写道：“今见田价不敷，再向（买主）侄求尽价银五钱正。”[③]

第二，转典转买土地时，以原卖主要求尽价为理由，由现卖主向现买主找价。请看下契：

立尽契郑允承，于前年间买得郑虞九民田一号，土名中段，其亩

① 光绪《钦定大清会典事例》卷七五五。

② 光绪《钦定大清会典事例》卷七五五。

③ 福建师范大学历史系藏契约文书1506号。

数粮色俱载买契明白。今因原主凑尽，再向弟允知处，三面言议，尽出价银三钱，水九五色顶九五率。其银即日交足，其田任听银主管业，俟至有力之日，照契面赎回。二家情愿，各无反悔，今欲有凭，立尽契二纸为照。

雍正六年六月日

立尽契郑允承（花押）

执笔男常烈（花押）①

从契面不难看出，郑允承原买了郑虞九民田一号，但已转卖给郑允知。如今，因郑虞九找价，他只好向郑允知找价。

土地转典转卖之后的原主找价，通常还有另一种情况，即转典转卖时收取的价格，高于原典进或买进时价格，因而由原典卖主出面找价。如康熙十一年（1672），侯官县二十三都陈起凤、陈起麟兄弟，将二号土田卖给黄荣辉为业，卖价共 14 两。康熙十九年（1680），黄又将这二号土田以 15 两价银卖给张茂林。同年十二月，陈起麟以转卖价高于原价为理由，向张茂林找价 1 两。②

第三，以拖欠田租为由，向买主找价。请看雍正七年（1729）侯官县洪振盛“尽契”：

立尽字洪振盛，今有民田根一号，土名东埔乾，其亩数租额俱在卖契明白。今因弟身故，拖欠孙家租谷四百五十斤正，因无谷理还，无奈托中向到汤院郑允知处，尽出谷四百五十斤正，理还田主，俟至赎田之日，备谷理还。立尽契一纸为照。

雍正七年四月日

立尽契洪振盛同男昌德（花押）

田主孙惟贞（花押）

中人张兆杨（花押）

---

① 福建师范大学历史系藏契约文书 0201 号。

② 参见福建师范大学历史系藏契约文书 0355、0357、0359、0982 号。

代字邱能恕（花押）①

因欠租而向买主找价，一般发生在土地耕作权（即福州地区的所谓田根）的买卖中。如前契所载，原田根主洪振盛，在出卖田根之后，仍与原田主保持着名义上的租佃关系，依然要向原田主孙惟贞纳租。失去田根当然无力纳租，所以要向田根的现买主郑家找价。

第四，以欠赋税为理由，要求找价。如康熙四十六年（1707）闽清县十七都林采官母子，“今因粮追迫无奈，照时价向（典主）尽出银三十三两”。② 卖主之所以能以这种理由找价，主要是因为买主买地之后，没有向官府办理赋税过户手续，害怕承担逃税罪名，只好同意找价。

第五，以艰难困苦的境遇为理由，要求找价。这种情况下的找价，带有救穷济贫性质。如上述侯官县而坦，经十几次向买主找价之后，于乾隆二十一年已将田地卖断。但是，乾隆三十一年（1766）“而坦身故，棺衾无出”，他的后裔又立下“愿字契”，向买主求撮出制钱1800文。③ 类似因这种情况而找价的契约文书甚多，我们再举一个典型例子：

立撮字世玉，今因穷迫无措，前屡次挪撮甚多，本不敢启齿，但念戚属，特托亲友再三劝谕，向汤院郑常经表兄处，劝出制钱二千文正。自今以后，再不敢登门别生枝节，如有等情，各戚属公见呈官究治。恐后无凭，立撮字为照。

乾隆四十五年二月十一日立撮字

吴世玉押（下略）④

从契面上可知，买卖双方是表兄弟。卖主经多次找价之后，本不敢启齿，怎奈“穷迫无措”，竟以如再来找价“呈官究治”作保证，获得两千文撮价。

① 福建师范大学历史系藏契约文书0180号。
② 福建师范大学历史系藏契约文书0260号。
③ 福建师范大学历史系藏契约文书0326号。
④ 福建师范大学历史系藏契约文书01749号。

上述五种找价理由，仅是表面现象，在这些理由的背后隐存深刻的社会因素。

三　找价行为说明了什么

早在20世纪60年代，已有学者在研究明清土地典卖中“加找”“回赎”问题时就指出，这些现象表明土地所存权的顽固性，它和其他商品买卖不同，不可能通过一次性买卖，使所有权得到完全转移。[①] 此论正确。但是，我们还需进一步探讨，为什么土地所有权会有顽固性？这种顽固性为何在明清时期表现得如此突出？在福建，它为何又是“尤甚”？

明清时期福建土地典卖中找价之风尤甚有深刻的社会经济原因，那就是人均耕地面积的减少使封建社会中人类最基本的生产资料——土地也成了短缺而又极珍贵的财富，这增加了它的让渡难度。

明清时期福建随着人口增长，其人均耕地面积呈下降趋势。我们据梁方仲《中国历代户口、田地、田赋统计》一书计算得出：洪武年间福建人均耕地3.73亩；万历年间为10.9亩；顺治承战乱之后，人均耕地面积有所减少；康熙时开始回升，达8.03亩；雍正二年（1724）突增至21.36亩，这一数字可疑，不足为据；乾隆十八年降为2.72亩，三十一年降至1.71亩；嘉庆时更减少到不足1亩。[②] 上述历朝，福建人均耕地都大大少于全国的平均数。中国封建社会中，官方关于人口、土地的统计数字虽有不准确性，但它毕竟是可资研究参考的近似数字。

人均耕地面积减少，必然造成购地难局面。这在土地交易市场上，表现为地价上涨。陈铿《清代南平建瓯地区田价研究》一文通过对千余份契约文书的统计，证明清代南平地区田价呈上涨趋势。[③] 随着购地难和地价上涨，在土地典卖中，典卖的一方逐渐要求缩短土地的让渡期限。今就清代康熙至光绪年间，福州地区载明土地典卖限期的154件契约文书，做成表3。

---

① 李文治：《论清代前期的土地占有关系》，《历史研究》1963年第5期。

② 梁方仲：《中国历代户口、田地、田赋统计》乙表，上海人民出版社，1980，第32、60~74、96页。

③ 陈铿：《清代南平建瓯地区田价研究》，《中国经济史研究》1990年第3期。

表 3　康熙至光绪年间福州地区契约文书的土地典卖限期

单位：年，件

	康熙	雍正	乾隆	嘉庆	道光	咸丰	同治	光绪
件数	7	11	56	23	17	13	17	10
最长典卖限期	10	10	15	7	7	6	7	5
最短典卖限期	5	3	3	3	3	3	3	3
平均典卖限期	7.57	5.45	5.8	5.5	4.9	4.8	4.2	4

表 3 中数字说明，土地典卖平均限期，康熙时为 7.57 年，而光绪时降至 4 年，即缩短近一倍。但是，据专家研究，在清代前期地租剥削没有减轻的情况下，由于地价上涨，地租购买年又呈延长趋势。① 地租购买年的延长，意味着土地购买者希望能延长土地典卖回赎期限。这就是说，随着购地难、地价上涨和地租购买年限延长，土地买卖双方在缩短和延长土地典卖限期上，矛盾日趋尖锐。正是这一尖锐的矛盾，造成了土地典卖中广泛存在找价行为。就卖主而言，因地价上涨而以“地价不敷”为理由提出找价要求，具有合理性，而以“欠租”“欠税”或原卖主要求找价等理由提出找价要求，又具有要挟性。就买主而言，他们生怕失去既得的土地，只得通过找价，即支付比第一次购买时较少的货币，稳定或延长契约上所规定的典卖期限。因此，找价行为成了缓和上述矛盾所经常使用的手段。当然也存在由此引起的诉讼案件。

明清时期福建商品经济虽有长足发展，但发展程度毕竟不充分，尤其是农村。商品经济发展不充分，市场上土地交易的价格，必然带有很大的临时性和随意性。为了验证这一点，我们从福建师范大学历史系收藏的近 2000 份土地典卖文书中，抽出福州地区写明地租额、回赎年限和典卖价的 51 份契约，进行计算，以求出每两银每年可以购到的地租额。计算公式是：租额×年限÷地价=每两银每年购买租额。比如，某块田年获租 500 斤，典价银 50 两，约定 5 年回赎，那么每两银每年可购租额是 50 斤。51 份契约计算结果显示，康熙时每两银年均可购买到地租 333.7 斤，雍正时年均仅可购 196.5 斤，乾隆时年均可购 82.9 斤，嘉庆时年均可购 44.8 斤，道光时年均可购 48.6 斤，

① 李文治：《论清代鸦片战争前地价和购买年》，《中国社会经济史研究》1989 年第 2 期。

咸丰时年均可购24.3斤。每两银年均可购地租额下降，正是社会上地价上涨的反映。请看康熙至咸丰年间福州地区每两银年购租额统计情况（见表4）。

表4　康熙至咸丰年间福州地区每两银年购租额统计情况

单位：斤

康熙		
契约编号	年份	每两银年购租
0472	五十	314
1852	五十三	333
1898	五十九	314
平均		333.7
雍正		
契约编号	年份	每两银年购租
0623	元	133.3
0621	二	471.1
1468	四	264
1469	五	100
1470	五	146.7
0619	五	160
1472	六	150
1920	七	150
1476	十二	240
1846	十三	150
平均		196.5
乾隆		
契约编号	年份	每两银年购租
1478	元	222
1479	四	100
1885	四	100
1850	九	135
0639	十四	99
1716	十九	100
1932	二十六	77
1851	三十	82
0650	三十五	83
0659	三十五	100
0663	四十七	35
0670	五十一	22
平均		82.9
嘉庆		
契约编号	年份	每两银年购租
2085	三	21.6
0688	四	36
1864	五	173
2068	九	38
0588	十二	45
2066	十四	120
1206	十八	85
2061	十八	13.1
2280	十八	19.2
1772	18	11.3
2059	十九	15.6
2057	十九	13.8
1774	十九	15.5
平均		44.8
道光		
契约编号	年份	每两银年购租
1298	六	74
1896	八	42
1677	十	44
1871	十三	44
1872	十三	44
1128	十四	48
1873	三十八	44
平均		48.6
咸丰		
契约编号	年份	每两银年购租
0589	五	48
0660	七	10.8
0302	九	15.7
1835	十	47.8
0671	十一	10.3
1818	十一	13
平均		24.3

表4说明，同一地区同一时期，各买主每两银年购租又很不一致。如雍正前五年，每两银多者可以购得年均载租471.4斤的田地，少者仅购得年均载租100斤的田地。再如乾隆十四年，有人可以一两银购得年均载租99斤的田地；乾隆十五年，有人一两银仅购到年均载租22斤的田地，相去竟是3.5倍。田价悬殊，说明某些买主，是趁卖主危难急需货币之际，压价购进田地。这正是封建社会中商品经济未得到充分发展时土地买卖的特征。

春秋战国以来，土地作为商品进入市场交易的情况一直存在。缙绅地主倚仗权势，"强贱买民田"的现象，也屡屡发生。换言之，在土地买卖中，缙绅地主借超经济手段半买半劫夺土地的现象，在封建社会中是普遍现象。然而，明代以前，卖地者，尤其是贫困的小额土地出卖者，对被压价贱卖的土地，提出找价要求，是难以发生的。过去难以发生的现象，如今却普遍存在。特别是，提出找价要求的，绝大多数是无财无势的平民百姓，也包括一些破落户。这是因为，福建师范大学历史系所藏土地契约文书资料表明，明清时期福建土地典卖，基本上是小面积土地，典卖者所卖的都是只有几石甚至几斗地租的耕地。买者情况不一，不乏有权有财之家。这些无财无势的平民百姓敢于向有权有势之家找价，这不能不说是历史新现象。找价，是要求按经济原则交易土地，是对压价的反抗。压价盛行与找价盛行，反映了买卖双方历史地位的消长。明清时期找价行为的广泛存在，反映了土地交易中超经济手段的减弱、封建特权的削弱。

顾炎武《天下郡国利病书》卷九十四《福建》中有一段耐人寻味的记载：

> 又卖田者昔贱而今贵，则索买者之增价，或一索，或再索，其名曰洗业。索而不遂，则告典借，告车估，缠讼不已。或势族豪门，欲夺人之产，则使实者告赎，而彼从中主之，不论年月久远。不顾事理可否。盖漳（州）俗缙绅日胜，则田价日高。田价日高，则趋利者日众，则官民日益多事矣。

这里，势族豪门欲夺人之产，不是以赤裸裸的政治暴力，而是躲在幕后，指使卖地人告找告赎。缙绅豪门从在台前仗势半买半夺他人地产，转为躲在幕后玩弄地价以诡计谋取土地，这说明不仅庶族地主权力削弱，缙绅地主权力也在削弱。

本文原载于《史学月刊》1992年第3期

略论明清时期福建生产技术在琉球的传播

赖正维

福建与琉球由于特殊的地缘关系，在明清时期曾有过一段不同寻常的交往。明初，凡外商入贡者皆设市舶司以领之，“在福建者专为琉球而设”。[①] 清袭明制，福建仍是中琉交往的唯一口岸。在明清中琉友好交往的五百余年间，福建文化通过各种途径输入琉球，对琉球的宗教思想、文学艺术、生产科技、教育医学、园林建筑、饮食文化、生活习俗等方面产生了深刻的影响。本文拟对明清时期福建生产技术在琉球的传播做一粗浅的考察。

一

朱元璋创立明朝后，即遣使诏谕四海，琉球国亦在其中。1372 年，中琉建立了正式的邦交后，中琉两国的交往日益升温。双方互派使团来往，琉球的留学生、贸易商人纷至沓来。福建是一个重要的舞台，中琉关系就在这个舞台上演绎着，福建的移民移居琉球，福建人与琉球人密切交往，在不知不觉中，福建的科技文化全面输入琉球，究其传播途径，不外以下几种。

① 胡宗宪：《筹海图编》卷一二《经略二 · 开互市》，载《中国兵书集成》第 15~16 册，解放军出版社、辽沈书社，1990，第 1186 页。

1. 移居琉球的闽人三十六姓及其后裔的传播

明洪武二十五年（1392），朱元璋鉴于琉球国航海造船业十分落后，难以与明朝保持密切的朝贡贸易关系，故赐琉球国“闽人三十六姓善操舟者，令往来朝贡”。[①] 赐闽人三十六姓移居海外，不仅是自明以前历史上绝无仅有的一次由政府派遣的大规模中国移民移居海外的活动，而且也是明朝统治者对其他国家不曾有过的特殊政策。闽人三十六姓一到琉球，琉球国王“即令三十六姓择土以居之，号其地曰唐营（俗称久米村），亦称营中”[②]，也称“唐荣”。闽人三十六姓在琉球具有重要的社会地位，他们“知书者授大夫、长史，以为朝贡之司；习海者授通事，以为指南之备”[③]，其“子孙世袭通使之职，习中国之语言、文字”[④]，闽人三十六姓居住地久米村成为中国文化在琉球传播的重要地点，闽人三十六姓及其后裔也成为福建生产技术在琉球传播的一支重要力量。例如，由于福建沿海“素通番舶”，其人“多谙水道，操舟善斗，皆漳泉福宁人。漳之诏安有梅岭、龙溪、海沧、月港，泉之晋江有安海，福宁有桐山，……船主、喇哈、火头、舵公皆出焉”。[⑤] 这些习操舟、善航海之民抵达琉球后，大大推动了琉球造船、航海业的发展。

2. 册封琉球使团的传播

每位琉球“国王嗣立，皆请命册封”[⑥]，因此明清两代共遣使册封琉球国王 23 次，共派出册封使 43 名。册封使除率领官方规定的职司员役外，还可以随带部分由自己选择的从客，包括文人、高僧、道士、医生、天文生、书画家、琴师等专家及能工巧匠。例如，康熙五十八年（1719）海宝、徐葆光册封琉球时，其随行人员有“书办二名、巡捕二名、长班四名、门子二名、皂隶八名、徒步四名、轿伞夫二十名、引礼通事二员、内科医生一人、外科医生一人、道士三名、老排一名、吹鼓手八名、厨子四

---

① 龙文彬：《明会要》卷七七《外蕃一·琉球》，中华书局，1956，第 1503 页。

② 《久米村系家谱》上册，载〔日〕《那霸市史·家谱资料》第二集，那霸史企画部市史编集室，1980，第 795 页。

③ 黄景福：《中山见闻辨异》，载《小方壶斋舆地丛钞》第十帙，第 208～209 页。

④ 张学礼：《中山纪略》，载《台湾文献丛刊》第 292 种，台湾银行，1971，第 11 页。

⑤ 茅元仪：《武备志》卷二一四《海防六》，明天启元年刻清修本。

⑥ 高岐：《福建市舶提举司志·考异》，民国二十八年铅印本，第 36 页。

名、舰匠二名、艇匠四名、风帆匠二名、索匠二名、铁匠二名、裁缝匠二名、糊纸匠二名、裱匠一名、糕饼匠一名、待诏一名”[①]，可谓人才济济。由于这些随行人员多在福建招募，因而册封使团亦成为福建生产技术向琉球传播的重要载体。再加上，使团返国须“候北风而后可归”[②]，因而有足够的时间在琉球与当地人民交流，向琉球传播福建生产技术。

3. 琉球遣华使团的传播

琉球遣使中国，名义种种，如进贡、接贡、庆贺进香、谢袭封恩、报丧、请封、接封及接送海上漂风难民等。仅以康熙朝为例，据琉球《历代宝案》《中山世谱》等资料统计，康熙朝琉球共派遣华使团 48 次。其中，派专船进贡 27 次、接贡 17 次、庆贺进香 1 次、谢袭封恩 3 次。此外，还遣使随进贡船或接贡船报丧 3 次、请封 2 次、接封 2 次。琉球使团通常由 100~200 人组成，抵达福州后，均被安排在柔远驿，除正副使臣一行 20 人左右北上进京外，使团其余成员则留在福建从事贸易活动及学习各种技艺，使得福建先进的生产技术和工艺技术得以在琉球广为传播。如咸丰五年（1855）九月十九日，福州将军有凤奏称琉球两只贡船回国循例免税，并附上其置买内地货物清单（见表 1）。

表 1　琉球两只贡船置买内地货物清单

品名	数量	品名	数量	品名	数量
上绉纱	228 匹	中花绸	312 匹	毡条	1200 斤
细茶叶	15240 斤	粗瓷器	32331 斤	泽参	500 斤
毛边纸	164000 张	甲纸	17707 斤	油伞	10000 把
油纸扇	12000 把	线香	5000 斤	大油纸	2000 张
土漆茶盘	6025 个	白糖	33450 斤	故绸衣	40 件
故布衣	40 件	粗夏布	2000 匹	银硃	5000 斤
水银	10000 斤	硼砂	4000 斤	粗药材	546466 斤

① 徐葆光：《中山传信录》卷一，载《台湾文献丛刊》第 306 种，台湾银行，1972，第 7 页。

② 陈侃：《使琉球录》，载《台湾文献丛刊》第 287 种，台湾银行，1970，第 17 页。

续表

品名	数量	品名	数量	品名	数量
中西洋布	600 匹	胭脂	40000 张	棉花线	18800 斤
篦箕	6000 把	上象牙	600 斤		

资料来源：第一历史档案馆编《清代中琉关系档案选编》，中华书局，1993，第 976~977 页。

从上述琉球贡使带回琉球物品的种类看，内容涉及纺织品、手工业品、食品、原料、药材、文化用品、生活用品等，五花八门，包罗万象。这些物品大多在福建置办，毋庸置疑，由于这些物品的引入，琉球受到来自福建文化各方面的影响，其中不乏生产技术方面。如上绉纱、中花绸、故绸衣、故布衣、粗夏布、中西洋布、棉花线等的传入，必然对琉球纺织业及服装业产生影响。

此外，留居福建省的琉球使团成员亦虚心学习各种先进的生产技术和工艺技术，并把它们带回琉球。例如，乾隆九年（1744）五月，琉球使臣温思义在福州看见“救火水龙一架”，认为琉球国“茅屋居多，常被火患，因见天朝救火龙易于救灭，故向铜匠定造，意欲带回本国预备救火”①，清廷特予恩准。又如，琉球的凉伞及五方旗亦是由福州传入的。康熙五年（1666），琉球使臣毛荣清入京返闽后，“见诸侯之龙纹凉伞，潸然问其凉伞之缘由，即与郑思善共商议而令良匠夫作凉伞及五方之旗，乃发公银四十两买得”，带回琉球后即呈国王。从此，琉球国“每逢大朝之期”，必“以为排饰”。②

4. 来闽琉球留学生的传播

除入国子监的琉球“官生”外，也有来闽的琉球留学生，被称为“勤学”。③ 他们通常在福州琉球馆延师受业，读书习礼，或学习各种专业生产技术，他们的学习时间及方法比较灵活。许多人日后成为制糖、制陶、制漆器、种蔗等方面的专家，成为传播先进的福建生产技能的友好使者，为琉球社会的进步和发展做出了重大贡献。明清时期琉球人来闽学习各行各

① 第一历史档案馆编《清代中琉关系档案选编》，第 11 页。

② 〔日〕球阳研究会编《球阳》卷一〇，东京角川书店，1982，第 223 页。

③ 〔日〕真境名安兴：《冲绳一千年史》，冲绳琉球新报社，1974，第 383 页。

业技术情况如表2所示。

表2　明清时期琉球人来闽学习各行各业技术情况

来闽时间	学习者	所学技能
1465年	金锵	历法
1490年	松氏比屋	烟花药法
1524年	毛文英	制轿、制石龙头
1549年	金升	历法
1605年	野国	番薯栽培
1606年	金应斗	历法
1623年	仪间村人	甘蔗制糖
1659年	国吉尝	织锻
1663年	陆得先	熬白糖、冰糖、制漆器
1667年	毛荣清、郑思善	凉伞及五方之旗
1667年	杨春枝	历法
1670年	宿蓝田	制瓷
1672年	蓄懿德	铸钱
1678年	蔡肇功	历法
1695年	翁自道	番薯品种栽培
1704年	吴师虔	印泥
1708年	蔡温	天文地理
1709年	大岭	造墨
1725年	吴师虔	绘画、制朱印色泥
1727年	劳维达	制朱墨（银朱）
1730年	泊邑屋比久	冶铜
1734年	向秀实	制茶
1736年	向得礼	织绸缎纱绫（机织法）
1755年	红秉毅	历法（日新法）
1817年	陈有宪	贮米法
1832年	林世爵	天文

资料来源：《球阳》《那霸市史·家谱资料》。

表2资料统计可以证实，明清时期琉球人在福建学习的专业技能主要有天文地理、制茶、制瓷、制糖、漆器制作、烟花制作、纺织、冶金、农作物栽培、制墨、制泥等，这些人将先进的福建生产技术传入琉球。

二

明清时期，福建传入琉球的生产技术大致有以下几个方面。

1. 造船航海技术

造船航海是明清福建输往琉球最重要的技术，也是琉球社会发展及对外交流的支柱。明代，琉球是一个贫穷落后的岛国，海道险阻，“浪大如山，波迅如矢，风涛汹涌，极目连天”①，而其造船航海业十分落后，“缚竹为筏，不驾舟楫”。② 落后的造船航海业严重阻碍了琉球与外界的往来。为与琉球保持密切的朝贡贸易关系，明太祖不仅赐琉球国闽人三十六姓善操舟者，令往来朝贡，并且慷慨赐海舟给琉球国。据统计，到明永乐年间赐给琉球国的海船就达30只之多③，其中有部分海船来自福建。如正统四年（1439），琉球国中山王尚巴志奏：“近使者巴鲁等贡方物赴京，舟为海风所坏，缘小邦物料工力俱少，不能成舟，乞赐一海舟付巴鲁等领回，以供往来朝贡……，上命福建三司于见存海舟内择一以赐，如无则以其所坏者修葺与之。”④ 景泰二年（1451），“礼部奏，琉球使臣王察都朝贡至京，诉称回程缺船，欲自备物料于福建造船……”⑤ 成化二十年（1484），“琉球国中山王尚真奏，永乐年间所赐船破坏已尽，仅止存其三，乞自备物料于福建补造，下礼部复奏，宜听补造其一，从之”。⑥ 嘉靖三十四年（1555）琉球国“尚清王复移文礼部言，贡舟至港，其势灭坏，请令入贡

① 徐孚远等：《明经世文编》卷四六〇《李文节公文集·乞罢使琉球疏》，中华书局，1962，第5040页。

② 《使琉球录三种》，载《台湾文献丛刊》第287种，台湾银行，1970，第112页。

③ 〔日〕安里延：《日本南方发展史》（日文版），东京三省堂，1941，第65页。

④ 《明英宗实录》卷五六“正统四年七月甲戌”，台湾“中央研究院”历史语言研究所，1962年校印本。

⑤ 《明英宗实录》卷二〇〇“景泰二年正月己卯”。

⑥ 《明英宗实录》卷三五〇“成化二十年三月戊申”。

使臣买海上民舡贺还。诏福建守臣复状，买不得过大”。[①] 总之，琉球逐渐由向中国乞赐海船发展到在福建买船、造船，福建的造船工艺，就这样通过来华琉球使臣等传到琉球。册封使徐葆光在《中山传信录》中记述了福建造船业对琉球的影响，其曰：琉球“贡舶式略如福州乌船，船掖施橹，左右各二。船长八丈余，宽二丈五、六尺。前明洪、永中，皆赐海舟；后使臣请自备工料，于福州改造。今本国舟工，亦能自造如式”。[②]

册封使的往来亦推动了琉球造船航海业的发展。康熙五十八年海宝、徐葆光出使琉球时，“上特遣内廷八品官平安、监生丰盛额同往测量”。[③] 派遣测量官与册封使同往琉球，是明清中琉关系史中少有的一次。康熙此举乃是为了补上《皇舆全览图》中琉球之缺。为完成此重任，册封使团“计在中山凡八阅月，封宴之暇，先致语国王，求示《中山世鉴》及山川图籍；又时与其大夫之通文学、译词者遍游山海间，远近形势，皆在目中”。[④] 中国测量官在与琉球人员进行地形测量的同时，实际也在向琉球传授先进的测量技术，并且纠正了以往有关琉球地理位置的舛误。“凡航行六十里为一更，自福州至琉球姑米山四十更，计二千四百里；自琉球姑米山回福州五十更，计三千里；乃绕南北行，里数故少为纡远耳。向来记载，动称数万里，皆属悬揣……与图幅员，了如指掌。”[⑤] 这些珍贵的地理数字的获取，对琉球航海业发展无疑意义重大。

随着福建造船工艺及航海技术的流入，琉球国的造船航海业有了一定程度的发展。《球阳》记载：“自素进贡船无有外包之板，或为波涛被破或为虫蛀被烂，是年（指尚贞三十八年，即 1706 年）其大匠长呈请外加木板而偏包之以致巩固而迎风冲浪无有一虞。”[⑥] 乾隆十四年（1749）二月二十四日，闽浙总督喀尔吉善等，奏称“琉球国前届贡使毛允仁、梁珍等于上年闰七月内事竣驾船回国，在洋遇飓，伐桅舍椇，飘流至闽”，由于琉球使臣宣称“国王遣来进贡之船未经打破，不敢不修好驾船回”，并且其

① 《明英宗实录》卷四二七“嘉靖三十四年十二月庚申”。

② 徐葆光：《中山传信录》，载《台湾文献丛刊》第 306 种，台湾银行，1972，第 339 页。

③ 徐葆光：《中山传信录》，载《台湾文献丛刊》第 306 种，第 127 页。

④ 徐葆光：《中山传信录》，载《台湾文献丛刊》第 306 种，第 3~4 页。

⑤ 徐葆光：《中山传信录》，载《台湾文献丛刊》第 306 种，第 127 页。

⑥ 〔日〕球阳研究会编《球阳》卷九，第 256 页。

“船修理做法与内地船只不同，现在随行通事水梢内有谙练修做之人，情愿购备物料自行修理，方便出洋驾驶，恳乞准其与修”。由于当时“据通事等查禀估计修船约需工料银一千余两”，喀尔吉善因此“仰请皇上特颁谕旨，于司库存公银内酌量赏给俾夷使等早得修竣驾驶回国”。[①] 此外，《球阳》上还记载，尚穆二十六年（1777）二月二十一日琉球国王“赏赐白棉布二端”以“褒奖宫古岛下地仁屋精习造船之法以教于岛人”。[②] 这说明此时琉球已具备了修船和造船能力。

2. 农业生产技术

在农业方面，琉球主要从福建引进了粮食和蔬菜品种、栽培技术、先进的农业生产工具以及与农业生产关系极大的天文历法。明清时期，受琉球王府委派前往福建学习各种技术的留学生不少。明万历三十四年（1606）六月抵达琉球的册封使夏子阳经过实地考察，认为琉球“波菱、山药、冬瓜、薯、瓠之属，皆闽中种”。[③] 以番薯栽培为例，据《球阳》记载，尚宁王“十七年（1605）总官野国自中华带来番薯以播于国”[④]，1695年琉球又遣翁自道赴福建学习不同品种番薯的栽培方法。此后，番薯的栽培风行琉球，番薯成为琉球国的重要食粮之一。

由于天文历法与农业生产关系重大，因此也引起琉球国的高度重视，琉球王府多次派人赴闽学习。据记载，尚德王年间，琉球“庆贺使臣（金锉）在闽始学造历”，琉球国造历“自此而始”。[⑤] 尚质王二十年（1667），琉球国王担心“使臣在闽始学造历而年久远有舛误，由是又令杨春枝入闽复学”。[⑥] 杨春枝“赴闽再学历法四载而归，题请刻板历书未及成功不幸而死，其弟杨春荣，从兄学历未成亦从金守约而学历法”，被国王任命为司历官，“是年刻板已成，遂为印造通行于国中”。[⑦] 此外，康熙戊午（1678）蔡肇功奉琉球国王之命，“为学历法随正使耳目官向嗣孝到福州追

① 第一历史档案馆编《清代中琉关系档案选编》，第24~25页。
② 〔日〕球阳研究会编《球阳》卷一六，第361页。
③ 夏子阳：《使琉球录》，载《使琉球录三种》，第17页。
④ 〔日〕球阳研究会编《球阳》卷四，第206页。
⑤ 〔日〕球阳研究会编《球阳》卷二，第117页。
⑥ 〔日〕球阳研究会编《球阳》卷六，第226页。
⑦ 〔日〕球阳研究会编《球阳》卷六，第231页。

随薛一白尽学其法，至于壬戌年回国。蔡肇功为司历官重修刻板，遂为印造大清时宪历颁行国中”。① 尚穆王四年（1755），红秉毅赴闽“始学时宪书撰日之试”。②

不过，在天文地理方面贡献最大的琉球留学生首推蔡温。蔡温（1682~1761），字文若，久米村人，琉球杰出的政治家和科学家。康熙三十二年（1693）为“若秀才”，康熙四十一年（1702）升至“黄冠”，康熙四十六年任“讲解师”，康熙四十七年（1708）担任进贡存留通事。在闽琉球馆任职期间，他拜长乐人刘日霁先生（字希开，号瑞徵）为师，“精学地理，悉受其秘书及大罗经一面”。归国后，蔡温于康熙五十一年（1712）任琉球历史上第一位国师。雍正六年（1728），蔡温任法司官兼任国师职。雍正十三年（1735），洪水泛滥，蔡温奉命至羽地决川以定百姓，他率人朝出夕归，依法决川，兼修民田，百姓大安。为此，琉球国王亲至浦添驿迎接其归来，并赐御笔奖状一张、金织锦带一条。此外，蔡温还“奉命始教农田经界之法”等，“令匠人始造测影定漏器物”进行测量，从而为琉球农业生产及地理事业做出了重大贡献。③

除上述派往福建学习农业技术的人员，从史料记载看，册封琉球使臣对农业生产技术及果树的栽培技术在琉球的传播发挥了重要作用。张学礼曾记载，“封舟过海，恐飘流别岛，不能复回，随带耕种之具”④，自然这些随带的农具也随册封使传入琉球。嘉庆年间，李鼎元册封琉球国王时，从福州携带荔枝二株，“栽于使庭院后，南北分列，种名陈家紫”，并“序其由来，刻碑立之于北楼（天使馆）之侧”。⑤ 从此，荔枝这一鲜美水果也在琉球流行开来。

3. 手工业技术

手工业技术方面，包括手工工艺，琉球受福建影响也非常大。琉球在闽留学生学习内容广泛，对琉球的各个行业起了开拓作用。尚真王十四年

① 〔日〕球阳研究会编《球阳》卷七，第238页。

② 〔日〕球阳研究会编《球阳》卷一五，第335页。

③ 《久米村系家谱》上册，第365~377页。

④ 张学礼：《使琉球记》，载《台湾文献丛刊》第292种，第9页。

⑤ 李鼎元：《使琉球记》，载《台湾文献丛刊》第292种，第164页。

(1490)，松氏比屋势头跟随贡使入闽赴京时学烟花药法而归来，琉球“烟花戏自此而始”。[1] 尚真王四十七年（1523），王舅毛文英入闽赴京庆贺世宗登极，“偶见凤凰轿，其法制异常、丽美甚极，既而回至闽省，即发公银密令匠夫造其轿，且得石龙头欣然而归来”，“王大喜以坐其轿，且将其龙头安置瑞泉，遂蒙褒嘉。中山有凤凰轿（俗称塔御轿）与龙头者，自此而始焉”。[2] 尚质王十二年“国吉曾随贡使入闽，始学织缎匹之法而回来，始善浮织缎，王深褒美之后任伊平屋比嘉地头，织本国浮织自此而始焉”。[3] 1670年，“宿蓝田曾随贡使入闽赴京而传授烧制瓷器及烧料（俗叫烧玉）之法而归来，以烧五色珠玉以备国用”[4]，琉球人掌握了烧瓷之法。尚贞王三年（1672），“蓄懿德入闽学铸钱之法”，归国后，“至丙申年为铸钱主取铸出鸠目钱十一万贯”。[5] 不仅如此，琉球的制茶技术亦源自福建。据史料记载，琉球“素有茶树，制法未精，只有出粗茶”，首里向秀实于雍正甲寅年跟随贡使入福建，被“传授制造茶叶”后，“自带制茶器物而归至本国试制茶叶，则清明武夷松罗等馥气扑鼻、味亦甘美，与中华茶不稍相异焉”，于是，“恭具呈文题请栽植树于棚原地以供用”，国王应允后，“兹辟于棚原山地内（共计二万八百五十余步）遍植茶种和杉樫等，当茶树芽萌时制成和汉茶叶以供国用。”[6] 尚质王十六年（1663），陆得先奉命“随庆贺使赴闽，即到南鼓山地寻觅良师，悉承其数而传授熬白糖冰糖和朱涂黑赤梨地乃制造金银箔等之法而归国，就将其漆器和金银箔之法教授于贝摺势头且白糖之法教授于浦添郡民焉”。[7]

先进的福建生产技术的传播使琉球社会发生了巨大的变化。

---

① 〔日〕球阳研究会编《球阳》卷三，第187页。
② 〔日〕球阳研究会编《球阳》卷三，第196页。
③ 〔日〕球阳研究会编《球阳》卷六，第227页。
④ 〔日〕球阳研究会编《球阳》卷七，第231页。
⑤ 〔日〕球阳研究会编《球阳》卷九，第257页。
⑥ 〔日〕球阳研究会编《球阳》卷一三，第307页。
⑦ 〔日〕球阳研究会编《球阳》卷六，第221~222页。

第一，它极大地促进了琉球社会经济的发展及社会文明程度的提高。琉球原为自然资源十分贫乏的国家，“林木朴木不茂密，厥田沙砾不肥饶，是以五谷虽生，而不见其繁硕也”①，且“地无货殖，故商贾不通”。② 自明清福建生产技术传入琉球后，从根本上改变了琉球落后的社会面貌。琉球人引进了粮食和蔬菜品种，掌握了栽培技术、先进的农业生产工具以及与农业生产关系极大的天文历法。此外，琉球人学习和掌握了各行各业诸多的手工生产技术，其中包括精湛的手工工艺。不仅如此，琉球人还在对福建部分生产技术及手工工艺模仿学习的基础上创新，如福建漆器制作负有盛名，1663 年陆得先在福州学习漆器制作，回国后广为传播，加上琉球具有上等的漆器制作原料——生漆，因此在模仿基础上创新的琉球漆器反为清代中国君臣所青睐，乾隆皇帝就特命福州将军觉罗永德，购买琉球的雕漆围屏，供其观赏和使用。③ 据史料记载，康熙四十三年（1704），琉球国派遣吴师虔来闽拜孙亿为师学画，回国后，1726 年，吴师虔“自制朱印色，以备圣览，由是国中印色皆用其印色，竟不以寄买于闽而用焉”。④ 尚穆王十五年（1766），“首里大中村无谱知念筑登之亲云上始造出唐纸、印金子、缎子纸以备国用之未备，因此停止寄买于他国焉”。⑤

第二，福建先进生产技术的流入，极大促进了琉球对外贸易的发展，大大提高了琉球在世界贸易中的国际地位。早先琉球在造船航海业方面十分落后，与外界往来的不便导致在暹罗、苏门（答腊）、满剌加、高丽、爪哇、日本、交趾、占城等十多国中，数琉球最贫穷。但自明太祖慷慨赐海舟及闽人三十六姓给琉球后，琉球造船航海业发展迅速，因而极大促进了对外交往的开展，除了几乎年年有贡船等来往于中琉之间，明清琉球与东南亚诸国贸易往来亦十分频繁，根据《历代宝案》与《明实录》上所记载的资料，洪熙至嘉靖年间（1425～1566）琉球国进行中介贸易的航海活动大致如表 3 所示。

---

① 陈侃：《使琉球录》，载《台湾文献丛刊》第 287 种，台湾银行，1970，第 17 页。

② 严从简：《殊域周咨录》卷四《琉球国》，故宫博物院图书馆，民国三十年铅印本。

③ 林金水等：《福建对外文化交流史》，福建教育出版社，1997，第 194 页。

④ 〔日〕球阳研究会编《球阳》卷一一，第 280 页。

⑤ 〔日〕球阳研究会编《球阳》卷一五，第 345 页。

表 3　洪熙至嘉靖年间（1425~1566）琉球国进行中介贸易的航海活动

单位：次

国别	中国	朝鲜	苏门（答腊）	旧港	顺塔	爪哇	满剌加	安南	佛打泥	暹罗
航次	173	3	3	8	2	3	13	1	8	50

资料来源：谢必震：《中国与琉球》，厦门大学出版社，1996，第 224~225 页。

可见，福建造船航海技术传入琉球，彻底改变了琉球的落后面貌，使之成为以“海舶行商为业”[①]、“以舟楫为万国之津梁”[②] 的贸易中转国。

第三，福建生产技术在琉球的传播也极大加深了琉球人民与福建人民的友好情谊。以在福建学习各种技艺的琉球人员为例，其主要学习方式是拜师学艺，明清社会专业技术的传授十分保守，多为世袭，不传外人。福建师傅们却能打破门规局限，把精湛的技艺完整传授给琉球学生，确实难能可贵。明清时期琉球社会的繁荣与进步，确确实实要感谢这些福建的师傅们，是他们加深了中琉两国之间的友好关系，是他们促进了人类社会的进步。

本文原载于《海交史研究》2002 年第 1 期

① 〔朝〕申叔舟：《海东诸国记》，转引自〔日〕安里延《日本南方发展史》（日文版），第 381 页。

② 〔日〕新屋敷幸繁：《新讲冲绳一千史》（日文版），东京雄山阁，1971，第 214 页。

明代福州造船业考略

陈　铿　赵建群

造船业是明代社会经济的重要组成部分。深入探讨明代造船中心的分布及其区域性特点，颇有必要。本文旨在对尚未引起人们注意的明代福州地区的造船业做一考察。

一　明代福州造船业发展的条件

明代的福州府包括九个县，即闽县、侯官、古田、闽清、长乐、连江、罗源、永福、福清。福建最长的河流闽江流经福州入海，并由于潮水顶托作用，在福州基面平原上摆动而形成纵横交错的网状水系。虽然地处万山之中，陆路运输十分不便，但是福州府属港湾众多，其中不乏深水良港，拥有得天独厚的船运条件。因此，造成了福州府“非梯航不通”的特殊地理环境。①

福州府物产富饶，造船所需之铁、松、杉、藤、棕、生漆、桐油、苎麻、蛎灰诸类物料，在福州地区得之甚易。福州的铁“其名有三：曰生铁、曰熟铁、曰钢铁。出闽清、福清、古田三县”。②“闽山多材，桅木处处不乏”；又“如棕、如铁，闽省皆有，精粗美恶不等”。③这些，构成了福州地区造船业发展的坚实的物质基础。

---

① 万历《福州府志》卷二六《食货志一》。

② 黄仲昭：《八闽通志》卷二五《土产》。

③ 夏子阳：《使琉球录》卷上《造舟》。

福州地区的造船业有悠久的历史。三国时，吴国在福州置典船校尉，“领谪徒造船于此”①；宋代仅绍兴十九年（1149）一次，就“括福清县船二千四百三十四只，侯官三十五只”②；元代至元年间，曾在福州弥勒院之北设置一个“造征东海船”的“船场”③。

明代中央政府基本上实行禁海政策，但出于社会经济的恢复与发展，以及统治集团自身的需要，福州地区造船业和船运业仍有一定程度的发展。郑和七下西洋，数经福州府属修、造船只，还在福州马头江凿石立柱，设置航行灯塔，这在客观上促使海禁呈现一种宽弛的状态。尤其福州地区是明代我国建造战舰的一个中心，东南沿海广大地区抗倭防盗之战舰多由福州地区船厂建造，这样，在明代东南海患长期严重的情况下，福州地区造船业就具有了特殊的地位。福州还是明代建造使琉球“册封舟”的唯一处所，琉球国来华使臣也获准在福州修船、造船，这更加刺激了福州地区造船业的发展。因此，从政治上来说，福州造船业也有其独具的条件。

然而，明代福州地区造船业发展内在的动力，还是福州地区商品经济在明代特别是明中后期以降的蓬勃发展。仅就手工纺织品的产销来说，福州绢缎类产品有“七绢、改机丝布、线绢、草缎、帽缎之属，皆出会城”。④ 不过质量稍次于吴纨蜀锦，所以福州府属“民间（大户人家）所须纱帛，皆资吴航所至”。苎布、麻布是福州府手工业的特产，长乐、福清、永福都有出产⑤；吉贝布，长乐、梅花等地也有织者，但因罕种木棉，所以“隆（庆）、万（历）中闽商大至”江浙一带采购棉花，捆载装船而归，供为纺织原料，“楼船千百，皆装布囊累累，盖彼中自能纺织也”。这里的纺织成品则船载至江浙出售，所谓“眼见当初万历间，陈花富户积如山，福州青袜鸟言价，腰下千金过百滩”⑥，正是这种情况的写照。明人王世懋提到的福州地区“航大海而去，尤不可计”的物品，除了绸丝外，还

① 参见黄仲昭《八闽通志》卷一《地理》；何乔远《闽书》卷四〇《扞圉志》。
② 淳熙《三山志》卷一四《版籍类五》。
③ 黄仲昭：《八闽通志》卷八〇《古迹》。
④ 王应山：《闽大记》卷一一《食货考》。
⑤ 黄仲昭：《八闽通志》卷二五《土产》。
⑥ 以上引自谢国桢《明代社会经济史料选编》（中），福建人民出版社，1980，第110页；（下）第173、174页。

有铁、荔枝、纸张等，“皆衣被天下”，而“仰给他者”有湖丝等，“闽人货湖丝者，往往染翠红而归织之”。①

闽江中上游及福州府相邻诸地区，也有许多商品待由福州船运输，福州成为大半个福建省区乃至赣南、浙东部分地区货物船运的一个集散中心。此中之利，明代人即曾举例加以比较：“漳泉人运货至省城，海行者每百斤脚价银不过三分，陆行者价增二十倍”。② 例如纸的运输：顺昌的纸明代时由闽江载运“行天下”，“莆人用纸，皆自顺昌等县兴贩而至”，其地原产厚藤纸，在优质顺昌纸大量载至的竞争下，弘治时即“皆辍业”。③又如米谷之运输：福建“上仰粟于上（四）府，南仰粤，北仰温台，从来如是”，而广东和闽北诸府来的粮食都是“聚于（福州之）洪塘”，于是，“漳、泉、兴化诸府商贩”，“日集洪塘贩米”。④ 可是，“米舟自海外来者，往往有风涛鱼龙之险”，“自建、延（顺江）而下者”，亦难免险滩急流之忧⑤，这就对福州造船业所造船舶的种类、数量和质量，都提出了较高的要求。

以上诸方面，构成了明代福州地区造船业发展的外界条件和内在动力。

二　明代福州造船业的规模与经营方式

明代的福州造船业，有官营、民营、官召商营三种形式。厂家分布在南台、河口、洪塘以及连江、长乐、福清等地，官营造船业工厂规模最大，其主体部分是明政府的战船建造业。战船工厂设在福州府城东南河口。明初，福州三卫各置一船厂，左卫船厂在庙前，中卫船厂在象桥，右卫船厂在河口。景泰年间，镇监戴细保建议合并三个船厂于河口，每年明政府委派专职指挥一员，提督修造战船。⑥ 至隆庆元年，战船工厂改设于

① 王世懋：《闽部疏》。
② 茅元仪：《武备志》卷二一四至二一七《占度载》。
③ 弘治《兴化府志》卷一二《货殖志》。
④ 参见董应举《崇相集》、《条议·米禁》和《与毕见素议改折官籴》。
⑤ 郭起元：《闽省务本节用疏》。
⑥ 正德《福州府志》卷一八《官政志·武备》。

桔园洲，工厂规模很大，除福州府属的小埕澳水寨等“郡寨，游外”，“更烽火、南日、浯屿、铜山四寨，不隶福州卫亦造舟于此”①，所以又叫作“五水寨造船厂”。其中，烽火门水寨属福宁州，南日水寨属兴化府，浯屿水寨属泉州府，铜山水寨属漳州府，这三府一州加上福州府，即包括了福建省全部沿海地区。这说明明代至少福建全省的战船都是在福州河口船厂建造的。由于需求量大，福州战船工厂常年开工建造。据使琉球册封使在福州所闻，“闽中比年求巨木造战舟”。② 永乐元年，成祖朱棣曾一次命令“福建都司造海船百三十七艘”，第二年，因“将遣使西洋诸国”，又“命福建造海船五艘”。③ 此外还有临时性的任务，如郑和通西洋时在长乐太平港“造巨舶”等。因此，福州所造战船数量众多。依据万历《福州府志》的记载估算，福州地区水寨拥有定额官、快、哨船等类战船，在数百艘以上④，全省战船之数当在数千艘以上。而且福州战船建造业还要随时为各卫、所、水寨、游击添造战船。“万历十九年，倭警颇急，福抚赵参鲁于五寨兵共添福、鸟船四十只。”⑤ 清初册封使张学礼于顺治十二年在福州造船毕启程时，经过闽安镇，“镇将李遣游击郑洪以鸟船百余，兵三千护送出海”。⑥ 一个闽安镇能一下子派出百余艘鸟船护送，可见福州地区拥有战船之多，由此也反映了明代以来福州地区战船建造业的巨大成就。

明代福州官营造船业还有一个重要的组成部分，即“造使琉球册封舟”的工厂。终明一代，每逢琉球国新王继位，都要求明朝政府遣使册封，予以正式承认。册封使有正、副使，率领五六百人的庞大使团，所乘之船称“册封舟”。按规定册封舟只能在福州建造。福州册封舟造船厂厂址在南台江边，旧为林尚书基业，中有天妃舍人庙，额十亩之广，官府以雪峰寺田十亩五分易之为造舟之所。船厂“中深而下，为坞以顿舟”。“坞即造船之所”⑦，属于坞式，为帮助建造大型船舶解决下水问题之重要设

① 万历《福州府志》卷二一、二二《兵戎志》。

② 萧崇业：《使琉球录》卷上《使事记》。

③ 《明太宗实录》卷二〇。

④ 万历《福州府志》卷二一、二二《兵戎志》。

⑤ 陈衎：《闽侯县志》卷五二《海防·船政》。

⑥ 张学礼：《使琉球记》。

⑦ 陈侃：《使琉球录·使事纪略》。

备。"庙之左爽垲，为厂以为科司院道（监造）驻临地。而（船）坞之两旁，则以堆置木料诸物与工匠人等居之。左有小沟为界，旧时铁锚尚没其处，右则抵路为界，前则临江，而后有墙脚，界限甚明。"[①] 一个以船坞为中心，旁有仓库、工房、官衙等设置的官办造船厂的基本轮廓，相当分明。

而若论分布之广、厂家之多、与民生关系之密切，则推民营造船业。由于民营造船业多为违禁，难以见于经传，我们只能依稀寻出它的分布痕迹。现已确知的福州府属县沿海"奸民"自行设厂造船的地点，有福清海口，长乐松下、广石（文石），闽县琅琦，省城洪塘、南台等。由于造船之利甚厚，除可用于贸易和运粮外，还可高价出售，"有造一船送贼，得银三、四百两者；制一篷与贼，得银三十两者"[②]，而民间造一船实际仅需八九十两银子[③]，所以，"人冒死以往，不能禁也"。而其中又"莫如海口至松下之为甚"。[④] 这就极大地刺激了福州沿海民营造船业的发展。以福清来说，就"颇有海舶之利"[⑤]，嘉靖二十六年朱纨"调往浙江者，福清大船也"。[⑥] 福州府属其他地方民间也造船甚多，所以万历《福州府志》载："双桅板艇日多一日，不逞之徒视为奇货。"[⑦] 甚而还有在海外岛屿临时设厂改造的，"倭人至福建，乃福人买舟至海外贴造重底，往而载之"。[⑧] 福州民营造船业的发展，一直持续到明、清鼎革之际。据载，顺治十一年，有"渔船贼酋刘长、卞天、郑举仔等"人，陆续搬运"麻油、钉铁等项"，"竟用逆贼（洪）旭运印记，购买造船巨木，差伊侄林凤廷同腹党王复官、林茂官，公然放木下海，直到琅琦贼所，打造战船，且串通伪差官颜瑞廷、令官匠林九苞等，敢于附省洪塘地方制造双桅违禁海船，令海贼洪二等亲驾出洋。更散顿巨木数千株于矼窟、芹州、南屿、阮洋、董屿诸港，

---

① 夏子阳：《使琉球录》卷上《造舟》。

② 董应举：《崇相集·闽海事宜》。

③ 《明经世文编》卷二〇六《朱中丞甓余集》。

④ 董应举：《崇相集·闽海事宜》。

⑤ 万历《福州府志》卷七《土风》。

⑥ 《明经世文编》卷二〇六《朱中丞甓余集》。

⑦ 万历《福州府志》卷五《山川下·海》。

⑧ 茅元仪：《武备志》卷二一四至二一七《占度载》。

秉机暗输，挺险罔利，已非一日”。[①] 如上所载，在官府严厉封禁下，这样较大规模地在省府眼皮底下为南明郑成功打造战船，没有明代以来福州地区民营造船业的巨大发展，是难以想象的。

除了官营与民营造船业外，福州地区还有一种值得注意的特殊形式，即在封建政权长期严格控制的盐的产销中，福州造船业采取了一种“召商造船”的形式。制度规定：“（福建）南路官盐专备福州所属及省城内外官民食用。”嘉靖二十六年，由于社会上某些生产关系深刻变动的影响，福建盐运使姜恩“议详巡按福建监察御史（金杨），“批允于（福州）南台新港口建立分司，召商造船”。所造船舶规定形制，梁头阔二丈五尺，长七尺，深八尺五寸，装正引盐五十引，余引一百引，每引一千三百斤，也就是每条船载货量为二十万斤左右。到嘉靖三十五年，又有商人陈世贤等佥呈打造牛船二十只，每只装正引十引，余引二十引，耗盐六引，火食盐三引，共三十九引，载盐五万七百斤。嘉靖四十三年，又改载重量为六万六千斤。此外，还有“船户蔡复兴等佥呈打造剥船，代商下场装盐”，有“商施甫、郑文与蔡复兴等合造剥船八只，每帮样船二只”。[②] 这里，在政府专卖的盐的生产运销中，召来这些商人如陈世贤、施甫、郑文等以及船户如蔡复兴等造船，用的是商人私有资本。但所造之船形制要按官府的严格规定，造什么船要有“佥呈”报批手续，造出来后只能用于官办盐业运销。这样的造船业，似乎可以称为“官召商营”的一种造船业。它在明代我国其他地区的造船业中，尚属罕见。

由于福建盐产量很大，而福建都转运盐使司又是驻在福州，所以福州南台江而上“艖舟鳞次”，万历时成为一胜景。[③] 这大量的盐船，当多为本地所造。万历时“东夷警”、福建盐运司屠本畯开引佐军兴，“商以次受引，引输三镪，不旬日而输毕，赢可万金”。[④] 洪武至嘉靖年间，福州商人即在仓前山（今仓山区）“创私（盐）仓百余所”。[⑤] 福州有资金如此雄厚

① 《明清史料》己编第三本。

② 江大鲲：《福建运司志》卷七。

③ 王世懋：《闽部疏》。

④ 郭柏苍：《乌石山志》卷七《屠本畯》。

⑤ 郭柏苍：《竹间十日话》卷六。

的运盐商人力量，“官召商营”之造船业在福州出现，也就并非偶然。

此外，还有琉球国在福州的修船与造船。福州是明代与琉球国交往的唯一口岸，历朝都允许琉球在福州造船。景泰元年，琉球国来使向明王朝申请：“愿以赐币（在福州）造船”，明廷“礼部请移文福建三司，听其造，不得扰民”。成化五年，琉球国又“往闽造船，回国”，明廷“仍谓今后进贡务由福建故道，并饬地方官禁约下人，不得因而侵损，失向化之心”，给予了一定的方便。琉球国还在福州修船：成化九年，琉球船只往满剌加诸国贸易后，又至福州“自备工料，修船回国”。琉球国如此频繁地到福州修船和造船，而且没有任何记载表明其曾在福州自设船厂，无疑是利用了发达的福州造船业，特别是民间的造船业。然而，这种修船、造船还需履行一定的手续，要向明中央政府申报，虽然一般都能获准，但是毕竟延误时日。于是在嘉靖三十六年，“乞每岁自行修、买归舟，不候题请”，明世宗鉴于两国特殊的政治关系，“嘉其忠顺，许之”。[①] 这样，琉球国就得以年年在福州修船、造船，有时一次即造数艘。如正德二年“修、造贡船二只”[②]，嘉靖十九年“补造海舟四号续贡”[③] 等。琉球是个小国，其在福州“每岁”所造的船只，难免会流往南洋诸国，使得南洋一些国家，如暹罗，也曾来福州“修理”船只。[④] 至于琉球国到底是在福州哪个船厂修船、造船，具体情况如何，由于史料缺略，无从细考。这些船厂是在福州，并且利用了福州造船业原有的设备与技术乃至工匠，却是毋庸置疑的。这就使福州造船业在明代中外关系史上占有了一定的地位。

上述诸类造船业，都具有充足的物料供应，如建造万历七年的册封舟时，光铁就用了三十五吨以上，还随船备用六吨多。与《明会典》所载之一千料海船所用物料相比，册封舟所用的桐油是海船的六点一五倍，灰是四倍，麻也是四倍。[⑤] 福建虽盛产石灰等，却用蛎灰作为舱缝的主要原

---

① 周煌：《琉球国志略》卷三《封贡》。

② 徐葆光：《中山传信录》卷三《中山世系》。

③ 茅瑞征：《皇明象胥录》。

④ 周煌：《琉球国志略》卷三《封贡》。

⑤ 以上数字根据萧崇业《使琉球录》卷上《造舟》，《明会典》卷二〇〇《船只》计算而得。

料[①]，这不仅有其技术上的缘由，还表明福州造船业充分利用本地沿海滩涂天然资源，就地取材。

官营造船业物料之取给采取官府派役的形式，因而深受明中后期赋役制度变化的影响。嘉靖、万历以前，“诸具物率治之以官”，由官府向民户征派，有杂派、派办、坐办等。如福州的坐办有各种名目：“在成化间所办不过十三种，弘治间增至二十三，正德间所贡繁多，……有司莫能究。”[②] 然而，万历初萧崇业在福州造册封舟时，已改为造船诸物料都得“平贾”，致有“精黠奸户故求多于有司，诸具物往往以丑恶相欺售”的现象。[③] 虽然，“封船材料倍蓰战船、盐船”[④]，并且要求严苛，但是均得由市场购买。有几种办法：一是就近于市场选买，如“三桅，则从商人选买之河下”；二是以高价购买优质物料，“惟不亏民价，多与之值”[⑤]，如在尤溪市场买铁，“价必多给，方得上好”。[⑥] 另外，在船舶修、造过程中，时有发生物料不继等情况，但福州拥有一个造船物料市场，万历二十九年夏子阳就曾临时在市场，“得市商木五十根应急”。[⑦] 建造成化十五年册封舟时，物料用银三千余两，募役用银亦三千余两。[⑧] 总之，建造册封船的物料基本上是从民间市场上购买而来，并且是以货币关系雇用夫役，正如萧崇业所记载：“凡木之伐自山者、输及水者、截为舟者，丝忽皆公帑云。”[⑨] 不仅册封船的建造如此，战船的建造也是如此，各水寨需造各类战船，均有相应拨款。如嘉靖二十三年，福建沿海水寨议打造战船，铜山、玄钟水寨发银一千二百余两，浯屿九百两，南日八百余两，包括造快船、哨船、官船等，平均每只造价一百七十八十两，当都在福州战船工厂打造。[⑩] 这种计工本而造，物料购自市场的现象，反映了明代官办手工业经营方式的一

---

① 宋应星：《天工开物》卷九《舟车》。

② 顾炎武：《天下郡国利病书》卷九一《福建》。

③ 萧崇业：《使琉球录》卷上《使事记》。

④ 谢杰：《〈琉球录〉撮要补遗》。

⑤ 夏子阳：《使琉球录》卷上《造舟》。

⑥ 谢杰：《〈琉球录〉撮要补遗》。

⑦ 夏子阳：《使琉球录》卷上《使事纪》。

⑧ 高澄：《操舟记》。

⑨ 萧崇业：《使琉球录》卷上《使事记》。

⑩ 《明经世文编》卷二〇六《朱中丞甓余集》。

个重大变化。

至于民间造船业的物料取给，当然更是与市场密不可分。即使在福州造船、修船的琉球等国，也是屡次报请“愿自备工料”，这些工料无疑是在福州造船材料市场上以赐银或卖货所得之银备置。

册封舟之造价，一般每艘在一千八百两至三千两银子之间。而福州民营船厂之造价，大约每造一只如“福清大船”类型的船舶，仅需八九十两银子。[①] 因此，福州民营造船业愈益兴盛，造出许多船舶，不仅用以结成商帮出海行贾，还专造商品船牟利。当时，一只福船卖给日本人可得千金，一只鸟船数百金。[②] 福州人运货至日本，货售毕往往留下船舶“倍售之”。[③] 即使外国人到福州府沿海来买船，一船也可卖三四百两，一张船篷即可得三十两银子。[④] 嘉靖三十四年，琉球国贡使至福州“买海上民船驾还”，明政府令“听买”[⑤]，次年，又“请如三十四年例，听于福建海口自行修、买归舟”[⑥]，于是，从嘉靖三十六年开始，“每岁”“修买归舟”。[⑦] 所以，福州地区“揽造违式海船，私鬻番夷者”越来越多。[⑧] “福人”自已也常“买尖底船至外海贴造”。[⑨] 可见，明代中后期在福州府实际上已经存在船舶市场。不少民营船厂已从着眼于船舶的使用价值（运载货物行贾）转为着眼于船舶的商品价值，获取较高的利润。

明代福州造船的资金来源，官营工厂是由政府拨款，由于物料须得以民价购于市场，至有“兵船修、造，估价太廉”，“近时过于节省”之议。[⑩] 民营的则有集资与独资两种形式：集资（即“醵钱造船”）的，如“船户主”王厚商与林清合伙造的钓槽大船[⑪]，商人施甫、郑文与船户蔡复

---

① 《明经世文编》卷二〇六《朱中丞甓余集》。

② 《明神宗实录》卷四九三。

③ 董应举：《崇相集·严海禁疏》。

④ 董应举：《崇相集·闽海事宜》。

⑤ 徐葆光：《中山传信录》卷三《中山世系》。

⑥ 茅瑞征：《皇明象胥录》。

⑦ 周煌：《琉球国志略》卷三《封贡》。

⑧ 《明世宗实录》卷三八。

⑨ 王圻：《续文献通考》卷三一《市籴考》。

⑩ 茅元仪：《武备志》卷一一六《军资乘》。

⑪ 王在晋：《越镌》卷二一。

兴等合伙造的剥船[①]，等等；独资的，如嘉靖三十五年商人陈世贤造牛船二十只，还有福州人陈一元记载的“豪有力者，更从而造坚舟”[②] 等情况。这些资金，除直接售船舶获利外，也因海外运输赢利甚丰，很快亦可得数倍乃至数十倍之补偿。万历《福州府志》记载：“泛海之航皆出于大驵、奸商，冒死取捷之计，始犹入淮、浙，继乃入交、广，今相率之吕宋、日本矣。春去夏返，岁以为常。”[③] 以前述长乐船户主王厚商与福清人林清所造之船来说，他们“招来各贩，满载登舟”，“各商贸利，多至数倍”。[④] 王、林二人获利当更为可观。

综上所述，福州地区造船业在明代有了很大的发展，其特点有四：一是类型丰富，厂家众多，分布广阔，总体规模较大；二是民营造船业发达，散处各港澳，持续数百年；三是经营分工较细，客观上已形成了专业化的造船配套系统；四是有物料市场与船舶市场，从两方面给它的进一步发展以强大的推动。

三　明代福州船舶的类型与建造技术

福船、广船和沙船是我国航海木帆船的三大船型，久为世界各国所称誉。又有人加上鸟船，并称为四大船型。[⑤] 福船以生产于福建而得名，明代福州所造之船可分为战船、册封船、民用船三大类，现分述如下。

战船　战船有大福船（官船）、冬船（海沧船）、哨船（草撇船）、艟艄船、快船、鸟船等诸种。《武备志》载：“福船有六号……一号、二号俱名福船，三号哨船，四号冬船，五号鸟船，六号快船，”“大小兼用，俱不可废……船制至福建备矣。”[⑥]

大福船高大如楼，可容士兵百人以上。船沿“皆护板，护以茅竹，坚

---

① 江大鲲：《福建运司志》卷七。

② 陈一元：《漱石山房文集》卷三《抚事纪实序》。

③ 万历《福州府志》卷五《山川下·海》。

④ 王在晋：《越镌》卷二一。

⑤ 周世德：《中国古代造船工程技术成就》，载《中国古代科技成就》，中国青年出版社，1987。

⑥ 茅元仪：《武备志》卷一一六《军资乘》。

立如垣”，具有很好的防卫性能。船体有四层，最下层“惟实土石，以防轻飘之患”，使战船具有良好的稳性；最上一层如露台，两旁板翼如栏，人倚之以攻敌，矢石火炮，皆俯瞰而发，敌方难于仰攻。这样的战船，在海战中十分有利。所以戚继光在率军剿灭倭寇时，用大福船“乘风下压，如车碾螳螂，斗船力不斗人力，是以每每取胜”。[①] 与广船相比，福船的主要用材是松、杉，取材容易，修造便捷，因此，时人皆曰“广船难调，不如调福船为便易”，庄渭阳还说“广船不如福船”，因为“广船下狭上宽，不耐巨浪”。[②] 再与沙船比较，沙船“惟便于北洋，不便于南洋”，因为“沙船底平，不能破深水之大浪也”[③]，亦仅可以协守各港，出哨小洋，而不可以出大洋，“虽能接战，而上无壅蔽，火器矢石何以御之?”没有“如福船傍板之状”的设置。[④] 所以在外洋尤其是南洋作战，福州所造之战船是相当理想的类型，明代江、浙一带海防，亦多添设福船。[⑤]

但是，这种战船也有弱点，即吃水深达一丈二尺，只宜在大洋行驶，“不然多胶于浅”，并且“无风不可使”，所以，若在浅海滩边作战，大福船就失去了它的作用，故又有海沧船之设。王在晋说：“福船之小者为草撇船，今名哨船；又为海沧船，今名冬船。”[⑥] 随着军事的需要，后来又改造了苍山、海沧等船，造成“比苍（山）船稍大，比海沧更小，而无立壁，最为得其中制”的艟艄船。[⑦] 洪武时曾诏令“浙江、福建濒海诸卫，改造多橹快舡以备倭寇”。[⑧] 于是福州战船业工匠又结合草撇、苍山二类船的长处，造成“式如草撇，两旁有橹六枝，尾后惟稍橹二枝，不畏风涛，行使便捷，往来南北海洋，福、草、苍、艚等船无出其右”的鸟船。浙江温州的艚漕船，“亦不如鸟船之疾速”。[⑨] 福州所造鸟船不仅影响邻省，其建造工艺还传入邻国。琉球国贡使来华所乘之贡船也是“船掖施橹，左右

① 茅元仪：《武备志》卷一一六《军资乘》。
② 顾炎武：《天下郡国利病书》卷二二《江南》。
③ 茅元仪：《武备志》卷一一六《军资乘》。
④ 顾炎武：《天下郡国利病书》卷二二《江南》。
⑤ 茅元仪：《武备志》卷一一六《军资乘》。
⑥ 顾炎武：《天下郡国利病书》卷二二《江南》。
⑦ 茅元仪：《武备志》卷一一六《军资乘》。
⑧ 《明太祖实录》卷七五。
⑨ 顾炎武：《天下郡国利病书》卷二二《江南》。

各二”，“船长八丈余，宽二丈五、六尺”。[①] 这种形制，无疑是在福州鸟船之基础上略为改造而成的。故若以产地归类，则鸟船亦可归入福船，而“四大船型”之说就不大妥当了。

册封舟 册封舟的“造船之制”，是册封使于福州“访于耆民得之”，无疑是采用了福州地区传统的造船工艺。[②] 册封舟具有很高的技术要求，因为“凡船行海中，虽若汪洋无际，实由南而北或北而南，率循汇不远。惟封船自西徂东，自东还西，乃冲横浪万余里，去由沧水入黑水，归由黑水入沧水”，一路狂风骇浪，急流险滩，必须具有相当大的强度和良好的水密性及抗沉性，它类船只难以胜任。[③]

福州所造之册封舟，入水可达一丈四尺四寸，比大福船还多二尺有余，宽二丈六尺至六丈，长十五丈至二十丈不等，崇祯六年所造之册封舟，即长二十丈。以万历七年所造册封舟为例，将其形制换算成公制，则长四十五点一米，宽九点零二米，深四点三五米，大大超过当时称“大者广三丈五、六尺，长十余丈”的漳州月港海船[④]，甚至还有学者曾提出，郑和宝船的尺度也仅与册封舟相埒。[⑤]

为了保证船舶坚固，在册封舟的建造中实施了如下诸项技术要点。一是“每舱多用龙骨”，使其“实而密”，“令坚致可久”。二是“底必须厚”并“分为二层”，以备船底被撞破一层，后还有一层，仍然可以行驶，而且可以降低船舶重心，加强稳性。三是船壳也是双重板结构，“不幸而遇礁石，庶乎一层敝而一层存也”。[⑥] 每重板厚三寸五分，船板间以一尺长铁钉钉牢，再以蛎灰、桐油、麻絮等搅拌物舱密，最后用二十根大铁条，从舱底搭到两舷，把船箍紧。这就大大加强了船体结构的纵向强度和横向强度。四是造船所用之“钉必须坚，务择精铁”。[⑦] 五是所用木材要求也高。其大桅须高二十四点八八米才算“中程”，材围约二点五至二点八米。舵

---

① 徐葆光：《中山传信录》卷六《舟》。

② 参见陈侃《使琉球录·使事纪略》；徐葆光《中山传信录》卷六《舟》。

③ 谢杰：《〈琉球录〉撮要补遗》。

④ 张燮：《东西洋考》卷九《舟师》。

⑤ 杨栖等：《略论郑和下西洋的宝船尺度》，《海交史研究》总第3期，1981。

⑥ 高澄：《操舟记》。

⑦ 谢杰：《〈琉球录〉撮要补遗》。

杆长约十米，周长一米多，与1957年在南京发现的郑和宝船舵杆（长十一点零七米）相埒。六是有二十三到二十八个密封得很好的隔舱室，这是为了储备浮力，加强抗沉性，万一若干舱漏水，仍可保持浮力，而且还可以大大加强船体的横向结构，防止在狂风巨浪中断裂。七是两舷设置遮波板，约一点三米高，“自头至尾如墙壁然，所以障波涛也”①，如此加强了干舷的高度，也提供了一定的储备浮力。

无论从船体结构还是从运用性能来看，福州所造之册封舟都达到了很高的水平。万历三十四年所造册封舟于航行中“舵数折，风涛颠顿五、六昼夜而船不致决裂，则勾连坚固之力也”。② 所以时人称“此船坚甚”。③ 乘坐册封舟之安全可靠，绝无覆溺之患，在当时琉球及暹罗等诸国是公认的。册封舟的技术特点还表现在它的快速性上。册封舟不仅置五具桅帆④，而且在明代的几种大型航海木帆船中，它的长宽比例最大⑤，这说明它的形体瘦长，有利于减少兴波阻力，提高航速。

民用船 有钓槽大船、盐船、渔船、牛船、剥船、白艚船等类型。民用船舶的船体一般较肥胖，以多装货物，船体重量也比战船或册封舟轻，以降低造价。明代福州所造白艚、黑艚，适于装载粮食。屈大均说：“往者海道通行，虎门无阻，闽中白艚、黑艚，（去广东）盗载谷米者，岁以千余艘计。”⑥ 清流、梢篷两类船只，由于“其舡自光泽、崇安两小河起”，顺闽江上游的富屯溪、建溪而下，“达于福州洪塘而止”，经过了闽北的主要产粮区建阳、建瓯、光泽、邵武、顺昌等县，当也承担了供应沿海地区粮食的任务。不过两者又有区别，清流舡以“载货物客商”为主，梢篷舡较大，“差可坐卧，官贵家属用之”。⑦

钓槽大船多载货进行远洋贸易，装载量很大，如福清人林清与长乐人

---

① 夏子阳：《使琉球录》卷上《造舟》。

② 夏子阳：《使琉球录》卷上《造舟》。

③ 谢杰：《〈琉球录〉撮要补遗》。

④ 茅瑞征：《皇明象胥录》。

⑤ 郑和宝船的长宽比例是2.44∶1，漳州月港海船的长宽比例是3.3∶1，而万历七年福州造册封舟的长宽比例是5∶1（据萧崇业《使琉球录》，张燮《东西洋考》，《明史·郑和传》所载数据计算）。

⑥ 屈大均：《广东新语》卷一四。

⑦ 宋应星：《天工开物》卷九《舟车》。

王厚商合伙造钓槽大船往日本贸易，请了把舵、水手、银匠，响导、通事等人员，还“招来各贩，满载登舟”，货物种类很多，“有买纱罗绸绢布匹者，有买白糖、磁器、果品者，有买香扇、梳篦、毡袜、针、纸等货者”，这些货物当有很大的重量。不仅如此，船上还载有风箱器具以及炉冶，在船上就可以熔冶银子，简直像带了个小型加工厂。船只由长乐开航，安全驶达日本。① 明人记载，福郡“通倭”贸易之船只，“从福海中开洋，不十日直抵倭之支岛，如履平地”。②

盐船主要运食盐，但也可以作其他用途，甚至有人曾建议以盐船代替册封舟出使琉球。嘉靖年间福州所造之盐船，每只梁头阔二丈五尺，深八尺五寸，载盐约二十万斤，又造牛船，可载盐近七万斤，还有一种“剥船”，大概船体肥胖，吃水较浅，宜于浅滩装载货物，用于“代商下场装盐”，“下场支盘”。③ 盐船、牛船、剥船还有样船（船满载作为标准量具），组成了一支装运食盐的配套船队。

由于社会经济发展的需要，福州民间造船业所造之“双桅板艇日多一日”，至有“商舶估载，蚁屯云飞，趋避不爽”之景象。④ 并且，这种“二桅以上桅式大船”，是“擅造”得越来越好，连官府大吏朱纨也不得不承认：“虽有官船，不若民船之完也；虽造船，买船，不若民船之可久也。”⑤ 张燮也说：“或谓水军战舰，其坚致不及贾客船。”⑥ 万历初，册封使萧崇业等人在福州所造之册封船“舟伤”，有人建议换乘战船，而谢杰主张“易盐船以行，以盐船无冒破，坚于战船也”。⑦ 可见福州所造之民用船只质量优于战船，已得公认，但是，盐船、渔船、商船等民用船只的技术质量比起册封舟来，还是稍逊一筹。册封舟所承担之使命，非“盐船力量所能胜”，“若易船，无论战船——即盐船亦不可”。⑧ 正因为明代福州册

① 王在晋：《越镌》卷二一。
② 董应举：《崇相集·严海禁疏》。
③ 江大鲲：《福建运司志》卷七。
④ 万历《福州府志》卷五《山川下·海》。
⑤ 《明经世文编》卷二〇六《朱中丞甓余集》。
⑥ 张燮：《东西洋考》卷九《舟师》。
⑦ 谢杰：《〈琉球录〉撮要补遗》。
⑧ 谢杰：《〈琉球录〉撮要补遗》。

封舟制造业在世界上享有盛誉，一些国家纷纷来福州造船、修船、买船。琉球等国造船业采用了福州的造船工艺，到清初，其“本国舟工，亦能自造如式”。

由上所述可以看出，明代福州造船业所造之船舶，在种类、数量、装载量、安全性能、操纵性能等工艺方面，都达到了相当高的水平。与江南及北方等地所造船舶相比较，福州地区明代所造各类船舶有其特点，代表了福船的基本技术特征。一是尖底且有龙骨。《明实录》记载，永乐元年至三年建造了一千七百六十只宝船，其中海船为福建都司所造，共约二百二十八只，都是尖底的。而江南海船船底平阔，沙面可行可泊，“惟闽、广（海）船底圆而高，下有大木三段，贴于船底，名曰‘龙骨’。……船有龙骨，则转弯趋避，较为灵便”①，适合于海阔水深多岛屿之地理环境。二是载重量大。华北及江苏所造之船多为漕船，漕船大者三四百石，而福州所造船舶即便是盐船也可载货两千石左右。三是安全可靠。“闻南洋通番船舶专在琉球、大食诸国往来，而海岛州县常年渡海，未见有覆溺之患。”② 翻查史载，乘坐福州所造册封舟之人员，向无遭遇海难之事。

明代福州地区造船业之所以能够日趋专业化、配套化，转产适应能力强，一个重要的原因是漳、泉、福等地优秀的造船工匠以及木、铁、漆、编织等工匠荟萃于福州，各取所长，形成了一支雄厚的造船技术人员队伍。福州河口工匠，“经造封船，颇存尺寸；出坞浮水，俱有成规”；来自漳州一带的“漳匠善制造，凡船之坚致赖之”；“福匠善守成，凡船之格式赖之”。③ 如此“互相参较”，“弃短取长而两用之”④，就使技术水平日益得到提高。

在明后期漳州月港衰落后，福州成为东南沿海民间走私贸易的一个中心，原因之一正是福州地区能够为其提供各类性能优良的航海船舶。董应举说：“福州首郡也，处八闽而绾其会……而省城通倭其祸将益烈于前。

---

① 顾炎武：《日知录》卷二九《海运》，谢占壬注。

② 茅元仪：《武备志》卷二一四至二一七《占度载》。

③ 谢杰：《〈琉球录〉撮要补遗》。

④ 萧崇业：《使琉球录》卷上《用人》。

臣闻诸乡人，向时福郡无敢通倭者，即有之，阴从漳、泉附船，不敢使人知。今（万历年间）乃从福海中开洋，不十日直抵倭之支岛，如履平地，一人得利，踵者相属。”[①] 他又说：“向年闽中通番者皆从漳州月港帮船，二十年来，（福州之）琅琦作俑外省，奸徒反从琅琦开洋，近在门户之口，遽成异国。”[②] 福州造船业发达，可供寻船出洋的，当不止一二处，至以“漳、泉通番其故习也，今乃反来（福州）嘉登（里）觅船舍”。[③]

结 语

对于“海舟以福建为上”之说[④]，明以前早有定评。而泉州所造之船，虽于宋、元时代享有盛誉，到明朝却无明确记载，难究其竟。这大概是由于宋、元以来泉州海湾地理条件变化，淤塞严重，极大地影响了其造船业与船运业的发展。由前面的初步考察可以看出，明代福州已崛起为我国的一个造船中心，在当时的世界造船业中也占有一定的地位，应当引起我们充分的注意。

本文原载于《中国史研究》1987 年第 3 期

---

① 董应举：《崇相集·严海禁疏》。
② 董应举：《崇相集·闽海事宜》。
③ 董应举：《崇相集·谕嘉登里文》。
④ 吕颐浩：《忠穆集》卷二《论舟楫之利》。

福建与郑和下西洋的船只

傅　朗

从永乐三年（1405）至宣德八年（1433），郑和先后7次率领由数十艘乃至“百余艘”船只、27000多名士兵组成的庞大舟师下西洋。这种规模空前的洋际航行，拥有较强抗风暴、续航和远离本土作战及自卫能力的船只是必备的一个物质条件。对郑和下西洋船只诸问题的探讨不仅涉及郑和下西洋史实本身，还与中国古代造船工艺、航海技术等科技成就有关。因而在历时百年的郑和下西洋问题学术研究过程中，下西洋的船只问题是学者们长期关注和争论的焦点之一。本文仅就福建与郑和舟师船只有关的一些问题发表个人意见，就正于大家。

一

明初的福建已经具备雄厚的造海船实力。

洪武年间，在倭患严重的福建省，经江夏侯周德兴、信国公汤和等人的精心经营，建立起由福建都指挥使司（以下简称“福建都司”）统辖，包括福宁卫、福州左卫、福州右卫、福州中卫、镇东卫、兴化（府）卫、平海卫、泉州（府）卫、永宁卫、镇海卫和漳州（府）卫等十一个卫，辖数十个所的福建沿海海防体系。木帆海船是这个海防体系中最重要的军事装备，而木帆海船的及时建造和配备又是使福建海防体系能够正常运转的必备条件之一，因此，在这个海防体系的核心、福建都司所在地福州城内设置了三个造船厂。《八闽通志》载："旧福州三卫各置一厂，左卫厂在庙前，中卫厂在象桥，右卫厂即今所是也。"[①] 相同内容的记载，还见于万历《福州府志》。[②] 这就形成在一个省会城市设置三个卫，且各卫都有各自所属造船厂的格局。在一个省会设三个卫和三个官方造船厂的做法，为有明一代全国沿海各省所罕见，也构建了以福州为中心的福建海防进退有据的格局。平时利于抗击倭患，保卫海疆；特殊如郑和下西洋、册封使出洋之时，则为其提供船只、装备、人员等支持。洪武十五年（1382），福州三卫曾主动上奏请求建造战船，十一月癸酉，朱元璋以"今天下无事，造战船将何施耶"为由，"不听"。[③] 这一记载表明：明初的福州官办造船业已经有能力建造海船。

除省会福州外，福建沿海其他卫也拥有各自的造船厂。之所以这样说，首先是因为，文献中有关长江沿岸和东南沿海诸省许多府（州）卫和非府（州）的军事要地卫都承担造船任务的记载，可以作为福建沿海各卫也应有造船厂的有力佐证。兹将《明实录》中永乐朝总共 25 次有关建造、改造海船的记载摘录于下。

第一次：永乐元年（1403）五月"辛巳，命福建都司造海船百三十七艘"。[④]

第二次：同年八月"癸亥，命京卫及浙江、湖广、江西、苏州等府卫造海运船二百艘"。[⑤]

第三次：同年九月"辛丑，命浙江观卫造捕倭海船三十六艘"（按："观卫"当为"观海卫"之误）。[⑥]

第四次：同年十月"辛酉，命湖广、浙江、江西改造海运船一百八十八艘"。[⑦]

第五次：永乐二年（1404）正月壬戌，"命京卫造海运船五十艘"。[⑧]

---

① 黄仲昭：《八闽通志》卷四〇《福州府》，福建人民出版社，2006，第 844 页。

② 万历《福州府志》卷二二《兵戎志·四》，明万历二十四年刻本，第 424~453 页。

③ 《明太祖实录》卷一五〇"洪武十五年十一月癸酉"，台湾"中央研究院"历史语言研究所，1962，第 2365 页。

④ 《明太宗实录》卷二〇上"永乐元年五月辛巳"，第 356 页。

⑤ 《明太宗实录》卷二二"永乐元年八月癸亥"，第 411~412 页。

⑥ 《明太宗实录》卷二三"永乐元年九月辛丑"，第 428 页。

⑦ 《明太宗实录》卷二四"永乐元年十月辛酉"，第 442 页。

⑧ 《明太宗实录》卷二七"永乐二年正月壬戌"，第 498 页。

第六次：同年正月癸亥，“将遣使西洋诸国，命福建造海船五艘”。①

第七次：永乐三年（1405）六月“丙戌，命浙江等都司造海舟千一百八十艘”。②

第八次：同年十月“戊寅，命浙江、江西、湖广及直隶、安庆等府改造海运船八十艘”。③

第九次：同年十一月“丁酉，命浙江、江西、湖广改造海运船十有三艘”。④

第十次：永乐四年（1406）十月“乙未，命浙江、江西、湖广及直隶、徽州、安庆、太平、镇江、苏州等府卫造海运船八十八艘”。⑤

第十一次：永乐五年（1407）九月“乙卯，命都指挥汪浩改造运海舡二百四十九艘，备使西洋诸国”。⑥

第十二次：同年十月丙申，“命广洋、淮安等卫造舡运船九十七艘”（按：此处“舡”字当为“海”字之误）。⑦

第十三次：同年十一月“丁巳，命浙江、湖广、江西改造海运舡十六艘”。⑧

第十四次：永乐六年（1408）正月丁卯，“命工部造宝船四十八艘”。⑨

第十五次：同年二月丁未，“命浙江金乡等卫改造海运船二十三艘”⑩（注：红格本《明实录》此条记载的数量是“三十三艘”）。

第十六次：同年十一月“庚戌，命江西、浙江、湖广及直隶、苏、松等府造海运船五十八艘”。⑪

---

① 《明太宗实录》卷二七“永乐二年正月癸亥”，第498~499页。

② 《明太宗实录》卷四三“永乐三年六月丙戌”，第686页。

③ 《明太宗实录》卷四七“永乐三年十月戊寅”，第722页。

④ 《明太宗实录》卷四八“永乐三年十一月丁酉”，第731页。

⑤ 《明太宗实录》卷六〇“永乐四年十月乙未”，第866页。

⑥ 《明太宗实录》卷七一“永乐五年九月乙卯”，第988页。

⑦ 《明太宗实录》卷七二“永乐五年十月丙申”，第1007页。

⑧ 《明太宗实录》卷七三“永乐五年十一月丁巳”，第1014~1015页。

⑨ 《明太宗实录》卷七五“永乐六年正月丁卯”，第1032页。

⑩ 《明太宗实录》卷七六“永乐六年二月丁未”，第1039页。

⑪ 《明太宗实录》卷六〇“永乐六年十一月庚戌”，第1128页。

第十七次：永乐七年（1409）十月“壬戌，命江西、湖广、浙江及苏州等府卫造海船三十五艘”。①

第十八次：同年十一月“戊寅，命龙虎等卫造海运船九艘”。②

第十九次：同年十二月“丁未，命扬州等卫造海运船五艘”。③

第二十次：永乐九年（1411）十月辛丑，“命浙江临山、观海、定海、宁波、昌国等卫造海船四十八艘”。④

第二十一次：永乐十年（1412）十月“庚辰，命浙江、湖广、江西及镇江等府卫造海运船百三十艘”。⑤

第二十二次：同年十一月“壬寅，命扬州等卫造海风船六十一艘”。⑥

第二十三次：永乐十一年（1413）九月“辛丑，命江西、湖广、浙江及镇江等府卫改造海风船六十三艘”。⑦

第二十四次：永乐十三年（1415）三月庚申，“命都督同知汪浩督造海船”。⑧

第二十五次：永乐十七年（1419）九月“乙卯，造宝船四十一艘”。⑨

以上许多记载明确地告诉我们：明朝前期，今湖南、湖北、江西、安徽、江苏、浙江等省沿江、沿海的许多府（州）卫和非府（州）卫都承担了中央政府下达的建造、改造海船的任务。这一事实表明：这两类卫都拥有各自的造船厂。尤其是福建省的北邻浙江省，其沿海多数的卫有自己的造船厂。既然如此，同处东南沿海，又同是防倭重点区域之一的福建省，在其省会福州以外的其他沿海府（州）卫和非府（州）卫，也应当有各自所属的造船厂，而不可能也不应该成为沿海这两类卫拥有造船厂的例外。

---

① 《明太宗实录》卷六六“永乐七年十月壬戌”，第1285页。

② 《明太宗实录》卷六七“永乐七年十一月戊寅”，第1290页。

③ 《明太宗实录》卷六七“永乐七年十二月丁未”，第1295页。

④ 《明太宗实录》卷一二〇“永乐九年十月辛丑”，第1515~1516页。

⑤ 《明太宗实录》卷一三三“永乐十年十月庚辰”，第1634页。

⑥ 《明太宗实录》卷一三四“永乐十年十一月壬寅”，第1640~1641页。

⑦ 《明太宗实录》卷一四三“永乐十一年九月辛丑”，第1706页。

⑧ 《明太宗实录》卷一六二“永乐十三年三月庚申”，第1840~1841页。

⑨ 《明太宗实录》卷二一六“永乐十七年九月乙卯”，第2156页。

另外，依常理分析，倘若在有直线距离 535 千米、曲线长度达 3051 千米海岸线[①]的福建省沿海，只在位置居中而稍偏北的福州才设有建造木帆海船的造船厂，则是明显有悖军事常规的，也是非常脱离现实的。比较符合常理和军事常规的布局应当是：十一个沿海卫都拥有自己的造船厂。

其次，更重要的是，嘉靖中期撰修的《崇武所城志》载：“（崇武）旧为倭寇之害，十百户所设官船十只、快船二只，各编字号。在西门外西港边打造。今人呼其地为‘船场下’。”[②] 崇武所隶属晋江沿海的永宁卫。在沿海卫下属的一个前沿千户所都有其打造战船的船厂，则规模、职责更大的其上级单位——卫，就更应当有造船厂。

正是由于在明初洪武年间，已经形成以福州三卫造船厂为核心的福建沿海官营造船业，及其所具备的造船实力，永乐元年五月，福建都司才有可能一次接受一百三十七艘海船的建造任务，而同年八月浙江、湖广、江西、苏州等府卫共同接受的海船建造量是二百艘；福建的造船业也才能为后来历时 28 年之久的大规模下西洋航行，提供持久、有效的船只支持。

二

福船自身的优良性能决定了其成为郑和下西洋舟师用船的主要船型。

纵观历史传统，文献中所描绘的“皆以全木巨舫搀叠而成，上平如衡，下侧如刃，贵其可以破浪而行”的福船[③]，其优势地位早在宋代就已确立——“海舟以福建为上，广东、西船次之，昌、明州船又次之”[④]。以海为田的福建沿海人民早就开始远洋航行并积累了丰富的远洋航行经验和先进的造船工艺。众所周知，为适应远洋航行而形成的尖底福船所具备的

---

① 福建省地方志编纂委员会编《福建省自然地图集》，福建科学技术出版社，1998，第 291 页。

② 嘉靖《崇武所城志》之《战船》，附于叶春及《惠安政书》之后，福建人民出版社，1987。

③ 徐兢：《宣和奉使高丽图经》卷三四《海道一·客舟》，《丛书集成初编》本，商务印书馆，1937，第 117 页。

④ 徐梦莘：《三朝北盟会编》卷一六七“绍兴七年正月十五日丁丑”，上海古籍出版社，1987，第 1278 页。

优良的抗风暴性能和强大的海战威力，在明朝的册封琉球使录、戚继光的《纪效新书》、胡宗宪的《筹海图编》、郑若曾的《江南经略》、何汝宾的《兵录》、茅元仪的《武备志》、顾炎武的《天下郡国利病书》和张廷玉等的《明史》等明清文献的有关部分中，都有翔实的描述和评价。万历二年（1574）进士范涞对明代沿海各省海船评价如下："闽、广、浙、直船制各异，而不知其所以异者，由于海势之不同也。广东船制两旁设架，便于摇橹；福建船制其旁如垣，其篷用，便于使风；浙、直船制，平底布帆，便于荡桨。此船制之异也。所由然者：福建海水最深，各信地俱近外洋，一望无际，纵有海岛，如浮沤之着水耳；故有风时多，无风时少，顺则使风，逆则戗风，此福船所由制也。广东自出五虎门，上及大鹏，下及北津以西，俱有海屿，或断或续，联络于外；商船来往多从里海，且风气和柔，全仗摇橹，此广船所由制也。浙、直海水深处固多，浅处时有，近岸平沙或数十里；潮涨水深寻丈，潮退仅可尺许，故叭喇唬沙船专事荡桨，此浙、直之船所由制也。若易地则风水不同，其制亦当少异。推此而山东以北，危矶暗沙，往往有之，船制又不可执此例彼矣。然欲攻大敌于外洋，非福船不可。盖福船之制，其蜂房垣墙，即古之楼船巨舰；其重底坚牢，即今之过洋与使琉球船式也。故诸省船制惟福建为工。"① 福船的特点和优势，诚如范涞所言。要完成远离本土的下西洋航行使命，首先必须确保航行船队的安全，而船队的安全又是以船只的抗风暴、续航能力和海上作战及自卫能力为基础的。恰恰就是在这两点上，福船具有的优势，不仅是长江中下游造船系统建造的以平底沙船为主型的海船所望尘莫及的，亦稍优于其两邻的广东和浙江。

福船的优良性能与当时福建沿海所具备的造船实力是下西洋船型选择的依据。下西洋是涉及明王朝政治、外交乃至经济大局的要事，选用、建造何种船型又是直接影响要事成败的关键因素之一，以明成祖为首的永乐朝决策层怎么可能会置最优的福船于不顾，而选用连广船、浙船都不及，且适于走北洋而不适于走南洋的内河型平底海船去实现自己的意图呢？只

① 范涞：《两浙海防类考续编》卷一〇，载《四库全书存目丛书·史部》第226册，齐鲁书社，1996，第265页。

要条件许可，必然是全用福船，或以福船为主组建下西洋舟师。因此，为下西洋舟师选用福船应是明成祖的最佳选择。倘若下西洋舟师中有非福船的船型，则可以肯定：第一，这些非福船船型的船只只能充当一般配角；第二，装载皇帝诏书和敕赐给西洋各国的宝物，以及郑和、王景弘等远洋舟师最高指挥官们乘坐的必定是更坚固、更安全的福船。这是事之常理、人之常情，也是明朝册封琉球的使臣们每次必造福船出洋的原因。况且《明实录》曾明确告诉人们：永乐二年命福建建造五艘海船，就是因为“将遣使西洋诸国”。如果下西洋舟师有数十艘甚至百余艘船只，却单在建造这五艘海船时点明用途，正好说明了这五艘海船的重要性。凭这一点，就有充足的理由认为，这五艘海船是专为即将受命出使西洋的郑和、王景弘等正、副使们建造的坐船，是下西洋舟师的指挥船。

通过审视历史现实、分析现有文献记载，也可知福船确实是郑和舟师中的主要船型。

以郑和舟师第一次下西洋为例，其时间在永乐三年至五年，具体而言是在永乐三年六月己卯受命，当年冬季从长乐出洋，永乐五年九月壬子回到中国。按照这个时间限度，只有在永乐三年冬季之前造好的船才有可能编入下西洋的船队。因此，上文所摘《明实录》中记载的第一次至第七次建造、改造的海船有可能入选第一次下西洋的舟师。

第七次由浙江等都司造的海舟，从受命之时的仲夏到郑和船队出发的冬季最多仅有半年的时间，在这个时间内要完成从备料至新船下水，并赶到太平港加入编队的全过程，时间肯定不够。因而这批海舟进入郑和船队的可能性微乎其微，充其量只有极少数先造的小型船只可以来得及进入编队。另外，第三次造船明确说是为了沿海的“捕倭”任务。如此，则郑和第一次下西洋的船队只可能由第一、第二、第四、第五、第六次所造的船组成。而在这五次所造的船中，第二次（永乐元年八月）、第四次（永乐元年十月）和第五次（永乐二年正月）分别令京卫、浙江、湖广、江西、苏州等地造、改的 438 艘“海运船”，主要是为承担当时颇为紧迫而繁重的南粮北调的海运任务而造，承担下西洋任务的可能性不大，就是入选其数量也不会多。众所周知，有元一代，统治者在运河之外还开辟了一条沿海航线，将江南的粮食大量运往首都——大都，以满足需求。明初，朱元璋、朱棣父子为保障北方前线针对蒙古统治集团的军事行动，也沿用海路运粮北上。永乐前期，南粮北调年均量在250万石左右，其中海运量约占1/3。① 大量北运的粮食来自沿江的湖广、江西、江苏、浙江等著名产粮大省，承担制造运粮船任务的也是这几个省。犹如人们提及“漕船”就明白它的性质、任务一样，在明初特定的时期和社会背景中，“海运船”的称呼也反映了它的主要用途——海运南粮北上。由此看来，能确定的就只是第六次（永乐二年正月）在下达命令时就明示“将遣使西洋诸国”的由福建造的5艘海船和第一次（永乐元年五月）令福建都司造的137艘海船。第六次自不待言。而第一次于永乐元年五月令福建都司建造的137艘海船，由于没有明初福建造船业生产能力的数据，我们无法断定在近两年半的时间内究竟能造好多少艘船，只能做几种简单的推测：若完成总数的1/4，加上5艘，就有近40艘；若完成总数的一半，就有70余艘；若完成总数的3/4，就有百余艘；若全部完成，两者相加就达142艘。根据郑和等人在刘家港和长乐天妃宫所立石碑碑文记载，郑和舟师的船队规模为海船“百余艘”，那么142艘的数量就已经达到甚至超出了这个规模。按照以上推测，可有如下结论：若以“六十二艘”计，则郑和第一次下西洋的舟师至少有2/3甚至全部是福船；若以“百余艘”计，郑和第一次下西洋舟师少则有超过1/3的船只是福船，多则有超过半数或绝大部分，甚至全部船只是福船。而不足部分很可能或从现役的福船中征调，或为京师宝船厂所造福船。因此，郑和第一次下西洋舟师的船队就是以福建造的海船为主。

诚然，这个结论需要一个前提，即第一次下西洋的船只绝大多数是新造的。考虑到中国人重视事物“新”开头的传统习惯，以及新造船的坚固性更能保证实现明成祖对郑和第一次下西洋成功的迫切期望，这个前提应该是较可靠的。

人类自古就有崇尚事、物“第一”的习惯，无论是过程的起始还是事物比较的结果，皆然。中国人更是如此，以至于将“第一”奉为成例，以后不断地引以为据。无论是理智抉择的因素还是援引前例的习惯，抑或两者兼有，郑和第一次下西洋舟师用船的成例也必将对以后历次下西洋用船

① 唐文基：《明代赋役制度史》，中国社会科学出版社，1991，第74~75页。

产生影响。如果在两年半的时间内，福建官办造船业难以完成 142 艘海船的建造任务，而其在永乐三年第一次下西洋舟师出洋前未完成的造船任务必然在两年以后第二次下西洋舟师出洋前完成。因而郑和第二次下西洋舟师的船只仍然以福建建造的福船为主。照此看来，郑和第三次至第七次下西洋舟师的主要船型，也依然是福船。

当然，福船成为郑和下西洋舟师的主要船型，首先体现在其优良的航海性能和其在舟师中所担任角色的重要程度；其次体现于其在船队中的数量，一般而言，在郑和七次下西洋舟师的船队中，福船的数量应当都是最多的。

三

必须明确的是：无论郑和七次下西洋的目的何在，这种庞大舟师的远洋航行，毫无疑问首先是一种大规模的军事行动。永乐皇帝挑选“知兵习战”且立有战功的心腹郑和担任下西洋的总指挥，身为正使的郑和还拥有“钦差总兵”之头衔与职权，其舟师 27000 余人的队伍绝大多数由来自卫所的官兵组成，明王朝还命令其高级将领“都督同知”、“都指挥”和福建省最高军事指挥机构——福建都司为下西洋行动督造海船，这都是无可辩驳的例证。

既然下西洋航行是军事行动，既然选择福船作为远航的主要船型，既然福建既拥有雄厚的造船实力又是下西洋舟师出洋前最后的驻泊地，则福建都司及其统辖的沿海卫所对下西洋行动予以支持和协助，就是合理、必须和毫无疑义的事了。福建对郑和下西洋行动从人员、装备到物资的支持是全方位的，本文仅涉及福建对郑和舟师在船只方面的支持。

第一，由福建都司控制的福建官办造船业为下西洋舟师建造船只。从上文所列《明实录》中永乐元年和二年的记载可知，通过这先后两次的命令，福建就为下西洋舟师建造总数达 142 艘的海船。这批船只不仅组成第一次下西洋舟师的船队主体，也构成第二次下西洋舟师的船队主体。虽然《明实录》中为数不多的关于为以后几次下西洋造船的记录皆未注明造船地点，但是，既然以福船为下西洋舟师的主要船型，福建又有雄厚的造船实力，且第一、第二次下西洋的用船多数由福建建造，而以后几次下西洋用船又不让福船的原产地造船，未免不合情理也不符合逻辑。《闽大记》云："永乐七年春正月，太监郑和自福建航海通西南夷，造巨舰于长乐。"①《重纂福建通志》中也有相同记载。② 这至少从侧面证明，永乐六年正月丁卯"命工部造宝船四十八艘"的任务，肯定由福建承担了。只是不知是独担还是分担。再者，正统六年（1441），时任福建右参政的宋彰上疏言："工部令输运下西洋鹰架、杉木等物赴京。其木多朽细不堪，而山岭崎岖，溪滩险阻，徒敝人力，官无实用。臣见福州府常盈仓年久损敝，乞以其木留拨修仓，庶官民皆便。"对此建议，英宗于十一月丙午表态："从之。"③ 徐恭生教授认为："这是在郑和第七次下西洋回国后八年的事，福州造船厂为郑和下西洋打造战船剩下的鹰架杉木等仍然堆积如山，如果少量的话，工部也不会下令把它输送往北京。"④ 在距最后一次下西洋船队出发（1431）后十年、航行结束八年之后，福州尚存如此多的造船木料和"鹰架"，以至于工部要下令调走以作他用，足以说明当时造船、修船量之大。这既是福建承担永乐十七年九月乙卯下令"造宝船四十一艘"⑤ 任务的有力旁证，也是我们主张郑和下西洋舟师所用大部分的福船是福建建造的有力证据之一。当然，京卫船厂，尤其是工部直属的龙江宝船厂（或称龙江船厂）建造部分福船，也是有可能的。

第二，福建为郑和下西洋舟师中的破损船只提供维修支持。众所周知，从古至今造船与修船无须分离也不可分离。既然福建沿海的官办造船业能为郑和舟师建造船只，则为郑和舟师维修破损船只也顺理成章。

第三，福建为出洋前的郑和舟师提供临时调剂船只的船源。郑和舟师几乎每次下西洋前都要在闽江口集结驻泊，短则 2~3 个月，长则达 10 个月之久。除了等候季风、招选各种随役人员、筹集物资、集训队伍以及在

---

① 王应山：《闽大记》卷二《闽记》，中国社会科学出版社，2005，第 20 页。

② 道光《重纂福建通志》卷二七一《祥异志》，载《中国地方志集成·福建省志辑》第 6 册，巴蜀书社，2011。

③ 《明英宗实录》卷八五"正统六年十一月丙午"，第 1713 页。

④ 徐恭生：《郑和舰队驻闽原因试探》，《福建师范大学学报》（哲学社会科学版）1995 年第 4 期。

⑤ 《明太宗实录》卷二一六"永乐十七年九月乙卯"，第 2156 页。

出发前最后一次修补破损船只等事务之外，还有一项重要工作就是根据船只的现状和航行使命的需要，临时征调船只并调整船队的船只结构。福建沿海各卫所的在役船只就成为其最主要的征调船源。福建沿海卫所内部，上级调用下属单位的船只是正常之举。例如，崇武千户所就有在编的官船、快船数艘，先后或被其上级主管单位——永宁卫征调出海，或被调往镇海卫的玄钟所服役，甚至有在役战船被选中赠送给琉球国中山王的事。[①]对于郑和舟师而言，无论事前准备如何充分，百余艘船只、27000 多名士兵下西洋远航的超大规模行动，不可能不出任何意外，尤其是这百余艘船只。因此，在郑和舟师每次下西洋出发前夕，根据实际情况临时征调或调整船只结构是一种可能；福建沿海卫所的现役船只随时听候下西洋指挥部之命令，甚至郑和本人的调遣，就是一种任务或例行公事。如果清嘉庆年间蔡永蒹抄本《西山杂志》中关于郑和的同僚、正使王景弘到闽南“雇泉州舟”[②] 的说法属实，那么福建沿海民间的海船也或多或少为郑和下西洋舟师的远洋航行提供了帮助，则郑和舟师征调福建沿海卫所的战船更是理所当然。

四

郑和下西洋的船只被称为“宝船”。从《明实录》的记载看，永乐六年才出现有关这一称呼的文字记载。长期以来，人们似乎认定“宝船”就是郑和舟师船只的专称。其实，这是一种误解。

先后于洪熙元年（1425）、宣德二年（1427）、宣德五年（1430）和宣德八年（1433）四次奉命出使琉球的中官柴山，在琉球曾经立有二碑，一为《大安禅寺碑记》，一为《千佛灵阁碑记》。前者叙述他于宣德五年出使途中遇风涛而获“龙天”“神佛”相救，建寺报德之事[③]；后者则是柴山在宣德八年出使事毕即将返国前，“重修弘仁普济之宫”、“鼎造大安千佛

① 《崇武所城志》之《战船》，附于叶春及《惠安政书》之后。

② 蔡永蒹：《西山杂志》，转引自《郑和与福建》，福建教育出版社，1988，第 10 页。

③ 萧崇业：《使琉球录》卷下《艺文》，载《台湾文献丛刊》第 287 种，台湾银行，1970，第 133 页。

灵阁”及他四次出使概况的记录。就是在《千佛灵阁碑记》中，柴山郑重宣称：皇上“特敕福建方伯大臣重造宝船”① 让自己在出使时乘坐。

柴山所言“重造”，应包括两种含义：一是对自己前几次出使而言，这表明柴山每次出使琉球皆乘坐“宝船”；二是相对郑和而言，这说明两人虽然使命不一，但坐船的规格或档次一样——都是“宝船”。就身份来说，柴山与郑和一样，都是宦官；从时间上看，两人都经历过太宗、仁宗和宣宗三朝，且柴山于宣德五年和宣德八年两次出使琉球与郑和宣德六年（1431）出海、宣德八年结束的第七次下西洋时间既前后衔接又相互重合。更重要的是，柴山与郑和都是钦命使臣，乘坐的都是皇帝敕造的福船。不同之处在于：对明王朝而言，下西洋之事远比册封琉球大得多，也更重要，此外，虽然柴山亦为中官，但在当时的宫中，其地位、级别可能都不如曾任内官监太监（内官监是明皇宫中仅次于司礼监的宦官衙门）的郑和高，充其量也只是与之相当。正因如此，如果不是因为当时就有将出洋使臣乘坐的敕造船只称为“宝船”的规定或因袭之例，身为宦官的柴山哪怕再得宠，也没有胆量敢说这种僭越的话。由此我们可以推断，“宝船”之“宝”，虽然在一般人心目中是金、银、珠、玉、玛瑙等财宝之宝，且因随下西洋船只带去的赏赐品和带回的西洋各国奇珍异宝在民间的传播、渲染而强化了这种观念，但在皇帝使臣的观念中，更体现在它的政治或意识形态方面的含义，即皇帝诏书、谕旨及敕赐的印玺、冕服、文房用品、珠宝珍奇等物，对于接受者以及皇亲国戚、文武百官和黎民百姓而言，皆为“宝”。对于郑和、柴山而言，皇帝敕造并运载皇帝敕物的船只就是“宝船”。简言之，凡皇帝之用品或皇帝所赐予之物，皆可称为“宝”。这种观念不但在中国古代社会流行，还传播到了海外。嘉靖四十一年（1562），琉球国王尚元以隆重仪礼将中国皇帝的“诏敕”及册封使郭汝霖迎至天使馆，并再拜曰：“小国无以为宝，玺书以为宝。先朝诏敕藏之金匮，已八叶于兹矣。今辱赍临，幸留镇国。”② 明代称中国册封舟为“宝船”的说法还被琉球社会延续到了清代。琉球久米村陈姓家谱中就将康熙五十八年

① 萧崇业：《使琉球录》卷下《艺文》，载《台湾文献丛刊》第287种，第134页。

② 郭汝霖：《重刻使琉球录》，日本球阳研究会抄本（影印），第82页。

(1719) 册封使海宝、徐葆光所乘坐的册封舟叫作“宝船”[①]；琉球人甚至将明清两代事关册封、朝贡的文书、档案抄编成册，取名《历代宝案》，世代珍藏。这些都是这种政治观念的体现和延续。

因此，郑和下西洋所乘之船叫“宝船”，册封使所乘册封舟也叫“宝船”，凡奉皇帝之敕命出使海外所乘之舟皆可称“宝船”。“宝船”并不是郑和舟师用船的专称。对于都受皇帝的差遣、都在福建造船，且都从福州出洋的郑和与柴山而言，宝船与册封舟不过是一物二名而已。

本文原载于《东南学术》2006 年第 1 期

① 〔日〕《那霸市史》资料篇第一卷六《家谱资料》第二集，那霸史企画部市史编集室，1980，第 471 页。

论清代前期的闽台对渡贸易政策

黄国盛

一 清代闽台对渡贸易政策的产生与演变

闽台对渡贸易政策，是清朝政府在统一台湾后顺应历史潮流所采取的一项重大举措。

康熙二十二年七月（1683年9月），台湾郑氏降清。清朝完成统一台湾大业后，开放海禁、发展经济成了迫在眉睫的头等大事。康熙二十三年（1684）正月，提督施琅关于“台湾有地数千里，人民十万，弃之必为外国所踞”，请设台湾镇守官弁的奏疏，引起清廷高度重视。康熙谕大学士等曰，台湾前途“所关甚大”，“弃而不守，尤为不可”。[①] 同年四月，差往福建料理钱粮的侍郎苏拜等奏准：台湾设一府三县，即台湾府，诸罗、凤山、台湾三县；隶福建省管辖。五月十八日清朝首任福建台湾总兵官杨文魁陛辞，康熙谕曰：“至于海洋为利薮，海舶商贩必多，尔须严饬，不得因以为利，致生事端，有负委托。”[②] 新设台湾府、县之际，康熙帝已预见闽台“海舶商贩必多”。

康熙二十三年六月五日，康熙谕曰“海洋贸易，实有益于民生”，决定正式实行开海贸易政策，创设海关。[③] 八月，清廷任命郎中吴世把和郎中宜尔格图为闽、粤两省的海关监督。[④] 在中国历史上，“海关”由此诞

---

① 张本政主编《〈清实录〉台湾史资料专辑》，福建人民出版社，1993，第63页。

② 张本政主编《〈清实录〉台湾史资料专辑》，第64页。

③ 张本政主编《〈清实录〉台湾史资料专辑》，第66页。

④ 中国科学院编《明清史料》丁编，商务印书馆，2008，第746页。

生。康熙二十四年（1685），清廷又议定设置江、浙二省海关。

海关监督"初用满汉二员"，二年一易。首任闽海关监督吴世把到任后，先在福州南台中州设海关衙署。康熙二十四年四月二十二日"九卿、詹事、科、道会覆……其抽税郎中吴世把请于台湾、厦门建立衙门抽税等因，仍准行"。[①] 不久在厦门塔仔街张厝保另设置一处监督衙署，满汉二员海关监督得以"分驻南、厦"。[②] 数年后，海关监督"专用满员，一年一易"。闽海关在厦门的监督衙署后废弃不用。厦门作为闽省一大口岸，由闽海关监督委员管理。

自设置闽海关之后，闽海关监督会同地方官吏，对闽台经贸实行特殊管理。其主要特点是：海峡两岸须在指定口岸进行对渡贸易。清代前期闽台对渡贸易政策的产生及其变化，大体经过了五个步骤。

第一个步骤，即从康熙二十三年清廷决定开海贸易、设置海关至乾隆四十九年（1784），清政府实行的是台湾凤山县安平镇鹿耳门与厦门之间的单口对渡贸易政策。

清政府首选安平鹿耳门与厦门为对渡口岸，有其历史及经济地理之原因。安平鹿耳门港口，位于台湾西海岸南部，为台湾最原始之海港，与福建厦门隔海相望。厦门与鹿耳门通航历史悠久。1661 年，郑成功以厦门为基地，率船舰 200 多号，从金门料罗湾起航，经澎湖，驶抵鹿耳门港，由此展开驱逐荷兰侵略者、收复台湾之壮举。嗣后，福建漳、泉人民亦由鹿耳门相率移居台湾，苦心开发。厦门与鹿耳门是当时闽台之间的主要航道，战略地位十分重要。

清政府实行开海贸易政策，是个历史性的转折。但长期海禁与闭关的观念与影响并不能立即从封建统治者头脑中消除。指定单口对渡，实际上是一种严加限制的区域性贸易政策。其中规定：凡商船自厦往台者，有糖船、横洋船之分；由厦防厅给发印单，开载舵工水手姓名、年貌并所载货物，于厦之大嶝门（大旦门）会同武汛照验人货相符，便可启航。由台湾返回厦门时，须经类似之手续，由台防厅查明舵工水手姓名、年貌及货物

---

① 《康熙起居注》第二册，中华书局，1984，第 1322 页。

② 道光《厦门志》卷七《关赋》，载《中国方志丛书》（华南地区）第 80 号，台北成文出版社，1967，第 126 页；同治《福建通志》卷一〇七《职官》，同治七年刊本，第 21 页。

数目，换给印单，于台之鹿耳门会同武汛点验出口。“其所给印单，台、厦两厅彼此汇移查销。”①

康熙五十五年（1716）福建巡抚陈瑸奏准：“往台湾、澎湖贸易之船，不宜零星放出，必至二三十只，方许一同出洋；台、厦两汛，亦酌量船只多寡，拨哨船三四只护送。”时称“联䑸之法”。②

康熙五十七年（1718）闽浙总督觉罗满保奏称：“至于台湾、厦门各省本省往来之船，虽新例各用兵船护送，其贪时之迅速者，俱从各处直走外洋，不由厦门出入。应饬行本省并咨明各省，凡往台湾之船，必令到厦门盘验，一体护送，由澎而台；其从台湾回者，亦令盘验护送，由澎到厦。”③

可见，这时期厦门与鹿耳门是闽台之间的唯一对渡口岸；浙江、江南等省往台湾贸易之船也“必令到厦门盘验，一体护送，由澎而台”，返航亦走相同的对渡航线。但商民经常无视这一指定航线，“其贪时之迅速者，俱从各处直走外洋，不由厦门出入”。

第二个步骤，自乾隆四十九年（1784）至五十五年（1790），此间为双口对渡，即增加台湾彰化鹿仔港与泉州蚶江口为对渡口岸，历时仅6年左右。

《海东札记》云：“郡境通海之处，各有港澳。定例只许厦门、鹿耳门商船往来。此外台湾县有大港，凤山县有茄藤港、打鼓港、东港，诸罗县有蟲港、笨港、猴树港，漳化县有海丰港、三林港、鹿仔港、水里港，淡水厅有蓬山港、中港、后垅港、竹堑港、南嵌港、八里坌港，凡十有七港，均为郡境小船出入贩运其中，各设官守之。笨港列肆颇盛，土人有南港北港之称，大船间有至者。鹿仔港则烟火数千家，帆樯麇集，牙侩居奇，竟成通津矣。中港而上，皆可泊巨舟，八里坌港尤伙。大率笨港、海丰、三林三港为油糖所出；鹿仔港以北，则贩米粟者私越其间。”④ 这说明，鹿耳门与厦门单口对渡，早已不能满足海峡两岸社会经济发展的需要；民间私港异军突起，有的“竟成通津”。官方虽屡经查禁，亦无法阻挡两岸经贸往来的扩展趋势。清政府不得不正视这一事实。

---

① 乾隆《海东札记》，载《中国方志丛书》（台湾地区）第50号，第18页。
② 张本政主编《〈清实录〉台湾史资料专辑》，第80页。
③ 张本政主编《〈清实录〉台湾史资料专辑》，第82页。
④ 乾隆《海东札记》，载《中国方志丛书》（台湾地区）第50号，第8页。

乾隆四十九年，清廷“覆准福建泉州府晋江县属之蚶江口与台湾府彰化县属之鹿仔港设口开渡，其厦门商船仍照旧编记栅档出入挂验，不准越蚶江渡载”。[①] 蚶江商渔船只出口，责令蚶江通判验明编号挂验放行；至鹿仔港海口出入船只，令鹿仔港同知查察。

蚶江口亦属闽省一处要口。《晋江县志》记载，晋江所属蚶江等口所造商渔船只，“其船上可通苏、浙，下可抵粤东，即台湾运载亦用此船”；“所售货物，台湾惟米豆油糖运到蚶江，出入稽查系海防厅管理；苏、浙、粤东所载糖物棉花等货往来，皆由南门外海关查验”。[②]

彰化“鹿仔港居台湾南北之中，与泉州之蚶江对渡，虽分王功、新港两口，究以王功为正口，水道深通，海舶云集，不似新港非遇大潮舟不能至者”。[③]《彰化县志》记载：“彰邑与泉州府遥对，鹿港（即鹿仔港）为泉、厦二郊商船贸易要地。”[④]

第三个步骤，自乾隆五十五年准台湾淡水厅八里坌对渡福州五虎门至嘉庆十五年（1810），为三口对渡时期，历时约20年。

台湾淡水厅八里坌口，“系贩洋要路，又为台郡北部门户”。[⑤]“上淡水及鹿仔港未设口岸以前，例禁商民出入。乃该管文武各员，并不严行查禁，辄敢收受船户陋规，较之通商口岸，得受规银者，情节较重。”[⑥]

面对商民已在淡水八里坌私下通商的事实，乾隆五十三年（1788）闽省当局奏疏：“淡水八里坌距五虎门水程约六七百里，港道宽阔，可容大船载运，应开设口岸以便商民。”[⑦] 康熙五十五年，清廷正式“覆准台湾府属淡水八里坌对渡五虎门，设口开渡”。[⑧]

---

① 道光《厦门志》卷五《商船》，载《中国方志丛书》（华南地区）第80号，第109页；嘉庆《钦定大清会典事例》卷一九一《户部·关税》，第34~35页。

② 《晋江县志》卷二七，福建师范大学图书馆道光刊本抄本，第1页。

③ 道光《彰化县志》卷一二《艺文志·劝修王功港天后宫疏引》，载《台湾文献丛刊》第156种，台湾银行，1962，第429页。

④ 道光《彰化县志》卷一《海道》，载《台湾文献丛刊》第156种，第21页。

⑤ 张本政主编《〈清实录〉台湾史资料专辑》，第63页。

⑥ 张本政主编《〈清实录〉台湾史资料专辑》，第579页。

⑦ 张本政主编《〈清实录〉台湾史资料专辑》，第568页。

⑧ 嘉庆《钦定大清会典事例》卷一九一《户部·关税》，第35页；道光《厦门志》卷五《商船》，载《中国方志丛书》（华南地区）第80号，第110页。

五虎门（亦称“五虎山”）地隶福州，为闽江出海要冲。《福州府志》记载：“五虎门在大海中冲险海汛，明初汤和攻福州由此入。……其熨斗、馆头、妈祖庙诸澳可泊船。……永乐七年，内官郑和往西洋，于熨斗山筑坛祀南海神。”①

从五虎门入闽江约 40 里，即闽安镇。闽安镇“距省城八十里，为省会咽喉极冲要口，商舶往来辐辏”。清顺治十三、十四年间（1656~1657），郑成功曾“据于此内港”。②

由闽安镇溯江上行约 80 里，即抵省垣南台。乾隆五十五年覆准：五虎门港浅礁多，到口船只因距南台较远（南台大口系闽海关衙署所在地），多系驶进闽安口停泊，令闽安镇税口征税给单。由五虎门出口船只，责成南台税口稽征给单，经过闽安镇口覆验放行。③ 可见，名为五虎门对渡八里坌，实际是福州府属南台口、闽安镇对渡台湾府属淡水八里坌口。

第四个步骤，自嘉庆十五年（1810）起，允许闽省厦门、蚶江、五虎门船只通行台湾三口。

随着社会经济的发展，闽台人民要求进一步放宽海峡两岸通航贸易政策的呼声愈加强烈。嘉庆十四年（1809）九月，台湾淡水乡耆卢允霞等赴巡抚衙门呈称：“缘淡水系产米之区，为内地泉、漳、蚶、厦民食攸关之处，而淡民需用农器货物，全借蚶、厦以资，是淡港之八里坌口，正该蚶、厦船只通行交易，以利民便。”由于淡水米粮不能径运蚶、厦两口，以致内地米价腾贵，“而淡水米粟又当短价贱售，农商交困，彼此惨伤，两地病民莫此为甚”。“伏思淡港八里坌与鹿仔港、鹿耳门均属台地之水口，既以鹿耳门、鹿仔港许其蚶、厦船只交通贸易，何淡港独被其禁制乎。”“霞等身属乡耆，特为两地民艰，跋涉重洋，匍匐千里，佥呈叠叩，恳乞大人疏通淡港，救济两地。”④ 该呈文生动地表明：提供更加便利的通航条件，进一步放宽经贸政策，是海峡两岸人民生存与发展的共同需要。

---

① 乾隆《福州府志》卷一三《海防》，载《中国方志丛书》第 72 号，台北成文出版社，1967，第 313 页。

② 乾隆《福州府志》卷一三《海防》，载《中国方志丛书》第 72 号，第 313 页。

③ 席裕福、沈师徐辑《皇朝政典类纂》卷八六《征榷四·关税》，载《近代中国史料丛刊续编》，文海出版社，1982，第 12 页。

④ 嘉庆《福建沿海航务档案》，福建师范大学图书馆抄本，第 94~95、101~102 页。

嘉庆十五年闽浙总督方维甸奏称“台湾商船向来鹿耳门港口对渡厦门，鹿仔港对渡泉州蚶江，八里坌港口对渡福州五虎门，各有指定口岸。然风信靡常，商民并不遵例对渡，往往因牌照不符，勾串丁役，捏报遭风，即可私贩货物，又可免配官谷，弊窦甚多，应行酌改章程”，酌议三口通行。该年五月二十八日（6月29日）清帝谕内阁：“商船往来贩易，驶赴海口，自应听其乘风信之便，径往收泊。若必指定口岸，令其对渡，不但守风折戗，来往稽迟，且弊窦丛生，转难究诘。现在台湾未运官谷，积压至十五万余石之多，皆由商船规避不运所致，不可不速筹良策。著照方维甸所请，嗣后准令厦门、蚶江、五虎门船只通行台湾三口，将官谷按船配运。”①

从“指定口岸，令其对渡”，到变通为允准厦门、蚶江、五虎门船只通行台湾三口，这无疑是清政府对闽台经贸政策的又一次具有改革意义的调整。

第五个步骤，道光四年（1824），闽省当局奏请增开台湾海丰、乌石两港为正口。

道光初年，姚莹曾言道：“台之门户南路为鹿耳门，北路为鹿港、为八里坌，此为正口也；其私口则凤有东港、打鼓港；嘉有笨港，彰有五条港；淡水有大甲、中港、椿稍、后垅、竹堑、大按；噶玛兰有乌石港，皆商艘络绎。”② 这说明，台湾已有的正口仍不能满足经贸发展的需要；因此各处私口“皆商艘络绎”。

道光四年，闽浙总督孙尔准奏疏：“以台湾海口今昔情形不同，而鹿仔港口门暂被沙淤，港道浅狭，船只出入颇难。又新开噶玛兰仅产米谷，一切器用皆取于外贩。内地福州、泉州等处商民，载日用货物前往易米而归，福泉民食，借资接济，两有裨益。若加裁禁，则商贩不通，于民间殊多未便。乃请将海丰（五条港）、乌石两港一并增设正口，以疏兵谷，而便商艘。”③《厦门志》亦记载：“道光四年，又奏开彰化之五条港即海丰

① 张本政主编《〈清实录〉台湾史资料专辑》，第722页。

② 姚莹：《东槎纪略》卷四，载《中国方志丛书》（台湾地区）第52号，台北成文出版社，1967，第19页。

③ 《明清史料》戊编第十本，中华书局，1987，第945页。

港、噶玛兰之乌石港。自此五口通行五百石之有照渔船。”①

由上可见，康熙二十二年统一台湾后，清政府开始在闽台地区实行对渡贸易政策。在其后约一个半世纪中，这一政策的演变总体上有利于两岸经济的发展。即由指定单口对渡贸易，逐步发展到指定三口对渡贸易，再发展到准厦门、蚶江、五虎门船只通行台湾三口，进而又开通台湾海丰港、乌石港为正口。但要强调的是，在闽台对渡贸易发展的过程中，往往民间私口、私航兴起在先，清政府正式开港、设口在后。闽台人民强烈的通航愿望及民间私口贸易和私航活动的频繁，客观上成了清政府放宽政策的重要推动力量。

二 闽台对渡贸易的发展状况

清代前期闽台对渡贸易政策的实施和不断调整，促使该地区经贸活动空前兴盛。这一时期，闽台经贸发展主要表现在三个方面。

第一，闽台区域间经贸的繁荣。

自实行闽台对渡贸易政策后，闽台地缘优势得以发挥，闽台间的物资交流进入了空前繁荣时期。

在清代前期闽台之间的物资交流中，台湾提供的主要是农副产品。《闽政领要》云：“（台湾）其种植者稻粟而外，更有栽种糖蔗、番薯、芝麻、落花生、绿豆等项，以资民用。丰收之岁，所产米粟除供台澎等处民食外，其余粟石运至内地接济漳、泉民食。”②

关于这一时期台米由民间贩运至闽省各处的情况，官方有许多记载，如：乾隆七年（1742），巡台御使书山、张湄疏称，台湾府“流民渐多，已耗台谷之半。复有兵米、眷米及拨运福、兴、漳、泉平粜之谷以及商船定例所带之米，通计不下八、九十万（石）”。③ 乾隆七年十二月（1743

① 道光《厦门志》卷五《商船》，载《中国方志丛书》（华南地区）第 80 号，第 110 页；《厦门志》又记载：“海丰港，名五条港，道光七年奏准通商。”见道光《厦门志》卷四《防海略》，载《中国方志丛书》（华南地区）第 80 号，第 94 页。

② 德福等编《闽政领要》，福建师范大学图书馆抄本，第 36 页。

③ 乾隆《重修凤山县志》卷四《艺文志》，载《中国方志丛书》（台湾地区）第 14 号，台北成文出版社，1990，第 343 页。

年 1 月)，清帝谕曰，台湾米谷“拨运四府及各营兵饷之外，内地采买既多，并商船所带，每年不下四五十万（石)。又南北各港来台小船，巧借失风名色，私装米谷，透越内地，……运载遂无底止”。[①]

面对这种供不应求的状况，清政府于乾隆十年（1745）规定了商运台粟的数额。该年题准：“福建台湾一府产米素饶，泉漳诸府多仰给于台粟，今商渔船搬运过多，以致漳泉诸府失所援济。嗣后商船每船止许带食米六十石。”[②]

乾隆二十四年（1759）十一月闽浙总督杨廷璋奏称：“台、厦商船，米禁甚严。台湾米多，患谷贱妨农；漳、泉产少，患谷贵病民。即利奸囤，兼滋偷漏。请酌弛米禁，专准横洋船每船带米二百石，谷倍之，定口出入，责令文武官严查。”得旨：“此所谓因地制宜也，如所议行。”[③]

乾隆五十三年（1788）闽省奏准：“台湾横洋船每只准带米四百石，安边船三百石。”[④]

道光十五年（1835）闽浙总督程祖洛奏称：“台湾产米，素称饶裕，漳、泉地方，赖以接济民食。本年据各口报称，运到台米二十万石有奇。核计该郡民食，所余不遇此数。”[⑤] 此外，商民还通过私口将台米贩运到闽省各地。

闽省供给台湾的商品十分丰富，几乎包括除了粮食以外的其他各种生活和生产必需品。

黄叔璥撰《赤嵌笔谈》云：“海船多漳泉商贾，贸易于漳州，则载丝线、漳纱、剪绒、纸料、烟、布、草席、砖瓦、小杉料、鼎铛、雨伞、柑柚子、青果、桔饼、柿饼；泉州则载磁器、纸张；兴化则载杉板、砖瓦；福州则载大小杉料、干笋、香菇；建宁则载茶。回时载米、麦、菽豆、黑白糖饧、番薯、鹿肉售于厦门诸海口。”[⑥]

---

① 张本政主编《〈清实录〉台湾史资料专辑》，第 133 页。

② 席裕福、沈师徐辑《皇朝政典类纂》卷八六《征榷四·关税》，载《近代中国史料丛刊续编》，第 11 页。

③ 张本政主编《〈清实录〉台湾史资料专辑》，第 198 页。

④《清代福建省例》第六册《海防》，福建师范大学图书馆抄本。

⑤ 张本政主编《〈清实录〉台湾史资料专辑》，第 861 页。

⑥ 黄叔璥：《台海使槎录》卷二《赤嵌笔谈·商贩》，载《中国方志丛书》（台湾地区）第 47 号，台北成文出版社，1990，第 30 页。

台湾噶玛兰乌石港、加礼远港二处小口，向有内地之祥芝、獭窟、永宁、深沪等澳采捕鱼舟入口贸易。“兰地僻处全台山后，生齿日繁，人烟辐凑，一切日用所需，全赖各处小船，于春夏之间，入口贸易；倘累以官差，或小加裁禁，舟商一经裹足，地方立见衰颓。惟是每年进口商渔船只，或一百余号至二百余号不等。”① 《噶玛兰厅志》记载：“兰中惟出稻谷，次则白苎，其余食货百物多取于漳、泉；”“其漳、泉来货，饮食则干果、麦、豆，杂具则磁器金楮名轻船货。”②

闽台物资交流的另一个特别项目是官谷商运。

这时期“闽省内地水陆官兵五十三营，与驻防旗兵不下十万”，闽省内地无法满足其粮食需求。对于闽省福州、福宁、兴化、泉州、漳州等府驻兵，“雍正间先后题请半支本色，于台湾额征供粟内拨运，谓之兵米兵谷。又增给戍台兵眷米，亦以台谷运给，谓之眷米眷谷”。《厦门志》云：“台运内地兵眷米谷，每岁八万五千二百九十七石，有闰之年八万九千五百九十五石。乾隆十一年巡抚周学健奏定分配商船运赴各仓。此商运台谷所由来也。”③

清政府规定了闽台各开渡口岸之间商运官谷的“额数”。合计福建内地各仓兵谷眷谷及兵米合谷共86000余石，鹿耳门口岁运谷49000余石，鹿仔港口岁运谷22000余石，八里坌口岁运谷14000余石。

闽省当局还制定了“商船配谷章程”，起初规定：“台、厦往来商船按梁头搭运，赴内地交收，每船自一百石至三百石而止。”④ 嘉庆十九年（1814）议定，无论厦、蚶、五虎船只，梁头五尺至六尺以上者配谷30石；六尺至七尺者配谷40石，七尺至一丈者配谷70石，一丈至一丈五尺者配谷100石，一丈五尺至二丈者，配谷130石，二丈以上照横洋船例配谷180石，糖船仍配谷360石，如系配米，一律减半。

闽台贸易“往来商船皆内地富民所制，初则工料坚实船身宽广，大者可载六、七千石，小者二、三千石，贩运一次获利数千金，配百余石之官

① 姚莹：《东槎纪略》卷二，载《中国方志丛书》（台湾地区）第52号，第21页。

② 咸丰《噶玛兰厅志》卷五《风俗上·商贾》，载《中国方志丛书》（台湾地区）第23号，台北成文出版社，1983，第13页。

③ 道光《厦门志》卷六《台运》，载《中国方志丛书》（华南地区）第80号，第119页。

④ 张本政主编《〈清实录〉台湾史资料专辑》，第146页。

谷，又加以运脚银两，小民急公奉上，安之若素”，“给与七分运脚，商民赔费无多，故得久远遵行”。①

但后来随着闽台商船赴其他省份长途贸易的兴盛，商船配运官谷逐渐成为负担。往台贸易各船，往往载货至宁波、上海、胶州、天津，远者或至盛京，然后还闽，往返半年以上。“官谷在舱日久，惧海气蒸变，故在台配谷时，私自易银置货，其返也以折色交仓不可，然后买谷以应，仓吏挟持为利，久之遂成陋规。”配谷“每石给运脚银六分六厘，初无所苦，既而运谷至仓，官吏多所挑剔，而民货一石水脚银三钱至六钱不等”。② 以上种种原因迫使商民畏缩不前，以致兵米眷谷积压过多。乾隆四十四年至四十六年（1779~1781），“台地未运谷计十四万八千余石”。③ 嘉庆十四年（1809），“台湾积谷未运尚有十四万（石）之多”。④

为了减轻商民负担，嘉庆末年，“先是彰化县知县杨桂森尝建言，请台地改征折色，奏停台运，省议不可”。台澎道叶世倬亦“欲除其弊以恤商，议罢商人配谷”。⑤ 迫至道光七年（1827），当局酌减商船配谷数额，“又以眷谷折色，每年减运二万余石，商力稍纾”。⑥

第二，闽台与其他省份经济交流空前活跃。

清代前期，除闽台指定口岸之外，其他省份尚不得与台湾府直接通航。由于闽台地缘、血缘的关系，这时期闽台与外省之间的经济交流，基本上垄断于闽台商人之手。

康熙年间，福建漳泉商贾就在闽台与江浙、山东等地经营转口贸易。此类海船“或载糖、靛、鱼翅至上海，小艇拨运姑苏行市，船则载布匹、纱、缎、枲、棉、凉暖帽子、牛油、金腿、包酒、惠泉酒；至浙江则载绫罗、棉绸、绉纱、湖帕、绒线；宁波则载棉花、草席；至山东贩卖粗细碗碟、杉枋、糖、纸、胡椒、苏木，回日则载白蜡、紫草、药材、茧绸、麦、豆、盐肉、红枣、核桃、柿饼；关东贩卖乌茶、黄茶、绸缎、布匹、

---

① 道光《厦门志》卷六《台运》，载《中国方志丛书》（华南地区）第80号，第122页。
② 姚莹：《东槎纪略》卷一，载《中国方志丛书》（台湾地区）第52号，第23~24页。
③ 张本政主编《〈清实录〉台湾史资料专辑》，第260页。
④ 《福建沿海航务档案》，福建师范大学图书馆抄本，第100页。
⑤ 姚莹：《东槎纪略》卷一，载《中国方志丛书》（台湾地区）第52号，第23~24页。
⑥ 道光《厦门志》卷六《台运》，载《中国方志丛书》（华南地区）第80号，第122页。

碗、纸、糖、曲、胡椒、苏木，回日则载药材、瓜子、松子、棒子、海参、银鱼、蛏干。海壖弹丸，商旅辐辏，器物流通，实有资于内地”。[①]

台湾生产的糖是与其他省份交流的重要物资。“糖为最，油次之。糖出于蔗；油出于落花生，其渣粕且厚值。商船贾贩，以是二者为重利。”[②]康熙、雍正年间，“三县每岁所出蔗糖约六十万篓，每篓一百七、八十斤；乌糖百斤价银八、九钱，白糖百斤价银一两三、四钱。全台仰望资生。四方奔趋图息，莫此为甚。糖斤未出，客人先行定价；糖一入手，即便装载。每篓到苏，船价二钱有零”。[③]

雍正十三年（1735）八月初四日至乾隆元年（1736）八月初二日，先后抵达天津关的有“闽船七十八只”，所载货物以松糖、白糖为首。[④] 由此亦可见闽台商船往北贸易规模之大。

《彰化县志》记载：“鹿港泉厦郊船户欲上北者，虽由鹿港聚载，必仍回内地各本澳，然后沿海而上”，远至浙江宁波，江南上海，北方旅顺口、盖州、锦州等地。[⑤]

《噶玛兰厅志》记载：“兰俗夏尚青丝，冬用绵绸，皆取之江浙。其来自粤东者惟西洋布，雪白则为衣为裤，女子宜之；元青则为裘为褂，男子宜之。其来自漳、泉者有池布、眉布、井布、金绒布。”[⑥] “丝、罗、绫、缎则资于江、浙。每春夏间，南风盛发，两昼夜舟可抵浙之四明、镇海、乍浦、苏之上海，惟售番镪，不装回货。至末帮近冬北风将起，始到苏装载绸匹、羊皮、杂货，率以为恒一年只一二次。”[⑦] 噶玛兰郊商船户，“年

① 黄叔璥：《台海使槎录》卷二《赤嵌笔谈·商贩》，载《中国方志丛书》（台湾地区）第47号，第30页。

② 道光《台湾志略》，载《中国方志丛书》（台湾地区）第51号，台北成文出版社，1990，第36页。

③ 黄叔璥：《台海使槎录》卷一《赤嵌笔谈·赋饷》，载《中国方志丛书》（台湾地区）第47号，第24页。

④ 《乾隆元年八月初八日长芦巡盐御史兼管天津钞关事务三保奏》，中国第一历史档案馆藏，档案号：《宫中朱批奏折全宗》财政类关税项第308号。

⑤ 道光《彰化县志》卷一《海道》，载《台湾文献丛刊》第156种，第23页。

⑥ 咸丰《噶玛兰厅志》卷五《衣服》，载《中国方志丛书》（台湾地区）第23号，第15页。

⑦ 咸丰《噶玛兰厅志》卷五《商贾》，载《中国方志丛书》（台湾地区）第23号，第13页。

遇五六月南风盛发之时，欲往江浙贩米石，名曰上北。其船来自内地，由乌石港苏澳或鸡笼头搬运聚载，必仍回内地各澳，然后沿海北上”。①

闽台商船还开辟往返广东的航线。“鹿港泉、厦商船向止运载米糖掺油杂子到蚶江、厦门而已，近有深户獭窟小船来鹿者，即就鹿港贩卖米、麦、牛骨等物，载往广东、澳门蔗林等处，回时采买广东杂货、鲢草鱼苗来鹿者，名曰南船。”② “其南洋则惟冬天至广东、澳门装卖樟脑，贩归杂色洋货，一年只一度耳。”③

台湾米谷一般仅限于在闽省范围内销售与调济，但每当邻省遭遇灾荒之年，清政府便调运台米接济。“台湾米石，除本地食用外，如有赢余，不特运往本省漳、泉各郡，在所不禁，即邻近之江、浙各省，偶值米价昂贵，该商等运往贩卖，借以平减时价，亦所时有。且以此地之有余，补彼处之不足。”④ 如道光四年（1824），福建巡抚孙尔准奉旨“在台湾招募商民”，采买台米十四万石，“半糖半米匀载”，贩运天津。清帝谕，此次台米运津，“官为收买，以惠远商，所有应给价值，即照该抚所报米价运费，每石以库平纹银三两六钱为率”；“此次运米原船带回货物，官给印照，所过关津，加恩一律免其纳税。其台湾商人，急公应募，远历海洋，运米至十四万石之多，著该抚孙尔准秉公查明，择其率领办运资本最多、尤为出力者，分别生监、民人，给予顶戴职衔及酌量奖赏，以示鼓励。”⑤

第三，闽台地区直接或间接的对外经济交流。

在相当长的一个时期里，日本需要中国的蔗糖。“盖因日本素无蔗糖，”⑥ “康熙二十三年，部臣苏拜、总督姚启圣、巡抚金鋐、提督万正色会议琉内，有兴贩东洋白糖一项，岁定二万担；不足之数，听在本省采买。”⑦ 康熙二十四年（1685），闽省即派官船十三艘载台湾府产之糖赴日

---

① 咸丰《噶玛兰厅志》卷五《海船》，载《中国方志丛书》（台湾地区）第 23 号，第36 页。
② 道光《彰化县志》卷一《海道》，载《台湾文献丛刊》第 156 种，第 23 页。
③ 咸丰《噶玛兰厅志》卷五《商贾》，载《中国方志丛书》（台湾地区）第 23 号，第13 页。
④ 张本政主编《〈清实录〉台湾史资料专辑》，第 861 页。
⑤ 张本政主编《〈清实录〉台湾史资料专辑》，第 748~750 页。
⑥ 姚贤镐编《中国近代时外贸易史资料》第一册，中华书局，1962，第 84 页。
⑦ 黄叔璥：《台海使槎录》卷一《赤嵌笔谈·赋饷》，载《中国方志丛书》（台湾地区）第 47 号，第 24 页。

本贸易。[①] 此后，台湾蔗糖成为与日本换铜的主要物资之一。

闽台整体经济实力的加强，客观上亦为这时期福建商船大力开展与东南亚国家之间的贸易创造了条件。

三　闽台对渡贸易政策的历史影响

清朝统一台湾后，解除海禁，实行了闽台对渡贸易政策，极大地推动了海峡两岸社会经济的发展。概括起来，这个政策促使闽台区域经济发生了三个方面的深刻变化。

第一，为闽台商民提供了广阔的经贸舞台，并促进了航运业的发展。

自开通对渡口岸之后，闽台航运盛况空前。“厦岛乃南、北、台、澎船只往来贸易之所。”《厦门志》记载：“厦门商船对渡台湾鹿耳门，向来千余号。……厦门通商重地，岁往台湾及南北洋贸易者以发计。”厦门口岸为对台贸易专门建造“横洋船”。“横洋船者，由厦门对渡台湾鹿耳门，涉黑水洋，黑水南北流甚险，船则东西横渡，故谓之横洋。船身梁头二丈以上，往来贸易。……横洋船亦有自台湾载糖至天津贸易者，其船较大，谓之糖船。统谓之透北船。”[②]

闽省沿海许多港湾均有专门经营闽台贸易的商船，如《同安县志》记载，该县所属港口，有“顺字大商船共五只，领给关牌县照，前往奉天、天津、浙江、广东、台湾等处贸易，俱各赴关征税”。[③]《马巷厅志》记载：“乾隆四十一年奉文，据陈坑、刘五店、澳头、大小嶝四澳归厅管理稽查，……其大商船梁头一丈以上者领给关牌厅照，前往奉天、天津、浙江、广东、台湾等处贸易，各赴关征税，编马巷厅新字号。”闽省沿海还有许多“小商船户”，“住居滨海，行船为活，自备资本赴台”。[④]

台湾成为这时期中国经贸活动最为发达的地区之一。台湾府“商旅辐

---

① 姚贤镐编《中国近代对外贸易史资料（1840-1895）》，第 76 页。

② 道光《厦门志》卷五《商船》，载《中国方志丛书》（华南地区）第 80 号，第 108 页。

③ 民国《同安县志》卷五，第 29 页。

④ 乾隆《马巷厅志》卷五《船政》，载《中国地方志集成·福建府县志辑》第 4 册，上海书店出版社，2000，第 400 页。

辏，器物流通；晚稻丰稔，千仓万箱资赡内地”。[①]《噶玛兰厅志》记载：“台湾广不满二百里，绵长二千余里，滨海之鹿耳门、鹿仔港、八里坌、五条港，商船辐辏。”[②]《彰化县志》记载：“鹿仔港，烟火万家，舟车辐辏，为北路一大市镇。西望重洋，风帆争飞，万幅在目，波澜壮阔，接天无际，真巨观也。”[③] 姚莹《东槎纪略》云：“台湾商船皆漳、泉富民所制，……商船大者载货六七千石，小者二三千石。”[④]《台湾志略》云：“台湾岁往江、浙、锦、盖诸州者以千计。”[⑤] 台湾与沿海各省之间的航道，堪属国内最繁忙的航线之一。

第二，由于内地成为台湾农副产品的广阔市场，随着经贸的不断扩展，台湾的开发历经康熙至道光数朝，持续不衰。

《彰化县志稿》云：“初诸罗、凤山未设县署，县令等皆侨居府治；郑氏官民亦多相率迁返内地，台清各地开发，一度陷于停顿，本县地区恢复荒芜状态，汉族居民几近于无。迨康熙中叶起始，有福建泉州人施长龄、杨志申、吴溶以及广东人张振万等至本县地区；或自鹿港登陆，或由诸罗山北进，招工买牛，引水开地，大事垦殖工作。”[⑥]《厦门志》云：“台疆初辟，地力甚厚，三熟四熟，收获丰稔，漳泉粤东之民趋之若鹜，生息蕃庶，场圃日拓。”[⑦] 康熙四十六年（1707）清帝谕曰：“福建内地之民住居台湾者甚多。”[⑧] 此后，台湾之开发进入持续高涨的历史时期。

起初，闽粤人民到台“开垦贸易，并无携带眷口之例”，“居其地者俱系闽粤滨海州县之民，俱于春时往耕，秋成回籍”。雍正十年（1732），经粤督鄂弥达条奏，“部议准令在台流寓之民，搬取家眷团聚”，“凡有妻子

① 乾隆《重修台湾府志》卷一三《风俗》，载《台湾文献丛刊》第 105 种，台湾银行，1961，第 397 页。

② 咸丰《噶玛兰厅志》卷五《风俗上 · 海船》，载《中国方志丛书》（台湾地区）第 23 号，第 34 页。

③ 道光《彰化县志》卷一《封域志》，载《台湾文献丛刊》第 156 种，第 21 页。

④ 姚莹：《东槎纪略》卷一，载《中国方志丛书》（台湾地区）第 52 号，第 23 页。

⑤ 道光《台湾志略》，载《中国方志丛书》（台湾地区）第 51 号，第 21 页。

⑥ 赖炽昌等主编《彰化县志稿》卷一《漳化县志沿革志》，第 22 页。

⑦ 道光《厦门志》卷六《台运》，载《中国方志丛书》（华南地区）第 80 号，第 122 页。

⑧ 张本政主编《〈清实录〉台湾史资料专辑》，第 76 页。

在内地者，许呈明给照，搬眷入台，编甲为良”。[①] 这一政策推动闽粤剩余劳动力资源进一步流入台湾，促进了对台湾田园的开发。

乾隆四年（1739），自“准令在台流寓之民，搬取家眷团聚”，“定例以来，将及八载”之际，闽浙总督郝玉麟奏准，再定一年之限，“务于限内搬取，逾限不准给照”。[②]

乾隆十一年四月（1746年6月），巡视台湾给事中六十七等奏准：“内地民人有祖父母、父母在台，子孙欲来侍奉，或子孙在台，祖父母、父母、妻子内地无依，欲来就养者，准其给照来台，入甲安插。”同年十二月十一日（1747年1月21日）清帝曰：“朕思台郡本产米之区，福、兴、泉、漳等郡，向资接济，从迩来人民赴台者众，然地土亦日渐开垦。”[③] 此后政策虽有反复，然台湾多数民众已普遍组成家庭，社会生活趋向正常。

这时期台湾人口增长与土地开发大体上均呈合理发展态势。

康熙二十二年（1683）八月福建水师提督施琅题报：“（明郑）兵丁有愿入伍及归农者听其自便。至于江浙闽粤各省被获男妇，臣仰体皇仁，已悉令回籍。”[④] 此前台湾人口约10万，清代开海贸易之后，闽、粤赴台开垦者日益增多。乾隆十七年（1752），“原任台湾县知县卢鼎梅纂修县志云，内地穷民在台营生者数十万”。嘉庆十六年（1811），查照保甲门牌核实：台湾县（包括澎湖厅）、凤山县、嘉义县（乾隆五十二年以前称诸罗县）、彰化县（雍正元年设县）、淡水厅共计土著、民户232243人，共计男妇大小户口1901833人。[⑤] 加上当地人，此时台湾人口已逾200万人。

此外，嘉庆十四年（1809）据闽浙总督阿林保等奏，噶玛兰北境居民已聚至6万余人。十六年，清廷立噶玛兰厅，建设衙署，设通判、县丞、巡检各一员，听淡水同知就近控制。[⑥]

清代前期，是台湾有史以来最重要的开发时期。蓝鼎元《覆制军经理

① 道光《福建通志》卷八七《疏议》，清同治十年刻本，第36~37页。
② 张本政主编《〈清实录〉台湾史资料专辑》，第127页。
③ 张本政主编《〈清实录〉台湾史资料专辑》，第59页。
④ 张本政主编《〈清实录〉台湾史资料专辑》，第701页。
⑤ 道光《福建通志·台湾府·户口》，载《中国方志丛书》（台湾地区）第43号，台北成文出版社，1983，第149~151页。
⑥ 张本政主编《〈清实录〉台湾史资料专辑》，第726页。

台疆书》云："国家初设郡县，管辖不过百余里。距今未四十年，而开垦流移之延交二千余里，糖、谷之利甲天下。过此再四、五十年，连内山山后野蕃不到之境，皆将为良田美宅。"① 《彰化县志稿》云，漳化县各堡之开发，先后虽有不同，某些地区明末清初已有开发事迹，然而总体上"盛于康熙至乾隆年间，于此期间，大体约已垦成，后者亦莫迟于道光之年。……于此短短百年期间，本县已由番族散处荆棘丛生之原始地带，辟成繁荣富庶之今日彰化也"。②

清朝统一台湾之初，台湾的耕地面积为18454甲（内田7534甲零，园10919甲零）。康熙二十四年至四十九年（1685~1710），约25年时间，新垦田共11655甲零，"合计通府新旧田园共三万零一百九甲零"。③ 康熙五十年至雍正十三年（1711~1735），约24年，又新垦田园共22753甲，"连前通府合计，旧额、新垦田园共五万二千八百六十二甲（内田14774甲，园38088甲）"。④ 此后，台湾府田园之开垦方兴未艾。仅"乾隆五年起至九年止，增垦田园二千八百五十甲零"。据道光五年（1825）始行入额造报，仅噶玛兰厅陆续新垦田园五千二百八十二甲零。⑤

台湾旧额正供征谷有92128石，雍正十三年（1735）时，仅新垦田园就增征谷80075石。⑥

台湾糖的产量亦不断增长，"台南糖业，自康熙三十五年起，漳、泉

① 乾隆《重修凤山县志》卷四《艺文志》，载《中国方志丛书》（台湾地区）第14号，第357页。

② 赖炽昌等主编《彰化县志稿》卷一《漳化县志沿革志》，第17、22页。

③ 康熙《重修台湾府志》卷五《赋役志·土田》，载《台湾文献丛刊》第66种，台湾银行，1960，第164页。

④ 乾隆《重修台湾府志》卷四《赋役一》，清乾隆十二年刻本，第2页。

⑤ "台地田园，十分曰一甲。每甲东西南北四至各二十五戈，每戈长一丈二尺五寸。其丘塅之方圆曲直宽狭不等，则计尺寸折算。雍正九年定，凡七年以后新垦田园，援照同安下沙则例，化甲为亩，每甲折内地弓步计一十一亩三分零。"参见乾隆《台海见闻录》卷一《田赋》，载《台湾文献丛刊》第129种，台湾银行，1961，第21页。

⑥ 连横：《台湾通志》卷二七《农业志》，广西人民出版社，2005，第346页。道光《福建通志·台湾府》云："台湾府人丁田园正杂饷税，截至道光十年查办道光五年分奏销止，共征粟一十九万七千六百九十三石零，共征银一万四千一十九两余"。参见道光《福建通志·台湾府·户口》，载《中国方志丛书》（台湾地区）第43号，第154页。

二州移台居住之民，经营事业，扩充农家利路”。[①] 康熙后期，高拱乾《禁饬插蔗并力种田示》云，蔗农“惟利是趋。旧岁种蔗已三倍于往昔，今岁种蔗竟十倍于旧年”。[②] 雍正后期，台湾“三县每岁所出蔗糖约六十余万篓，每篓一百七八十斤”，总计每年产糖约在10800万斤之上。[③]

第三，台湾社会经济出现转型之趋势。

一是传统的“男耕女织”的生产与生活方式开始发生变革。这时期台湾被誉为“内地一大仓储”。[④] 台湾农业的开发与经营，主要受内地大市场的调节。其产品除满足自身食用和缴纳赋税之外，主要销售到内地市场。农副产业成了台湾人民换取日用百货的支柱产业。这与自然经济条件下的传统农业已有了质的区别。随着海峡两岸互为市场局面的形成，台湾社会率先出现了“百货皆取之于内地，男有耕而女无织”的现象。[⑤] 在中国区域经济发展史上，台湾社会率先出现了耕与织的分离，传统自然经济出现了初步的分解。

二是台湾商业资本发展迅速。民间商业资本有了重要发展。《噶玛兰厅志》记载：“台湾广不满二百里，绵长二千余里，滨海之鹿耳门、鹿仔港、八里坌、五条港，商船辐辏，资重不下数十百万金。”[⑥]

商人中一种“郊”的组织应运而生。“台湾的‘郊’，是一种类似同业公会之商业团体。”各地各行业的“郊”，分别公推同行中的巨贾富商为首，主持其事。[⑦]“郡治北郊”最早形成商业资本集团，专营台湾与上海、宁波、天津、烟台、牛庄等地之间的商业贸易，其代表商号苏万利，郊中有20余号营商。后“南郊”金永顺继起，有营商30余号，专营金门、厦

① 光绪《安平县杂记·糖业由来》载《中国方志丛书》（台湾地区）第36号，台北成文出版社，1983，第24页。

② 康熙《增修台湾府志》卷一〇《艺文》，载《台湾文献丛刊》第66种，第313页。

③ 黄叔璥：《台海使槎录》卷二《赤嵌笔谈·赋饷》，载《中国方志丛书》（台湾地区）第47号，第24页。

④ 道光《厦门志》卷六《台运》，载《中国方志丛书》（华南地区）第80号，第119页。

⑤ 道光《台湾志略》，载《中国方志丛书》（华南地区）第51号，第36页。有关清代前期台湾社会“男有耕而女无织”问题，笔者另文论述。

⑥ 咸丰《噶玛兰厅志》卷五《海船》，载《中国方志丛书》（台湾地区）第23号，第34页。

⑦ 黎拔刚：《台湾的郊商》《台南古代有名的郊商》，《台南文化》（新刊）（二），载《中国方志丛书》（台湾地区）第97号，台北成文出版社，1976，第603~604页。

门、漳州、泉州、香港、汕头、南澳等处货物运销。“糖郊”出现最晚，由清代台湾规模最大的糖商李胜兴主持，并兼营米糖运销。糖郊财力雄厚，与郡治北郊、南郊鼎足而立，合称“三郊”。[①] 乾隆年间“贸易甚盛，出入之货岁率数百万元，而三郊为之主。三郊者……各拥巨资，以操胜算。南至南洋，北及天津、牛庄、烟台、上海，舳舻相望，络绎于途”。[②]

三是白银在流通领域和民众生活中普遍使用。昔日“台地产谷之区颇艰银货”。随着闽台经贸的发展，“台属贸易俱用番饼”，“台民市易皆用番饼”；“洋钱，银钱也，来自咬噹吧、吕宋诸国。台地交易赀费皆用之。大者，一枚重七钱二分。有二当一者，曰‘中钱’；有四当一者，曰‘芨仔’，且有八当一、十六当一者。台人均谓之‘番钱’，亦称‘番饼’”。[③]

四是资本主义生产关系的萌芽在一些部门产生。闽台区域农副产品商品化程度较高，资本主义生产关系的萌芽最容易在这样的条件下滋长和发展。如，台湾蔗糖明朝即已远销海外，清代蔗糖的畅销进一步促进了台湾制糖手工业的发展。制糖的场所称为“糖廍”，廍中人工有糖师二人、火工二人、车工二人、牛婆二人、剥蔗七人、采蔗尾一人、看牛一人，“工价逐月六、七十金”。[④] 这说明台湾已经出现了资本主义生产关系的萌芽。

海船的分工和雇佣关系更为明确。“南北通商，每船出海即船主一名，舵工一名，亚班一名，大缭一名，头碇一名，司杉板船一名，总铺一名，水手二十余名或十余名。通贩外国，船主一名，财副一名，司货物钱财总捍一名，分理事件火长一正一副，掌船中更漏及驶船针路亚舵工各一正一副，大缭二缭各一，管船中缭索一碇二碇各一，司碇一迁二迁三迁各一，司桅索杉板船一正一副，司杉板及头缭押工一名，修理船中器物择库一名，清理船舱香公一名，朝夕焚香褚祀神总铺一名，司火食水手数十余

① 黎拔刚：《台湾的郊商》《台南古代有名的郊商》，《台南文化》（新刊）（二），载《中国方志丛书》（台湾地区）第97号，第603~604页。

② 连横：《台湾通史》卷二五《商业志》，第333页；卷二七《农业志》，第349页。

③ 乾隆《海东札记》，载《中国方志丛书》（台湾地区）第50号，第28页。

④ 黄叔璥：《台海使槎录》卷三《赤嵌笔谈·物产》，载《中国方志丛书》（台湾地区）第47号，第9页。

名。”[①]《噶玛兰厅志》云：“北船（往江、浙、福州曰北船，往广曰南船，往漳、泉、惠、厦曰唐山船）有押载。押载者，因出海（船中收揽货物司账者曰出海）未可轻信，郊中举一小伙以监之。虽有亢五抽丰，然利之所在，亦难保不无钻营毫末也。”[②] 可见，船中名“出海”者身为船主，收揽货物并司账，系为台湾郊商所雇用。从“虽有亢五抽丰，然利之所在，亦难保不无钻营毫末也”，可见追求赢利，已成风气。

结　语

综上所述，清朝统一台湾后，即顺应历史潮流，结束海禁之局面，实行了闽台对渡贸易政策。在闽台人民私航活动的有力推动下，清朝当局由指定单口对渡贸易逐步改为允许多口通航贸易。这项政策的实施及其调整，带来了闽台区域经济发展史上一场历史性的变革，为闽台经济的振兴与发展提供了十分有利的条件。海峡两岸通过密切的经贸往来，其地缘与血缘优势得以发挥，初步形成了区域性分工和人力与自然资源相互利用、互为市场之局面。从历史上看，闽台直接通航贸易、经济优势互补，是海峡两岸经济发展的最佳选择。闽台通航贸易，亦曾是维系国家统一的重要桥梁和纽带。

本文原载于《福州大学学报》（哲学社会科学版）
2000 年第 2、3 期

① 黄叔璥：《台海使槎录》卷一《赤嵌笔谈·海船》，载《中国方志丛书》（台湾地区）第 47 号，第 20 页。

② 咸丰《噶玛兰厅志》卷五《商贾》，载《中国方志丛书》（台湾地区）第 23 号，第 13 页。

论清前期闽台海防对海外贸易的影响

卢建一

福建是濒海省份，位于亚洲东部南北交通要道，海岸线长达 3051 千米，占全国海岸线的 1/5。台湾岛是中国第一大岛，四面环海，海岸线总长 1600 千米，东濒辽阔太平洋，西隔海峡与福建遥遥相望。台湾海峡是中国与太平洋地区各国海上联系的重要交通枢纽，水深不超过 200 米，浅处仅 80 米，是大陆架延伸的一部分。这种海洋环境，使两岸安危相系。明末著名地理学家顾炎武说："议者谓：澎湖为漳、泉之门户，而北港（即台湾）即澎湖之唇齿，失北港则唇亡齿寒，不特澎湖可虑，漳、泉亦可忧也。"顾炎武认识到，闽台是唇齿相依的关系，海防是国家强盛的保障。海上活动、海外贸易与海防兴衰紧密相连。海防强大，沿海安定，海外贸易就繁荣。反之，则衰落。海外贸易和海上经济是国家财政收入的重要来源，国家经济发展是进一步加强海防建设的基础。海防与海外贸易就是这样一种互为因果、相辅相成的关系。闽台两岸的海洋地理环境，决定了两岸海防一体化。清前期闽台海上战争阴云笼罩，海防成为闽台社会经济发展须臾也不容忽视的问题。本文主要探讨清前期闽台海防对海外贸易的影响、国家海防政策与经济的关系，以期对改革开放、经济建设提供历史借鉴。

一

清前期海防活动主要是针对福建沿海地区的郑成功，海防思想则根据客观形势而变化。清八旗兵长于陆战而短于水战，严于塞防而疏于海防。

在海防上，以抚为主、以统一为核心的思想。清廷诱降招抚郑芝龙，顺利进军福建后，将郑芝龙一行挟往京都，置于清廷控制之下。郑成功树旗抗清后，清、郑双方在福建多次展开拉锯战。在兵力上清军处于优势地位，在实战中却多次处于劣势地位。郑成功北上失利后，转而收复台湾，作为反清复明根据地。由于连年战乱，清朝经济凋敝，军事上也无力解决郑氏集团。只好一方面采取禁海迁界政策，另一方面仍然实施“以抚为主”策略。闽督姚启圣前后招抚投诚官兵 3 万余人，对其妥善安置。招抚政策成效明显，既动摇瓦解了郑氏军心，又削弱了其军事实力。同时，增加了清军的兵源及清廷的劳动力。

康熙二十年（1681），形势大为改观。康熙顺应民心，平定了“三藩之乱”，逐渐扭转了军事上的不利局面。康熙抓住统一台湾的有利时机，及时改变海防策略，把“以抚为主”调整为“以攻为主”，选派熟悉郑氏情况，又有海上作战经验的施琅为福建水师提督。在澎湖之役中歼灭郑氏主力后，康熙将武力攻台改为招降政策，台湾终于回归祖国怀抱。战中有抚，以抚为主，以统一为核心的海防思想是符合当时客观需要的。

台湾回归祖国后，清廷对台湾问题有守、弃两种不同的意见。弃派认为，台湾弹丸小岛，有之不多，无之不少。守小岛花费开支，得不偿失。守派以施琅为首，认为只有守住台湾，才能永绝海滨之祸患。施琅在《恭陈台湾弃留疏》中阐明了台湾的海防战略地位，即台湾“虽属外岛，实关四省之要害。勿谓彼中耕种，尤能少资兵食，固当议留；即为不毛荒壤，必借内地挽运，亦断断乎其不可弃！”清朝的海防思想已从原来的近海防御、海岸防御发展到坚守台湾，并充分认识到台湾海防关系到祖国安危及经济发展，断不可弃。

二

清前期海防政策包含禁海与开海两方面。先是禁海，针对郑氏集团；后因统一台湾，转而实施开海政策。顺治十二年（1655）以后，拥有庞大海船武装的郑氏集团势力日炽，对清廷造成极大威胁，成为心腹大患。为了配合对郑氏集团的全面军事进攻，清廷接受闽浙总督关于沿海省份立即严禁，不许片帆入海，违者立置重罚的建议，规定除给有执照许令出洋的海船外，若官民擅造两桅以上海船，并将违禁货物出洋贩往番国者，交刑部治罪。翌年，清廷正式制定了全面禁海政策，严禁商民船只私自出海。5年之后，又制定了更为严厉的迁界政策，规定山东、江浙、闽广滨海之民，尽迁入内地，设界防守，片板不许下水，粒货不许越疆。在沿海设置界碑，“沿江居民过限者，枭首!”先后5次颁布禁海令，3次颁布迁海令。顺治十八年（1661）三月，郑成功收复台湾后，清廷迁同安等县88万人于内地。禁海迁界措施实质是为了制止东南沿海人民对郑氏集团的支持，结果使福建海外贸易一时处于停滞局面。

禁海迁界政策虽达到了阻止郑氏集团与大陆贸易往来的目的，却促使郑氏集团致力于海外贸易。其创始人郑芝龙，先是为寇海上，继而受明廷招安，一方面镇压或兼并其他海盗集团，另一方面利用拥兵海上的优势，将通洋贩贸控制权揽为己有，建立起富甲东南的郑氏海商集团。清军入闽，虽郑芝龙投降后被挟持北上，但郑氏海商集团海上优势并未削弱。郑成功率部入海，抗清复明，提出“收拾人心，以固其本；大开海道，兴贩各港，以足其饷；选将练兵，号召天下，进取不难”[①] 的主张。厦门成为郑成功据险控扼基地，沿海一带尽为郑氏的势力范围。为了适应抗清斗争和通洋贩贸活动日益发展的需要，郑成功立足闽海，南取粤东，北上浙海，形成控制整个东南沿海的态势。

在郑氏集团庞大的海外贸易网中，对日本的贸易占主导地位。顺治六年（1649），郑成功据有厦门，取代郑彩成为闽海船之主后，当年驶入长崎的70艘中国船中，郑成功势力范围之内的安海船、漳州船、福州船就占了59艘，占当年全部对日贸易的中国商船数量的80%以上。顺治八年（1651），郑成功为了摆脱经济困难，采纳部将冯澄世建议，与日本通好，“借彼地彼粮，以济吾用，然后下贩吕宋、暹罗、交趾等国，源源不绝，则粮饷是而进取易矣”。[②] 入台后，郑氏继续保持对日密切的贸易关系。日

① 江日升：《台湾外纪》卷二，载《台湾文献丛刊》第60种，台湾银行，1960，第91页。
② 江日升：《台湾外纪》卷三，载《台湾文献丛刊》第60种，第123页。

本贸易船队也到台湾贸易，郑氏集团友好相待，以基隆为商埠，许其侨民居住。郁永河《伪郑逸事》载：“海外诸国，惟日本最富强，而需中国百货尤多，闻郑氏兵精颇惮之。又成功为日本妇所出，因以渭阳谊相亲，有求必与，故郑氏府藏日盈。”台湾土地肥沃，气候湿润，农产丰收，但布帛和其他日常生活用品十分缺乏，急需扩展对外贸易。因有海外通商之利，故财用不匮，百姓负担减轻。康熙四年（1665）前，郑经派遣江胜潜据厦门，吸引沿海私商贸易，又“兴贩洋艘岛船，装载鹿皮等物，上通日本，制造铜炮、倭刀、盔甲，并铸永历钱，下贩暹罗、交趾、东京等处以富国”。① 清廷严海禁，未能困死郑成功军队，沿海数千里地尽委而弃之，使郑氏“独握其利，通饬金、厦、铜山、达豪诸镇，与民交易，无相诈虞。凡中国诸货，海外之人皆仰给焉”。②

郑成功锐意拓展海外贸易活动，始终受到来自西方殖民者，尤其是侵占我国台湾的荷兰殖民者的阻挠和破坏。荷兰东印度公司为了控制中国商船，获取必需的中国货物，就以保证郑氏商船航行安全为交换条件，要郑氏商船到台湾和巴城与其贸易。另外屡次制造借口，掳掠往来于东南亚各地的郑氏商船。甚至得寸进尺，向郑成功提出中国商船只许到台湾和巴城与之贸易的无理要求。中国商船由于受到荷兰殖民者限制，错过回航信风，损失巨大。郑成功洞晓了荷兰殖民者欲将通洋之利揽为己有的狼子野心，于是通过通译何廷斌转告荷兰殖民者，如果继续执行这种损人利己的法令，他将以牙还牙，断绝与荷兰的通商关系，让荷兰人自食其果。顺治十三年（1656）六月，郑成功鉴于荷兰殖民者继续对中国商人的迫害和打击，发布了对荷兰殖民者实行贸易制裁的命令，禁止中国商船前往巴城、台湾及马尼拉贸易。此禁令沉重打击了荷兰殖民者的海外贸易利益，迫使其向郑成功妥协。顺治十四年（1657）五月，荷兰东印度公司驻台湾长官揆一派遣通译何廷斌来厦门晋见郑成功，以荷兰人不妨碍郑成功商船前往各地通商为条件，要求郑成功解除禁航令。同时还表示“年愿纳贡，和港

① 江日升：《台湾外纪》卷六，载《台湾文献丛刊》第60种，第237页。

② 连横：《台湾通史》卷二五，载《台湾文献丛刊》第128种，台湾银行，1962，第626页。

通商”，每年向郑成功“输银五千两，箭杯十万支，硫磺千担”。[①] 六月，郑成功解除禁航令。荷兰殖民者不守诺言，继续在海上劫掠郑氏商船。郑成功北伐失利后，荷兰殖民者逮捕与郑成功关系密切的何廷斌，查封郑氏集团在台湾的产业。可见郑成功从对抗荷兰殖民者商业掠夺，直至驱逐荷兰殖民者收复台湾，与其拓展海外贸易活动有极其密切的关系。

郑氏集团还与英国通商。康熙九年（1670），英船到东宁（今台南），受到郑经优待。双方订立协议，规定允许英国人在台自由买卖货物，进口货税3%，出口免征。每次来船，应运载火药枪炮及纺织品。此时郑经回师福建反清，急需武器。英商同意卖给台湾火炮，郑经则保证在郑氏统治区域内给予英人贸易便利。康熙十五年（1676），英国东印度公司派船到厦门设立商馆。厦门是郑清交战之地，康熙十九年（1680），郑经丢失厦门，英国商馆关闭。“1671年，英国曾派遣狭尾帆船‘万丹号’和‘皇冠号’去台湾建立商馆。”[②] 康熙二十年（1681），英国驻台湾商馆关闭，但英国人在中国沿海的贸易活动一刻也没有停止。

此外，郑氏集团与东南亚各国之间也互有贸易往来。郑氏海外贸易的发展、海商资本的积累，成为其军队粮饷和其他费用支出的主要财源。时人云：“成功以海外弹丸之地，养兵十余万，甲胄戈矢，罔不坚利，战舰以数千计；又交通内地，遍买人心，而财用不匮者，以有通洋之利也。”[③] 在处理海防与海外贸易问题上，郑氏集团发展海上武装力量，保障海上贸易，海外贸易利润又可给饷养兵，拓宽疆土，巩固了郑氏集团的统治基础。

由于清郑长期军事对抗，郑氏集团大量的海商资本用于军饷和购买军火。为了战争需要，大批商船又转用为兵船，这都严重影响了台湾海外贸易的发展。再加上清廷迁界封锁的打击，自然影响海外贸易，台湾孤岛支持不了长期战争的费用，财政匮乏，郑氏集团不得不加重对台湾民间的征税和摊派，导致民怨沸腾，这是郑氏集团失败的原因之一。可见，在当时

---

① 杨英：《从征实录》，载《台湾文献丛刊》第32种，台湾银行，1958，第113页。

② H. B. Morse：《东印度公司对华贸易编年史》，区宗华、林树惠译，中山大学出版社，1991，第41页。

③ 郁永河：《伪郑逸事》，载《台湾文献丛刊》第44种，台湾银行，1959，第48页。

的历史条件下，如果失掉与大陆的联系及其支持，台湾作为一个孤岛很难有所作为。

三

清廷禁海政策延续到康熙中叶方有所松动，最具代表性的是江南巡抚慕天颜于康熙十八年（1679）、十九年两次上疏奏请开海贸易，奏疏代表了沿海商民的利益和呼声，但清廷未能予以重视。康熙二十二年（1683）台湾统一后，禁海政策发生了根本变化。康熙二十三年（1684）七月十一日，康熙下谕曰："边疆大臣当以国计民生为念，今虽禁海，其私自贸易何尝断绝？今议海上贸易不行者，皆由总督、巡抚自图便利故也。"① 九月，康熙采纳了工部侍郎金世鉴之请，谕旨："前令开海贸易，谓于闽粤边海民生有益，若此二省民用充阜，财货流通，各省俱有裨益。且出海贸易非贫民所能，富商大贾懋迁有无，薄征其税，不致累民，可充闽粤兵饷，以免腹里省份转输协济之劳。腹里省份钱粮有余，小民又得安养，故令开海贸易。"② 这个时期对海外贸易的管制主要体现在两个方面：一是对某些金属材料及其制品和军火器的贸易禁限；二是对各省贸易商船的标准吨位、分省统一编号、油饰以及按时按地验发船照的规定。这些政策管制虽给沿海贸易带来不便，但毕竟不同于禁海时期。

清廷开海政策体现在清康熙二十三年至二十四年（1685），相继设立闽、粤、浙、江 4 海关，这是中国海外贸易史上一件大事。从此，中国海外贸易正式置于海关管辖之下。海关的设置促进了海外贸易的发展。康熙时期曾以降低征税、简化手续、增设商馆等办法，对外商实行"招徕"政策。清代海关开始缓慢地向近代化过渡，其口岸设置，已从明末只开福建海澄 1 个口岸进行海上贸易，发展到在江、浙、闽、粤 4 省数千里漫长的沿海地带开放近 200 处口岸。设立闽海关，加强了清廷对闽台海外贸易的管理，又发展了闽台海外贸易。清廷不仅继续保持了与琉球之间的贸易，

① 《康熙起居注》第二册，中华书局，1984，第 1200 页。

② 《圣祖仁皇帝实录》卷一一六"康熙二十三年九月甲子"，中华书局，1985，第 212 页。

还加强了与日本之间的贸易。据统计，开海后的40年，福建赴日本贸易的商船共640艘，其中从福州发船的有219艘，从厦门发船的有170艘，从台湾发船的有130艘。

清代开海设关是历史发展的必然，是内外各种因素共同作用的结果。首先，国家的统一是开海设关的直接推动力。清朝以强大水师横渡海峡进行征伐，迫使郑氏降清，海疆安定。康熙意识到海上贸易是无法根绝的，与其让走私者得利，不如变私为公，让官府得利，以有利于国计民生。其次，受到人口压力驱动。雍正二年（1724），蓝鼎元指出："闽、广人稠地狭，田园不足于耕，望海谋生，十居五六。"① 清朝统治者通过开海贸易来缓解沿海人口增长的压力。再次，清初禁海不仅给人民带来灾难，亦给清廷造成财政危机，迁界也影响到清廷的财政收入。福建总督范承谟于康熙十二年（1673）上疏："自迁界以来，民田废弃二万余顷，亏减正供约计二十余万之多，以至赋税日缺，国用不足。"② 康熙十九年，福建总督姚启圣说："照得边海地方播迁，百姓抛产弃业，流离失所者二十年矣，朝廷正供以徙界缺额者四百余万两。"③ 因此，清朝统治者不能不对禁海政策进行反省，对开海重要性有了新的认识。最后，根本原因是，清朝海防力量足以保护海疆，对付外来势力，捍卫主权，协助稽私。要求在海防衙门担当其职的官员"派拨牟兵弹压番商，稽查奸匪，所有海防机宜，均应与各协营一体联络，相度缓急会同办理……遇有关海疆民夷事宜，商渔船出口入口，一面申报本营上司，一面并报海防衙门。"④ 康熙五十五年（1716）十月谕令："沿海炮台足资防守，明代即有之，应要各地设立。"⑤

开海为沿海人民提供了更多的选择，禁锢已久的贩洋船，无论大小，络绎而发。每年出洋船只所用的舵工、水手等船上人员为数甚多，借外来

---

① 蓝鼎元：《鹿洲初集》卷三《论南洋事宜书》，载《鹿洲全集》，厦门大学出版社，1995，第55页。

② 范承谟：《条陈闽省利害疏》，载《魏源全集·皇朝经世文编》卷八四，岳麓书社，2004，第617页。

③ 姚启圣：《闽颂汇编·忧畏轩文告·禁止派扰复业》，载《台湾文献汇刊》第2辑第4册，九州出版社、厦门大学出版社，2004，第145页。

④ 道光《粤海关志》卷二八，道光刻本，第5页。

⑤ 《圣祖仁皇帝实录》卷二七〇"康熙五十五年冬十月"，第270页。

洋船以资生计者也不少。“对渡台湾一岁往来数次，外到吕宋、苏禄、实力、噶喇巴。冬去夏回，一年一次。初则获利数倍至数十倍不等，故有倾产造船者，然骤富骤贫，容易起落，舵水人等借此为活者以万计。”① 开海设关后，闽台沿海经济交流呈扩大态势，如闽台对渡口岸，从康熙二十三年至乾隆四十九年（1684~1784），只有台湾安平鹿耳门与厦门之间单口对渡。其后改为双口对渡，增台湾彰化鹿仔港与泉州蚶江口为对渡口岸。乾隆五十五年（1790），定为三口对渡，增淡水厅所辖八里坌口对渡福州五虎门。道光四年（1824），闽省官府又奏请增开台湾彰化海丰（五条港）、噶玛兰乌石两港为正口。闽省众多船户“住居滨海，行船为活，自备资本赴台”。② 大陆与外国贸易原受当时航海条件限制，货物直接长距离航海运输到海外国家难以办到，而台湾所处的地理位置，是大陆与海外贸易最好的转运口岸。鲁之裕《台湾始末偶纪》载：“台之东所联属者为吕宋、琉球、红毛诸国，西南则交趾，又东则暹罗、佛柔、大年、占城、六昆皆近焉。直西则与麻六甲、唆留叭、哑齐、英圭黎、荷兰、大西洋相通，北则日本、朝鲜，直接乎盛京，要皆可一帆而涉，无者不逾旬日，近或旦夕间可达。”台湾凭借其“内溶于广东、福建、浙江、江苏、山东五省，外复以数十余国”的优越地理条件，成为大陆货物向外国输送的大型集散地。

此外台湾对外贸易也很繁荣，输出的商品有糖、米、煤、樟脑、水产等，输入的商品有绸缎、布匹、药材、铁器、陶器、纸货、杂货等。康熙年间台糖产量曾达到1亿多斤，雍正、乾隆年间，估计平均为9000万斤左右。史载，每年销往国外的台糖数额为1500万~2300万斤。销售台糖利润颇为可观，故台湾商人和福建商人争相贩运销售台糖。

开海之后，贸易港口大大增加，仅福建就有厦门口、同安口、海澄口、福州口、漳州口、泉州口、南台口、台湾口等多处口岸。东洋、西洋、印度洋沿岸国家以及欧洲、美洲国家都与中国有贸易关系，其中美国与中国发生直接贸易关系始于乾隆四十九年。世界各个国家和地区的商人纷至沓来。中国开往海外的贸易商船，数量及吨位都不断增加。康熙二十

① 道光《厦门志》卷一五《风俗》，载《台湾文献丛刊》第95种，台湾银行，1961，第644~645页。

② 《福建沿海航务档案》，福建师范大学图书馆抄本，第5页。

四年，从福州、厦门等地开往雅加达的商船有10余艘，康熙四十二年(1703)有50多艘，康熙五十六年(1717)则多至千余艘。

康熙晚年下令禁止南洋贸易，“凡商船除照旧东洋贸易外，其南洋吕宋、噶罗巴等不许商船前往贸易”。[①] 禁令明显阻碍了福建经济发展。为此，福建沿海地方官员纷纷上奏，主张开海贸易，其中以蓝鼎元《论南洋事宜书》最具代表性。蓝鼎元比较了开海、禁海的利弊，大声疾呼：“南洋诸番，不能为害，宜大开禁网，听民贸易，以海外之有余，补内地之不足，此岂容缓须臾哉。”[②] 雍正五年(1727)，清廷接受开海派的意见，取消了南洋禁航令，福建与东南亚各国贸易又逐步繁荣发展起来。为防止纷杂隐捏之弊，福建只剩下厦门为唯一合法港口，“其余各口俱不准其收泊”。[③] 厦门港从此一崛而起，成为福建海外贸易中心。

乾隆初、中期，清廷对沿海的贸易政策进一步松弛。乾隆二十二年(1757)，清廷谕令番商洋船此后只许收泊广东一地，不准再赴浙江海口。事实上这是针对以英国为首的西方商船，因为在谕令颁布之后，日本及东南亚各国商船仍能自如往来于厦门、宁波、上海各口。故这一时期沿海贸易并没有萎缩。乾隆中期至鸦片战争前，沿海贸易政策基本没有太大的变化，处于一个较为稳定的发展时期。

开海后，除了对兵器、军火仍严禁贸易外，对丝、茶两项也有一定程度的控制。对丝、茶贸易进行控制是因为当时清廷将其视为经闽、粤转口外洋贸易的有机组成部分。而进出口货物品种之多、数量之大，对中国海外贸易而言，则是空前的。出口商品有文化用品，如书籍、绘画、墨、纸等；生活用品如棉布、丝织品、砂糖、水果、药材等。进口商品也大大增多，有白银、黄铜、药材、皮货、香料，其中米为最大宗的进口货物。相对来说，19世纪欧美货物在中国找不到市场，所以夷船来时“所载货物无几，大半均属番银”[④]，大量欧美银元流入中国。

从上可知，清前期由战争而趋向统一，海防上由消极的防御到具备海

---

① 《清朝文献通考》卷三三，光绪八年浙江书局版。

② 蓝鼎元：《鹿洲初集》卷三《论南洋事宜书》，载《鹿洲全集》，第54页。

③ 《宫中档案乾隆朝奏折》第25辑，台北“故宫博物院”，1982，第812页。

④ 《福建巡抚常赉奏折》，载《文献丛编》第176辑。

防实力，结果是海外贸易管制趋向宽松，其中最主要原因是当时海防实力增强。沿海贸易政策是清朝商业政策以及整个政治、经济政策的有机组成部分，虽然每一项具体经济政策指向的对象都是具体的经济活动，但是当清朝统治者制定和实施经济政策时，经济与政治、军事的利益不可兼得，统治者首先考虑的是政治、军事利益。最明显的例子是顺治十二年（1655）以后的海禁政策。为了政治、军事之需，而不惜以断绝全部海上贸易为代价。随着敌对势力的消失，清朝政策重心转变为稳定发展经济，从而达到稳定统治的目的。因而，海防政策对发展国内经济具有十分重要的意义。禁海迁界之时，沿海皆成荒芜之地，海上贸易几乎完全停滞。而鸦片战争前的嘉庆、道光年间，沿海贸易万舟竞发，沿海口岸日见繁盛，这与清廷海防政策松弛有直接的关系。任何一个国家、地区如果不具备宽松、良好的政策环境，要发展起任何一项于国计民生有利的经济事业都是不可能的。

四

海外贸易促进了闽台商品经济、农业、手工业、交通运输业、造船业、海运业等的发展。闽台贸易加速了福建对台移民进程，一方面缓解了福建“地狭人多”、粮食不足的状况；另一方面带来了大陆先进生产技术，加上台湾肥沃的土地和良好的自然地理条件，短短时间内台湾成为我国粮、糖基地。清代台湾作为新形成的农业区域对福建有十分重要的意义，福建成为台湾粮食最主要的输出地。海外及闽台贸易促使台湾一些城镇形成和发展，如鹿仔港原是高山族同胞的聚居地，在与大陆的贸易过程中，迅速发展成为一个港口城镇。到正式开港时，已是“商船云集、行郊林立、商贾栉比、百货充盈”，一片繁荣景象。随着经济交往日益密切，大量大陆货币涌进台湾并广为流通。乾隆时期，海舶自天津、宁波运入者，岁率铜钞数十万贯，为进一步开发台湾注入新的动力。

海防与海外贸易是互为因果的关系，封建统治者对海外贸易既依赖，又控制，既看到海外贸易增加国家财政收入的作用，又担心海商与海外反清势力勾结，因此在造船、贸易、关税等方面对海商加以种种限制，使之符合清朝统治者需要。海外贸易对国家经济发展的作用是多方面的，同时海外贸易需要安定的社会环境，需要强大的海防和海上武装作为后备。因扼于长期的海禁，我国的海外贸易始终不能顺利进行，国内原始积累则少了一个重要的国外源泉，削弱了国外市场对资本主义萌芽的推动力。经济落后导致海防的落后。

在欧洲历史上，海外贸易发挥了巨大的作用，西方国家运用国家力量维护海外贸易权益，不惜以军舰、大炮打开贸易港口。而在中国长期占统治地位的自然经济，限制了海外贸易的发展。尽管海外贸易带来了财政收入，但海关税收占全国财政总收入的比例不大。封建统治者没有意识到制海权对海外贸易的重要意义，未能有效保护海商。中国海商出外贸易时，不仅遭到海盗的抢劫，更受到西方殖民者的掠夺。没有强有力的海防及海上武装力量作后盾，中国海外贸易只能举步维艰，缓慢发展。

本文原载于《海交史研究》2001 年第 1 期

清光绪年以来福建教会契约文书之研究

谢必震

众所周知，福建是我国基督教传播比较早而且影响较为广泛的省份之一。尤其是宋元时期泉州海外交通的兴盛，使基督教在福建的传播十分迅猛。五口通商时期，基督教在福建各地的发展已具有相当规模，清光绪年以来的福建教会契约文书，从一个侧面深刻地反映了这一问题。本文拟对目前搜集整理的 215 件教会契约文书做一客观的评价与分析。

一　契约文书的形制与种类

契约文书是买卖双方交易时的一种法律文书。先由双方同意，然后请人撰写，形式不拘。有的用上好的宣纸、毛边纸或道林纸书写。通常由中引人、知见者、立契人（即卖主）、买主一并到场，请代笔人逐项书写。契约文书上标明永远出租的房地产四至，买于何人，价格如何，银两款项是否收讫，原先的老契是否一并附上，若老契未缴，须注明，日后寻出一律作废。最后由立契人、知见者、中引人、代笔人一一花押，至此生效。

契约签署后，教会需将契约送外国领事馆备案，并缴纳一定的印花税，通常为 1.25～1.50 美元不等，并由领事在契约文书的背面或空白处，钤领事馆的印章，注明出租人姓名和承租者姓名、领事馆之存档号，领事还需签字。由领事与中国地方官府联系勘察后，由地方官署钤上官印以示认可。1915 年，尤溪知县吴佐宸给永春美以美会教士贺为理的信，亦说明了这一点。信的内容如下：

适启者：顷接来函，并租契一纸，聆悉。查教会在内地租地，向来由教士将契送请领事馆，咨送我国外交特派员，会同贵教士勘明界址丈尺，并传集原卖主到案，讯取供结，方能照章盖印发还。兹贵会所租二十九都下寮乡郑庆儒等旧厝，自应查照向章办理，以期手续完备，承嘱盖印，似未便违章适行，尚希原谅。该原租白契一张，寄上察收。至起造炮楼一事，应由县查明核办。此致

驻永春美以美教士贺为理

计附还原白租契一纸

名正具

右尤溪县覆函

吴佐宸

少仪江苏铜山

吴佐宸的信与清光绪年间教会契约文书上的印记相符，可见大致当时立契的过程，如上所述。只是到了后来，不同时期出现了各个机构的验契税单。如光绪三十一年二月，福建等处承宣布政使司，就为光绪二十九年十二月，吴有应等人向邵武美部会出售房产办理粘贴契尾的纳税手续。契尾是遵照乾隆十五年的例子实行。当时的契尾是刻印的，是一种格式固定的文书。

民国初年，有福建国税厅筹备处发放的契单，即对原有的契约文书进行核实，纳税后，发给业主，并加盖邵武县印。

此外，在收藏的教会契约文书中，亦有“官契”“租契”“呈验契单”“卖契”“典契”“收据”“契税清查证”等形式的契约文书。其中还有驻扎邵武的军队将营房出租给邵武美部会女学堂的“给照”，其规制如下：

钦加协镇衔特授邵武城守营参府兼带驻邵福锐右军中营练兵洪

给照事照得案，查北市宝严坊嵩山寺右边上隔壁，向有营房地基一大片，坐北朝南，至嵩山寺隔壁直巷为界，西至罗宅地基为界，南至官街为界，北至本园横墙基址为界，计直深二十一丈七尺，横丈五尺。兹有美部会女学堂与该地比连，函请承租架造，愿年纳帖租等情。据此查该女学堂亦系为地方培植人才，义举自应准如所请，合行给照。为此照仰该会遵照，准予照依前开，界址承租架造管业亦不得贴外侵占民业，议定每年交纳营中地基帖租洋银肆元正，冬成送辕输纳以资造报，不得增减。倘日后或有顶脱与人，应即来辕报明，以昭慎重，而杜冒混，凛遵毋违，须至执照者。

右照给邵武美部会准此

光绪叁拾叁年叁月廿三日给

为了慎重起见，在一些契约签署之后，双方还描绘了房地产的大致形状和范围，附在契约文书之后，使表述更加具体化。

在众多的契约文书中，宣统年间的官契最为庞大，通常官契长近 1 米，宽为 0.67 米。受篇幅的限制，各种契约恕不一一列举。

二　教会契约文书的主要内容

教会契约文书不外以下几个方面的内容：一是教会向民间购买房产、地产。地产包括宅地、田地、山地；二是教会向民间租房、典房；三是教会向民间放贷；四是教会向民间出租房屋或出售房屋等。另外，教徒向教会捐赠财产，也要签订契约。

在现存的教会契约文书中，房产交易涉及民房、店面、营房，以及罚没的房产。关于兵营向教会出租房屋一事，上节介绍契约文书的形制和种类时，已做了引述。罚没房出售给教会的事，亦有两件。一件是光绪三十三年十二月，邵武邱知县将邵武东门外张降仂的房屋标封充公召买。张降仂在家中收拾房屋床铺，专贯与人行奸，被人告官事发，以致房产没收。后被教会以洋银 500 角买下，改建医馆。

另一件是民国某年三月二十五日，邵武知事林杨光写下手谕，将“亏短公款”的乡柜书黄启涛房产充公变卖，其谕如下：

谕

存记观察使七等嘉禾章邵武县知事谕

照得前任县知事魏垂象任内，乡柜书黄启涛亏短公款，业经本知事将伊坐落北市功德坊后港街右边一半住屋，标封召卖，变抵在案。兹据邵武女美部会备具光洋四十元向县承买，自应照准，合行请饰，为此谕仰该会立即遵照，管业如有黄启涛阻碍，准即来甚具报，以凭究办，切切此谕。

右谕邵武女美部会准此

（美国驻福州领事签注　略）

中华民国三月二十五日知事林杨光（福建邵武县印）

在房产的交易中有两件契约的内容是比较有趣的。一件是民国三十五年一月二十二日泉州国立海疆学校向泉州天主堂租借房屋一事。契约全文如下：

国立海疆学校租借泉州天主堂合约字

立租约字人国立海疆学校校长梁龙光。兹以吴文良君介绍，向泉州天主堂神父安抚民协商，租借该堂泉州城内花巷旧址楼房全座（计三层第二层之西半部分暂由天主堂管理三个月后交予学校），及该楼周围旷地与围墙内附属建筑物，议定租期一年，如必要时租期得议延长，租金每月叁万元（国币），天主堂新址由海疆学校津贴修理，费国币壹拾陆万。天主堂神父及教友等须于本年肆月底，迁往新址居住，特立租字两纸，各执存据。

立租约字人国立海疆学校校长梁龙光（花押）

泉州天主堂神父安抚民（花押）

介绍人吴文良（花押）

租金自本年二月一日起支

中华民国三十五年元月廿二日立

另一件是民国二十年八月，泉州天主堂司铎任道远，因扩建天主堂筹措经费，将附属楼房出售一事。契约全文如下：

立约字人泉州天主堂司铎任道远。因建筑天主堂缺地凑锦，由顾衔族中顧大元等公议，献出祖厝后旷地一所，不收地价银两，惟将顾衙应完盈图六甲五户钱，仓米推出粮银四两，仓米折合六升八合八勺，计共每年应完大银壹拾捌元付于天主堂承纳，历来无异。兹因天主堂地点狭小，不敷使用，另行别置，并将天主堂后三层洋楼全座，卖与吴记亲赵漂水为业所有，每年承纳粮米银价壹拾捌元，系为当时购地代价，并非该地配载，银、米、面约仍旧归天主堂承纳，与买主完全无干，今欲有凭，特立约字为照。

见证刘元德（花押）

吴记山（花押）

代笔许庭修（花押）

中华民国二十年八月日立约字人任道远（印）

除了房产交易外，在教会契约文书中亦有教徒捐献财产的记录。如光绪十七年十月，邵武教徒何家富等将房屋捐赠给美部会，用于建小教堂；民国六年十二月，光泽县教徒王长伍向美部会捐赠自己辛苦添置的良田30平；民国三十年三月，晋江县象峰镇教徒蔡九观向天主堂捐赠厝地。

教会具有雄厚的经济实力，故在民间社会中有放贷之举。民国二十三年，泉州许南英因欠银别用，向天主堂任道远神父借贷，留有字据。字据全文如下：

其（立）借字人泉城内观车巷许南英。因欠银别用，向天主堂任神父借出大洋壹仟伍佰元。自二十四古历壹月分起，每月面订利银壹分，逐月交息拾伍元，至母银约本年底清还。恐口无凭，特立借字乙纸，付执为照。

秉笔自己（盖章）

中华民国二十三年古历十二月二十日

立借字人许南英（盖章）

中人蔡祖汀（花押）

三　与教会契约文书相关的几个问题

教会契约文书的内容千篇一律、格式化，语言文字固定不变，似乎研究起来并无太多的东西，实际上并非如此。当我们认真分析不同时期、不同内容、不同形式的教会契约文书后，就会发现值得研究的问题不少。现将阅读教会契约文书的一些不成熟的看法，分述如下。

1. 教会契约文书的专门化

由于福建教会不断发展，经常与当地社会打交道，当地在买房卖房、买地卖地方面已出现了专门为教会承租良田、基地、房屋、山场、池塘等项所印制的租契。附录第170件的契约就是专门为教会印制的。该租契除固定格式外，主要有七条规则，大致内容为：第一，此项契约为教会使用；第二，契约文字表述只能写教堂而不能出现传教人及国籍；第三，契约生效前需公示3日；第四，教会承租、永租同样缴纳各种税；第五，若租赁土地有矿产依矿业条例办理；第六，契约最后日期以缴纳税收之日填写；第七，若还有补充在不违反上述规定的前提下，在“添叙事由”栏中填写，以顺舆情。教堂亦如此。

2. 教会经营活动既普遍又集中

从收藏的215件教会契约文书来看，教会经营活动比较普遍。凡教会存在的地方都不可避免会出现其在当地社会租房、买房、建堂、发展教会等各种活动。这就是它的普遍性。集中是指，教会与当地民间交易的房地产通常在教会固有财产的附近。以邵武为例，教会购置的房地产在位置上就相对的集中，这也是必然的。

3. 教会购置房地产的用途

从教会契约文书中可以了解到教会购置房地产的各种用途，大致有以下几种。

一是实业场所。包括耕种、垦殖具有一定经济收益的山场、果园、菜园等。

二是教会用房。包括教士住宅、勤杂工人住宅、教堂、医院诊所、各类学校等。

三是牛栏。在教会契约文书中发现有大量的地产用作牛栏，这实际上是教会所属畜牧业的发展，牛栏即牧场。

4. 教会影响力的扩大

契约文书所反映的福建教会影响力的扩大，可从两个方面来加以说明。一是教会已与民间各种社会团体保持了广泛的联系。在教会契约文书中，我们看到许多秘密会社将自己的房地产出售给教会，其中出现过的秘密会社、会馆有三仙会、祖师会、圣人会、关帝会、田公会、谷雨社、通泰社、汀州帮、福聚桥、江右抚帮昭武社等。二是其他宗教信仰的财产转为基督教之公产。其中最为典型的例子是，民国元年，福建邵武三十二都东溪村何姓族人，将苗竹山场以10元大洋的价格转让给教会建福音堂。苗竹山场的收入原为东溪村白云庵的祀神之费用，转眼之间成为基督教之公产，这不能不说与基督教会影响力有关系。关于这件契约的具体内容，我们不妨抄录如下：

> 三十二都东溪何姓有苗竹山场一处，坐落白云庵前面一障，从古拨归白云庵以为祀神之费。至光绪二十九年，耶稣教美部会人等，向何姓租出庵门前墩山一障，合会公建福音堂一所，当议每年交纳何姓山租银贰圆正至今。民国元年冬，何姓与教会人等两相酌议，用付洋银拾圆正，其银利息以作每年山租，在后永不向教会收取，此系二比意允，各无异议，是以用立收山租字为据。
>
> 中华民国元年十二月廿一日立收山租字人何永顺（花押）
>
> 何朝富（花押）
>
> 何荣赐（花押）
>
> 立收山租字何国莅（花押）
>
> 何国勋（花押）
>
> 何国璜（花押）
>
> 代笔人熊文峰（花押）

5. 外国领事的介入

如前所述，教会契约文书还必须由外国领事钤印、备案方有效。外国领事的介入，使教会与当地社会的房地产交易带有殖民主义的色彩。

总之，教会契约文书向我们揭示了许多历史问题。通过对教会契约文书的研究，我们能从侧面了解基督教在中国的传播活动，尤其是经济活动，这是一个不可忽视的研究领域，应该引起我们的注意。

附：福建教会契约文书一览

福建教会契约文书一览

序号	卷宗	时间	立契人	承租者	地址	房地产	金额	用途
1	1-1	光绪元年十月	李春芳	摩嘉立	绍武东市进贤坊二铺	房屋	520 两	礼拜堂
2	1-2	光绪二年十二月	梁金增	和若瑟	邵武东市进贤坊	地基	360 两	总堂
3	1-5	光绪十一年五月	蒋永珠	和若瑟	邵武东路二十都同青村	房屋	70 两	避暑地
4	1-6	光绪十三年十二月	黄达德	美部会	邵武东市进贤坊	房屋	260 两	牧师住屋
5	1-7	光绪十四年十二月	虞正兴	和若瑟	邵武东市进贤坊	屋店	410 两	工人住宅
6	1-8	光绪十五年十二月	曾秀峰	美部会	邵武东市进贤坊	店屋	320 两	教会小学
7	1-9	光绪二十五年十二月	王让仁	美部会	邵武东门外紫云桥上	田地	480 元	汉美中学
8	1-10	光绪二十七年十二月	李毓根	美部会	邵武东市遵道坊李家园	地基	140 两	住宅
9	1-11	光绪二十九年十二月	吴应有	美部会	邵武东门外李家园	房、地	881 两	教会住宅
10	1-12	光绪三十三年十二月	邱知县	美部会	邵武东门外	房屋	500 角	医馆
11	1-13	宣统二年三月	龚章	美部会	邵武东门外紫云桥	地基	100 两	差会住宅

续表

序号	卷宗	时间	立契人	承租者	地址	房地产	金额	用途
12	1-14	宣统二年三月	邱秋英	美部会	邵武东市登云桥	园地	20两	住宅
13	1-15	民国元年10月	吴车氏	美部会	邵武东市登云桥	店屋	188两7钱	牛栏
14	1-17	民国2年9月	谢兆岐	美部会	邵武东市登云桥		50两	牛栏
15	1-18	民国3年1月	苏永忠	美部会	邵武东市万家井上	屋	24元	牛栏
16	1-19	民国元年7月	刘炳元	美部会	邵武东市遵道坊李家园	园地	30两3钱	牛栏
17	1-20	民国元年6月	邱永贤	美部会	邵武东市登云桥下	地基	34两5钱	牛栏
18	1-21	民国元年10月	马春生	美部会	邵武东市登云桥下	地	107两8钱	牛栏
19	1-22	民国元年11月	蒋金福	美部会	邵武东市牛栏区大路	地	11两7钱	牛栏
20	1-23	民国元年10月	季步梯	美部会	邵武东市登云桥下	地	17两7钱	牛栏
21	1-24	民国元年11月	陈加福	美部会	邵武东市登云桥下	地	15两	牛栏
22	1-25	民国元年11月	宁志福	美部会	邵武东市登云桥	地	31两7钱	牛栏
23	1-26	民国3年12月	李春淇	美部会	邵武东市登云桥	店屋	200元	牛栏
24	1-28	民国元年12月	龚丑仂	美部会	邵武东市登云桥下	地	10两	牛栏
25	1-29	民国元年10月	邱奇英	美部会	邵武东市登云桥	地	31两8钱	住宅

续表

序号	卷宗	时间	立契人	承租者	地址	房地产	金额	用途
26	1-31	民国 2 年 5 月	邱永高	美部会	邵武东门外遵道坊	地	33 两 3 钱	牛栏
27	1-32	民国 2 年 2 月	邱奇发	美部会	邵武东市登云桥	地	70 两 2 分	住宅
28	1-34	民国 4 年 1 月	官其聚	美部会	邵武东市紫云井	地	42 元	住宅
29	1-35	民国 4 年 1 月	李飞鹏	美部会	邵武东门外遵道坊	地	142 元	住宅
30	1-36	光绪三十三年四月	陈荣发	美部会	邵武东市登云桥	地	30 元	菜园
31	1-37	民国 12 年	宁炳才	美部会	邵武东门外泰山庙对面	地	64 元	学校空地
32	1-38	民国 12 年	陈福怡	美部会	邵武东门外	菜园	77 元	体育场
33	1-39	民国 12 年 1 月	郑水发	美部会	邵武东市外黄茅	菜园	48 两	汉美中学
34	1-40	民国 2 年 12 月	林胜计	美部会	邵武南郊外	田	655 元	实业场
35	1-41	民国 3 年 1 月	林海仂	美部会	邵武南寮	田屋	67 元	空地
36	1-42	民国 4 年 2 月	蔡元丰	美部会	邵武下南寮	田	40 元	
37	1-43	民国 4 年 11 月	谢爱德	美部会	邵武南市白渚桥	地	300 角	住宅
38	1-44	民国 4 年 12 月	李恩荣	美部会	邵武南郊魏家段	屋	130 元	牛栏
39	1-45	民国 4 年 11 月	季恢绪	美部会	邵武东市遵道坊吊桥	店屋	300 元	实业场
40	1-46	民国 4 年 12 月	邱永贤	美部会	邵武东门外登云桥	地	200 角	实业场
41	1-47	民国 7 年 11 月	龚升梁	美部会	邵武南郊外瑶上段	田	387 角	实业场

续表

序号	卷宗	时间	立契人	承租者	地址	房地产	金额	用途
42	1-48	民国7年12月	官进财	美部会	邵武南郊魏家段	田	85角	实业场
43	1-49	民国7年12月	丁柏生	美部会	邵武南郊外瑶上段	田	18元	实业场
44	1-50	民国7年12月	傅有兴	美部会	邵武南门外魁第坊	房	440元	礼拜堂
45	1-51	民国7年12月	徐大寿	美部会	邵武南门外通泰桥	房	120角	住宅
46	1-52	民国7年12月	吴留明	美部会	邵武南门外通泰桥	地	160角	住宅
47	1-53	民国7年12月	陈思灏	美部会	邵武南门外通泰桥	地	40角	住宅
48	1-54	民国7年12月	吴流明	美部会	邵武南郊外白渚桥	菜园	45元	住宅
49	1-55	民国7年12月	郑殿臣	美部会	邵武南门外魁第坊	房	440元	纪念堂
50	1-56	民国8年11月	郭水兴	美部会	邵武南门下寮冈坪	田	26元	实业场
51	1-57	民国8年11月	官继松	美部会	邵武南郊外白渚桥	地	16元	实业场
52	1-58	民国8年11月	严见清	美部会	邵武亨泰纺沙地桥	地	55元	实业场
53	1-59	民国8年11月	蔡兴发	美部会	邵武南门外下南寮坡	地	6元	实业场
54	1-60	民国8年2月	王奇佐	美部会	邵武南郊外下岚寮	房	60元	住宅

续表

序号	卷宗	时间	立契人	承租者	地址	房地产	金额	用途
55	1-61	民国 8 年 11 月	张继璋	美部会	邵武南郊下瑶上段	田	35 元	实业场
56	1-63	民国 8 年 11 月	王奇江	美部会	邵武南门外下	田地	48 元	实业场
57	1-64	民国 8 年 11 月	官梓财	美部会	邵武南门外下南寮	田	400 角	实业场
58	1-65	民国 8 年 12 月	林长胜	美部会	邵武南郊外横街尚书坊	房	27 元	
59	1-66	民国 9 年 12 月	葛学卿	美部会	邵武南郊萧家厂沈家排	田	310 角	实业场
60	1-67	民国 10 年 12 月	邓多奇	美部会	邵武南郊外冬瓜山	山地	200 角	实业场
61	1-68	民国 10 年 4 月	龚先品	美部会	邵武南郊横街	地基	10 元	实业场
62	1-70	民国 11 年 12 月	陈希贤	美部会	邵武南门外三中段	田地	42 元	实业场
63	1-71	民国 11 年 12 月	蔡马面	美部会	邵武南门外下南寮		19 元	实业场
64	1-77	民国 18 年 5 月	刘益坚	美部会	邵武南郊白渚桥	地	40 元	
65	1-78	民国 10 年 4 月	程瑞符	美部会	邵武南郊横街	店屋	60 元	实业场
66	1-79	民国 9 年 5 月	郑光仔	美部会	邵武南门外登云坊	房	13 元	用屋料
67	1-80	民国 6 年 10 月	刘远达	美部会	邵武南门外登云坊	房	53 元	诊所
68	1-81	民国 9 年 5 月	曾章凰	美部会	邵武南门外登云坊	房	70 元	诊所
69	1-82	民国元年 1 月	傅流苟	美部会	邵武将军排中街	房	58 元	实业场
70	1-83	民国元年 1 月	黄绍才	美部会	邵武将军排街尾	房	20 元	实业场

续表

序号	卷宗	时间	立契人	承租者	地址	房地产	金额	用途
71	1-84	民国 19 年 4 月	龚升梁	美部会	邵武南门外白渚桥	地	24 元	实业场
72	1-85	民国 9 年 3 月	黄紫镜	美部会	邵武南门外礁下街	地	8 元	房地
73	1-86	民国 13 年 11 月	朱锦绣	美部会	邵武南门外礁下街	地	25 元	实业场
74	1-87	民国 13 年 12 月	蔡细苟	美部会	邵武南郊下南寮魏家坡	田	80 元	实业场
75	1-88	民国 14 年 12 月	邱硕俚	美部会	邵武芹田三岭巢	山地	50 元	实业场
76	1-89	民国 15 年 4 月	官朱氏	美部会	邵武南郊下	地	22 元	实业场
77	1-90	民国 15 年 3 月	吴胜兴	美部会	邵武南郊下石巢	田	300 角	实业场
78	1-91	民国 4 年 11 月	王奇佐	美部会	邵武南郊下南寮	竹林	4 元	牛栏
79	1-93	民国 6 年 12 月	尤加保	美部会	邵武南郊下南寮			
80	1-94	民国 6 年 12 月	蔡元丰	美部会	邵武南郊下南寮	山地	180 角	牛栏
81	1-95	民国 6 年 12 月	蔡半梯	美部会	邵武南郊下南寮	地	120 角	牛栏
82	1-96	民国 6 年 10 月	王其洪	美部会	邵武南郊下南寮	山地	130 角	牛栏
83	1-97	民国 6 年 12 月	龚家贵	美部会	邵武南郊下南寮	地	6 元	牛栏
84	1-98	民国 6 年 12 月	尤加发	美部会	邵武南郊下南寮	地	80 角	牛栏
85	1-99	民国 7 年 8 月	黄福缘	美部会	邵武南郊下南寮	田	80 角	牛栏

续表

序号	卷宗	时间	立契人	承租者	地址	房地产	金额	用途
86	1-100	民国 8 年 1 月	陈绍龙	美部会	邵武南郊下黄泥岭	山地	70 角	牛栏
87	1-101	民国 6 年 11 月	陈绍龙	美部会	邵武南门外福山窠口	山地	120 角	牛栏
88	1-103	民国 4 年 12 月	谢绍康	美部会	邵武东门外登云桥	店屋	40 元	空地
89	1-104	民国 4 年 12 月	谢绍康	美部会	邵武东门外登云桥	店屋	65 元	住宅
90	1-105	民国 7 年 10 月	廖经积	美部会	邵武东门外谢天君庙下	房屋	35 元	住宅
91	1-115	民国 6 年 11 月	黄光子	美部会	邵武将军排下街	房屋	45 元	山地
92	1-116	民国 6 年 11 月	陈绍龙	美部会	邵武南门外魏家段	山地	100 角	山地
93	1-117	民国 6 年 12 月	黄邹氏	美部会	邵武南门外魏家段	山地	130 角	山地
94	1-118	民国 6 年 11 月	王邹氏	美部会	邵武南门外魏家段	山地	130 角	山地
95	1-119	民国 6 年 11 月	陈绍龙	美部会	邵武南门外魏家段	山地	10 角	山地
96	1-120	民国 6 年 10 月	傅金赦	美部会	邵武南门外魏家段	山地	150 角	山地
97	1-121	民国 7 年 1 月	黄玉庄	美部会	邵武南门外魏家段	山地	180 角	山地
98	1-122	民国 7 年 2 月	黄玉庄	美部会	邵武南门外魏家段	山地	24 元	山地
99	1-123	民国 7 年 2 月	傅金赦	美部会	邵武南门外魏家段	山地	30 角	山地

续表

序号	卷宗	时间	立契人	承租者	地址	房地产	金额	用途
100	1-124	民国7年2月	陈绍龙	美部会	邵武南门外魏家段	山地	200角	山地
101	1-125	民国7年1月	梁国具	美部会	邵武南门外魏家段	山地	130角	山地
102	1-126	民国7年3月	林海仂	美部会	邵武南门外魏家段	山地	140角	山地
103	1-127	民国7年3月	陈曾氏	美部会	邵武南门外魏家段	山地	100角	山地
104	1-128	民国6年12月	黄金成	美部会	邵武南门外魏家段	山地	70角	山地
105	1-129	民国13年12月	高星阶	美部会	邵武南门外魏家段	山地	17元	山地
106	1-130	民国6年11月	官谢氏	美部会	邵武南门外双溪水口	山地	30角	山地
107	1-131	光绪二十九年一月	吴明松	美部会	邵武东门外进贤坊	店屋	60两	医院
108	2-1	光绪二十七年三月	朱焕松	美部会	邵武北市宝严坊	地	69两	
109	2-2	光绪二十七年四月	赵永升	美部会	邵武北市宝严坊	房屋	251两8钱	医院
110	2-3	光绪二十七年四月	黄宗佑	美部会	邵武北市功德坊后巷街	房屋	193两8钱	
111	2-4	光绪二十七年四月	陈毓鑫	美部会	邵武北市功德坊	地	34两4钱	
112	2-5	光绪二十七年四月	黄宗佑	美部会	邵武北市功德坊	地	133两2钱	
113	2-6	光绪二十七年五月	黄宗香	美部会	邵武北市宝严坊	地	34元	

续表

序号	卷宗	时间	立契人	承租者	地址	房地产	金额	用途
114	2-7	光绪二十七年四月	虞德元	美部会	邵武北市宝严坊	地	93两2钱	
115	2-8	光绪二十七年九月		美部会	邵武北市宝严坊		85两	
116	2-9	光绪二十七年十月	吴松艳	美部会	邵武北市宝严坊	地	79两6钱	
117	2-10	光绪二十七年十二月	黄叶吉	美部会	邵武北市功德坊		21两8钱	
118	2-11	光绪二十七年十二月	曾云梯	美部会	邵武北市功德坊后巷口	地	47两	
119	2-12	光绪二十七年十二月	曾云梯	美部会	邵武北市宝严街	地	59两	
120	2-13	光绪十九年三月	杨维辑	美部会	邵武北市功德坊官巷口	房屋	85元	
121	2-14	光绪二十九年十二月	何正椿	美部会	邵武北市功德坊	房屋	80元	
122	2-15	道光十七年十月		美部会	邵武北市功德坊官巷口		40两	
123	2-16	光绪三十年十二月	官从	美部会	邵武北市功德坊	地	30元	
124	2-17	光绪三十三年十二月	饶家辅	美部会	邵武北市宝严坊	地	50两	
125	2-18	光绪三十三年十二月	李友柏	美部会	邵武北市宝严坊	地	50两	
126	2-19	光绪三十三年一月	罗学贤	美部会	邵武北市宝严坊		37元	
127	2-20	光绪三十三年十一月	朱瑞庚	美部会	邵武北市宝严坊	地基	50两	

续表

序号	卷宗	时间	立契人	承租者	地址	房地产	金额	用途
128	2-21	光绪三十三年十二月	饶学谟	美部会	邵武北市宝严坊	地基	24 两	
129	2-22	光绪三十三年三月	驻军	美部会	邵武北市宝严坊嵩山寺	营房	4 两	
130	2-23	民国 9 年 12 月	饶谟标	美部会	邵武北市功德坊	房屋	140 元	妇女学校
131	2-24	宣统元年七月	孙梓松	美部会	邵武北市功德坊	地基	40 两 7 钱	
132	2-25	宣统元年十二月	罗长兴	美部会	邵武北市功德坊	菜园	31 两	
133	2-26	宣统元年十月	张永发	美部会	邵武北市后巷街	房屋	18 两 5 钱	
134	2-27	宣统元年十月	黄炳权	美部会	邵武北市功德坊	房屋	59 两 2 钱	
135	2-28	宣统元年八月	朱开泰	美部会	邵武北市美部会女校旁	地基	200 元	
136	2-29	宣统元年十月	计请标	美部会	邵武北市功德坊	房屋	100 两	
137	2-30	光绪三十四年四月	郑承仕	美部会	邵武北市功德坊	地基	11 元	
138	2-31	宣统元年四月	尹赞汤	美部会	邵武北市功德坊	地基	45 两	
139	2-32	宣统二年九月	杨加保	美部会	邵武东市凤石坊	菜园	51 两 8 钱	妇女学校
140	2-33	民国二年四月	王佐才	美部会	邵武东市凤石坊	地基	10 两	妇女学校
141	2-34	宣统二年九月	叶长春	美部会	邵武东市凤石坊	房屋	41 两 8 钱	妇女学校

续表

序号	卷宗	时间	立契人	承租者	地址	房地产	金额	用途
142	2-35	宣统三年八月	杨安溪	美部会	邵武北市功德坊	房屋	300两	
143	2-36	宣统三年四月	席牵娣	美部会	邵武北市后巷街	房屋	44两	
144	2-37	民国3年12月	王宗喜	美部会	邵武北市功德坊		25元	
145	2-38	民国3年6月	袁家修	美部会	邵武北市功德坊官巷口	地基	19元7角	
146	2-39	民国3年5月	杨苏化	美部会	邵武北市功德坊官巷口	地基	19元7角	
147	2-40	民国3年5月	高从云	美部会	邵武北市功德坊	地	23元8角	
148	2-41	民国3年5月	何国仔	美部会	邵武北市功德坊	地	19元7角	
149	2-43	民国2年4月	王佐才	美部会	邵武东市凤石坊	地	18元	
150	2-44	民国2年4月	李爱娣	美部会	邵武东市凤石坊	地	28元	
151	2-45	宣统2年9月	王茂生	美部会	邵武东市凤石坊	地基	148两	
152	2-46	民国3年5月	黄上苑	美部会	邵武北市功德坊	地基	23元6角	
153	2-47	民国3年5月	魏美球	美部会	邵武北市功德坊	地基	70元	
154	2-48	民国3年5月	何健夫	美部会	邵武北市功德坊	地基	35元	
155	2-49	民国3年3月	杨光林	美部会	邵武北市功德坊后巷街	罚没屋	40元	

续表

序号	卷宗	时间	立契人	承租者	地址	房地产	金额	用途
156	2-50	民国 3 年 5 月	吴桂芳	美部会	邵武北市功德坊	地基	99 元 2 角	
157	2-51	民国 3 年 12 月	梅火生	美部会	邵武北市功德坊后巷街	房屋	60 元	
158	2-52	民国 3 年 3 月	梅火生	美部会	邵武北市功德坊后巷街	房屋	120 元	
159	2-53	民国 3 年 3 月	罗长兴	美部会	邵武北市功德坊	地	115 元	
160	2-54	民国 3 年 3 月	曾梓卿	美部会	邵武北市功德坊	房屋	210 元	
161	2-55	民国 3 年 3 月	饶家兰	美部会	邵武北市功德坊后巷街	房屋	40 元	
162	2-56	民国 3 年 4 月	陈德胜	美部会	邵武北市伍儒坊	地	11 元	
163	2-57	民国 3 年 5 月	王成根	美部会	邵武北市功德坊	地	20 元 3 角	
164	2-58	民国 3 年 5 月	朱重阳	美部会	邵武北市伍儒坊	地	40 元	
165	2-59	民国 3 年 5 月	王成根	美部会	邵武北市段加井	地	13 元 2 角	
166	2-60	民国 4 年 9 月	黄行敬	美部会	邵武北市功德坊官巷口	地	36 元	
167	2-62	民国 4 年 9 月	黄功选	美部会	邵武北市功德坊官巷口	地	90 元 4 角	女校
168	2-63	民国 7 年 1 月	张麟郊	美部会	邵武北市功德坊	房屋	170 元	女校
169	2-64	民国 10 年 1 月	三兴隆	美部会	邵武东市凤石坊	房屋	570 元	医院

续表

序号	卷宗	时间	立契人	承租者	地址	房地产	金额	用途
170	2-65	民国9年12月	李钟秀	美部会	邵武北市功德坊后巷街	房屋	20元	
171	2-66	民国9年10月	杨甫然	美部会	邵武北市功德坊官巷口	房屋	10元	
172	2-68	民国19年11月	郑廷书	美部会	邵武北市功德坊钟楼下	房屋	300元	
173	2-69	民国6年6月	李毓唐	美部会	邵武东门外李家园	房屋	90元	住宅
174	2-70	光绪十五年五月	蒋永福	美部会	邵武东路二十八都	房屋	80两	
175	2-81	光绪十七年十月	何家富	美部会	邵武卅二都白云庵门前	房屋	捐赠	小礼拜堂
176	2-82	民国元年12月	何永顺	美部会	邵武卅二都东溪村白云庵前	房屋	10元	小礼拜堂
177	2-83	光绪三十年十一月	熊联秀	美部会	邵武廿都乌石坪仟简窟	房屋	14两	暑期住宅
178	2-84	民国2年9月	熊铁庚	美部会	邵武廿都乌石坪仟简窟	房屋	6元	暑期住宅
179	2-85	光绪三十一年六月	熊潮秀	美部会	邵武堑洞窟	房屋	8元2角	暑期住宅
180	2-86	民国2年5月	熊灵荣	美部会	邵武枧头丘	房屋	32元	暑期住宅
181	2-87	民国2年2月	熊荣胜	美部会	邵武廿都斜树坑新厝坛	房屋	37两	住宅
182	2-93	民国12年12月	李先启	美部会	邵武金坑瑟山坊后坊	房	200元	礼拜堂
183	2-95	光绪十五年九月	杨廷忠	美部会	邵武洋圳坑中街	地	87两	礼拜堂
184	2-96	光绪三十二年十二月	李刘氏	美部会	邵武六都界首上排	房	120两	礼拜堂
185	2-97	民国7年1月	黄克述	美部会	邵武二都桥下	地	120元	

续表

序号	卷宗	时间	立契人	承租者	地址	房地产	金额	用途
186	2-98	光绪三十四年十一月	张祥千	美部会	邵武东路廿二都拿口	地	118两4钱	礼拜堂
187	2-99	宣统二年三月	陈良谟	美部会	邵武东路廿二都拿口	房屋	26两	礼拜堂
188	2-100	宣统二年四月	刘福积	美部会	邵武东路廿二都拿口	房	50两	礼拜堂
189	2-101	宣统二年七月	危德胜	美部会	邵武东路廿二都拿口	房	1两6钱	礼拜堂
190	2-102	民国7年12月	陈拔胜	美部会	邵武口闽仁义坊	菜园	180元	礼拜堂
191	2-103	民国5年12月	冯金选	美部会	邵武水口寨大街桂林	店屋	50元	礼拜堂
192	2-104	民国8年12月	曹翰全	美部会	邵武五十都龙斗铺前村	房	70元	礼拜堂
193	2-105	民国8年12月	高林氏	美部会	龙泽邑西门外澄清坊	房屋	620元	礼拜堂
194	2-106	民国8年12月	张有元	美部会	龙泽邑三都虎跳		20元	
195	2-107	民国6年12月	王长伍	美部会	龙泽邑二十二都湖边村	地	捐赠	
196	2-132	光绪二十九年一月	邱施氏	美部会	邵武东门外进贤坊	店屋	60两	医院
197		光绪二十九年五月	高衍昌	美部会	邵武北市功德坊	房屋	80元	
198		光绪五年三月	张永奉	江神父	晋江板桥前庄乡	田	19元	
199		光绪十六年七月	陈兆梳	美以美	大田县龙安堡	厝地	100千文	
200		光绪三十一年十二月	张新揭	美以美	大田广济乡	房	84元	
201		光绪三十三年七月	陈禄	美以美	南安高坪乡	田	100两	

续表

序号	卷宗	时间	立契人	承租者	地址	房地产	金额	用途
202		光绪三十三年七月	黄立志	美以美	永春州水磨安乡	园地	100两	
203		光绪三十四年二月	蔡久荣	柯神父	晋邑南关外二十都	厝地	176元	
204		光绪三十四年六月	黄荐贤	美以美	德化湖坂乡	园地	8元	
205		宣统三年六月	林簪登	美以美	永春尊美乡	园地	100角	
206		民国2年3月	叶华赵	美以美	德化国宝乡	园地	204角	
207		民国4年10月	郑庆儒	美以美	尤溪县廿九都下寮乡	房	200元	
208		民国8年8月	王昕廉	美以美	泉州留府庭	厝地	500元	
209		民国9年7月	余德溪	美以美	永春洋上乡	房	6千文	教堂校舍
210		民国17年2月	郑氏	美以美	晋江邑八都安海	厝地	1950元	
211		民国20年8月	任道远	吴记亲	泉州天主堂后	洋楼		
212		民国25年4月	许南英	天主堂	泉州城内观车巷		1500元	借贷
213		民国30年3月	蔡九观	天主堂	晋江县第一区象峰镇	厝地		捐献
214		民国35年1月	梁龙光	天主堂	泉州城内花巷	楼房	3万	
215		1950年7月	黄景钊	天主堂	晋江县许厝埕	菜园	30万元	

注：“两”为银两、“元”为大洋、“角”为小洋、“文”为铜钱、“万”为国币。

本文原载于《基督宗教研究》2002年

五口通商前后福建茶叶贸易商路论略

程镇芳

茶叶出口是福建近代对外贸易的命脉，极盛之时，年创汇达1000万两之巨，居我国各产茶区之首。对这样一种重要的出口商品，清政府历来严加管制，茶叶的运销必须按一定的路线进行，这就是著名的福建茶叶贸易商路（简称“茶路”）。本文拟对五口通商前后福建茶路的变迁及其社会影响做一个粗略的考察，以期推动福建近代对外贸易史的研究。

一

关于福建茶叶出口贸易始于何时，我国文献未有确切的记载。薛福成在《出使四国日记》中说：“中国茶之到欧洲，始于明万历四十年（1612），荷兰之东印度公司携带少许，以供玩好。国朝顺治八年（1651），荷兰始载茶至欧洲发售。越十年，茶市益行，英京始立茶税之律。当时甚为珍贵，馈送王公不过一二磅而已。又越三十年，茶务益盛，英京始多收茶叶之税。”① 薛福成所描述的中国茶叶传入欧洲的情形，当然包括福建茶叶在内，但未有明确的表述。据莫尔斯《东印度公司对华贸易编年史（1635~1834）》记载，1689年由中国厦门出口的150担茶叶，首次直接运往英国②，从而开始了中国内地与英国茶叶直接贸易的新纪元。1697年，

① 薛福成：《出使四国日记》卷二，湖南人民出版社，1981，第63页。

② H. B. Morss, *The Chronicles of the East India Company Trading to China, 1635-1834* (Global Oriental, 2007), p. 9.

伦敦与厦门之间已有船舶直接来往，福建茶叶不断运销英国。然而，终 17 世纪之世，由于茶价昂贵，英国人的饮茶习惯仅在上层社会中流行，英国进口的福建茶叶为数仍极有限。1699 年，英国进口闽茶一共不过 160 担，它们均来自厦门港。

进入 18 世纪以后，中国茶叶的海外贸易开始发生重大的变化。饮茶之风已在英国普遍形成[①]，英国对茶叶的需求量急遽增长，不断派运茶船到厦门购茶。1700 年，6 艘；1701 年，3 艘；1702 年，7 艘；1704 年，2 艘。英国与厦门之间的运茶船络绎不绝。1700 年英国东印度公司在伦敦交易市场出售的中国茶叶有 91183 磅，到 1751 年已上升到 2710819 磅，增长 28.7 倍。[②] 茶叶一跃成为世界性商品。

在西方各国进口的中国茶叶中，绿茶主要来源于安徽、江苏、浙江三省，红茶主要产自福建武夷山山区。在茶叶出口贸易中，红茶占绝大比例。从此武夷山红茶在世界市场上享有盛誉，武夷在英国成为茶叶的代名词。

中国大宗的茶叶出口、世界广阔的茶叶市场，像巨大的磁石吸引着中外贸易界人士。英国东印度公司遂将其整个生意转到中国茶叶的进口上来。“靠胡椒哺育起来”的英国东印度公司，现在“又靠茶叶来喂养自己”。[③] 1704 年，英国东印度公司派出一艘 350 吨的商船“肯特号”(Kent) 来到广州，在装运回国的货物中，茶叶一项就有 117 吨，茶叶第一次成为广州出口贸易的主要商品。从此，广州港的茶叶出口贸易一天天兴盛起来。斯当东在《英使谒见乾隆纪实》一书中记载，18 世纪初，“东印度公司每年出售的茶叶尚不超过五万磅”，到 18 世纪末，“该公司每年销售两千万磅茶叶，也就是说，在不到一百年的时间内茶叶的销售量增加了四百倍”。[④]

广州不是产茶的地区，却是名茶汇集之地。由于广州港地理条件优越，英国到广州的船只逐年增多，贸易活动越来越频繁。1715 年，英国东

---

① 〔美〕威廉·乌克斯：《茶叶全书》上册，中国茶叶研究社，1949，第 26 页。

② 松浦章：《清代前期中英海运贸易研究》，载《中外关系史译丛》第三辑，上海译文出版社，1986，第 238~248 页。

③ M. Greenberg, *British Trade and the Opening of China, 1800 - 1842* (Cambridge University Press, 1972), pp. 2-5.

④ 〔英〕斯当东：《英使谒见乾隆纪实》，叶笃义译，商务印书馆，1963，第 27 页。

印度公司在广州取得建立商馆的权力。1720 年广州进行对外贸易的商人们组织了具有垄断性的公行，对外贸易完全由公行把持。因而广州的茶叶出口贸易实际上是在公行与商馆之间进行的。公行与商馆订立合同，交受货物，然后商馆再把茶叶转卖给英国商人。对茶叶的支配权被操纵在公行手里，公行完全控制了茶市。每年 3 月，商馆与公行订立合同，交茶一次，冬季再交一次。公行茶叶皆由茶商在产茶区联络收购而来，每年 2 月茶商至广州与公行洽谈秋季茶市，公行即据此与商馆订立合同。[①] 英国商馆即英国东印度公司的代理处。英国东印度公司就这样通过商馆—公行—茶商—茶区，买到中国各地名茶。整个 18 世纪，武夷山茶区的红茶正是由茶商—公行—商馆这个渠道从广州由英国东印度公司运销到英国的。直到鸦片战争以前，广州都是中国最大的茶港。

二

鸦片战争以前，清政府实行单口贸易政策，一切对外贸易只能从广州出口。武夷山一水可通闽江口五虎门，但在清政府的闭关政策控制之下，早在 1757 年就有明确规定，这条水道能行船而不可通海，因而福建茶叶出口，不能就便由海路运输，必须绕道由“内河过岭行走”[②]，这就是著名的福建茶路。

驰名世界的武夷红茶，主要产于崇安县的武夷山麓，集散于距崇安县城 25 千米的星村和崇安城外 7.5 千米的赤石。每当茶季之时，本地茶庄或外地茶商遂在星村、赤石建立临时采买所，收购毛茶，加以甄别，烘焙、调和及包装后，再运至通商港口。

星村和赤石原为小山村，因为茶叶贸易的兴盛而繁荣起来。当时星村的著名茶庄有永丰福、福茂新、同泰荣、华记和炳记等，年产茶多者 1500 箱（每箱 30 斤）；赤石的茶庄中最大的是美盛、文园、协盛和森泰，年产茶多者约 4000 箱。

---

① 肖一山：《清代通史》卷中，商务印书馆，1940，第 848 页。

② 道光《厦门志》卷五《洋船附洋行》，载《中国方志丛书》第 80 号，台北成文出版社，1967，第 32 页。

在广州十三行时代，广州为唯一合法贸易港口，从星村、赤石运茶至广州出口，必须水陆跋涉，绕道行走。在星村，将包装好的茶叶置于木筏上（每筏载 12 箱），运至崇安，再靠苦力搬运，攀越武夷山而抵江西铅山。其山道宽约 6 尺，上铺小方块之花岗岩，苦力每次担运 1~2 箱，平均约需 8 日才能到达目的地。从铅山装载在小船上（载重 22 箱）运至河口，自河口换载重量约 200 箱的船绕江而下，出鄱阳湖，再溯赣江而上，经十八滩之湍急地带而到达赣州。在赣州以载重量约 60 箱的船运至南安，然后苦力扛负，穿过梅岭抵达南雄，又用船载到韶州，再换大船（载重量 500~600 箱）顺北江而下，经过珠江到达广州，由广州十三行统筹出口。

从星村到广州经由"内河过岭行走"的茶叶运输路线，全长 1442.5 千米。由于沿途跋涉，通常需要 50~60 天才能到达，这给茶叶出口贸易带来了严重的影响。经历如此漫长的运输过程，茶叶的运价大大提高。

每百斤运费银 3 两 6 钱 5 分。茶路愈长，沿途关卡愈多，茶税负担也越重。"自星村至广州一路共有七个税卡"①，逢卡征税，外加广州海关的贿赂用费，"到英吉利国，每棒税饷又纳银三钱七分五厘"，所以，"茶叶运到英国卖价与武夷山买价，岂止加数倍"。② 漫长跋涉的运输又严重影响新茶的质量和在伦敦上市的时间。因而"内河过岭行走"的茶路运输不能适应世界茶叶市场急剧增长的需要。从 18 世纪后期开始，一系列寻求新茶路的活动拉开了序幕。

1787 年，英国政府在给派往中国的第一个使臣凯思卡特的指令中就明确提出，要中国"划给英国一个地方"作为通商口岸，这个口岸必须"靠近上等华茶的出产地"。③ 但凯思卡特还未抵达中国就病死在途中。1792 年，马戛尔尼使团第一次到了中国，他们追求的目标也包括在中国茶叶产区获得一两块土地，使英国人可在那里居住和扩大对中国的贸易。1832 年，英船"阿美士德"号正式抵达闽江口，开始到福州进行侦察活动。英

① 姚贤镐编《中国近代对外贸易史资料》第一册，中华书局，1962，第 263 页。

② 魏源：《海国图志》卷八一《澳门月报二·论茶叶》，岳麓书社，1998，第 1960 页。

③ 〔美〕马士：《东印度公司对华贸易编年史》卷二，区宗华译，中山大学出版社，1991，第 483 页。

商胡夏米、德国传教士郭士立等人已乘船抵达省河岸畔[①]，他们发现茶叶从福州运往广州出卖，仅运费一项每担就可节省银 4 两，若每年购茶 15 万担，运费便能便宜 60 万两。他们遂向闽浙总督提出："我英国闻盛地出香茶叶，愿以银买之，或以货贸易之。……准英商买卖万望姑容。"[②] 胡夏米的要求遭到福建地方政府的拒绝。1835 年，又有两艘英国大船潜入福州台江内河停泊，他们私驾小船，由洪山桥直上水口，"彼时已有到崇安相度茶山之意"。这时，福州已纷纷传闻英国"欲买武夷山之说"。[③] 可以肯定，在福州正式开埠之前，西方商人已对武夷山地区的产茶情况和福州口岸的运茶航路做过周密的调查，并证实开辟新的茶叶运输路线绝对有利可图。

在西方商人寻求新茶路的同时，闽粤茶商也在为缩短茶叶运输路线而努力。自星村载 50 箱茶叶的船航行至武夷河口，需一日行程，再从武夷河口沿崇阳溪顺流而下直达福州，约需 4~8 日，运费每担 4 钱 3 分，比"内河过岭行走"的路线节省 3 两 4 钱 9 分。茶叶运抵福州后，换中国平底帆船海运，只要 14~15 日即可到达广州。嘉庆十六至十七年（1811~1812），这条新路线已经开通。嘉庆十八年（1813）以后，经此路线运至广州的茶叶数量激增。嘉庆十八年共有 76 万余斤茶叶经此路线运抵广州，嘉庆二十一年（1816）竟有 672 万余斤茶叶，"所增之数不啻十倍"。[④] 如果大量武夷红茶由这条新路线运抵广州，"清政府就会失去内地关卡税的收入"[⑤]，也会侵犯行商的外国贸易独占权，因而行商们"将用尽他们的力量把这种贸易从这个新的路径转移开来"。[⑥] 嘉庆二十三年（1818），行商乃呈请两广总督奏准重申禁止茶叶由福州到广州的海上运输，一切"仍由内河过岭行走"。尽管清政府反复钳制福建茶路的改革，但是，随着茶叶出口贸易事业的发展，旧茶路的废弃、新茶路的开辟是不可避免的。

---

① 萧致治、杨卫东：《鸦片战争前中西关系纪事》，湖北人民出版社，1986，第 367 页。

② 许地山：《达衷集》，载《中国近代史料丛刊续辑》第 5 辑，文海出版社，1973，第 5~6 页。

③ 梁章钜：《归田琐记》卷二，中华书局，1981，第 21 页。

④ 梁廷枬：《粤海关志》卷一八。

⑤ 广东文史研究馆：《鸦片战争史料选译》，中华书局，1983，第 706 页。

⑥ 广东文史研究馆：《鸦片战争史料选译》，第 706 页。

三

鸦片战争后，中国一步一步地沦为半殖民地半封建社会。《南京条约》规定中国开放五口通商，福州成为最早一批通商口岸之一，清朝再也不能维持闭关自守、永禁出洋的格局。西方殖民主义者凭借他们的政治特权，希望能促使新的茶路早日开通。可是，开放五口之后，福州的对外贸易发展迟缓。在 19 世纪 40 年代，虽有英商记连和康普登在福州开办茶叶出口业务的尝试，然先后失败。直至 19 世纪 50 年代初，福州仍未成为武夷茶的输出港。

鸦片战争之后，上海港迅速兴起，以往的“内河过岭行走”，经广州出口的运茶路线渐渐失去其价值。武夷红茶遂转由上海港出口，在通往上海港的运茶路线中，江西河口为茶叶的集散地，遂成为红茶的贸易中心。从河口东北行经水路至玉山，再由人工搬运至浙江常山，玉山至常山，“二埠间有广道，坦坦荡荡，阔约三十英尺，花岗石所铺，中国最佳路也”。[①] 常山在钱塘江上游，沿钱塘江顺流而下至杭州湾，经杭州至上海，由上海装船输往西欧，或再北运至东北和俄国市场。由崇安至上海全程 930 千米，24 天可达。每箱茶运费 1 两 7 钱，比起广州的出口路线，时间和运费都大大节省。这条运输路线的起点——河口便因茶叶贸易而繁荣。此地茶商汇聚，茶栈、旅馆林立，仅河口的徐润就“合股开福德、泉永、茂合、祥记”等茶庄多家。[②] 客船与茶船来往于河口，或从东北方向经玉山至上海，或西往鄱阳湖至广州，河口实为当时一内地著名茶市。

1853 年，大平天国的革命战争和上海小刀会起义切断了武夷山通往广州的旧茶路及通往上海的新茶路，福州成为武夷茶区唯一能保持出口路线畅通的口岸，这是福州新茶路开辟的契机。

当太平军与清军交战于华南、华中地区，“外商怀疑茶商能否橡以往

① 容闳：《西学东渐记》，湖南人民出版社，1981，第 44 页。

② 徐润：《徐愚斋自叙年谱》，载《中国近代史料丛刊续辑》第 50 辑，文海出版社，1974，第 6 页。

那样将茶叶运至广州及上海时，旗昌洋行以其真知灼见，预料到，由于福州政府的力量，福州的开放可能比任何其他口岸维持得长久些。同时，由于福州距离一个大的红茶区不远，该行决定大力开展这个贸易。该行雇有可以完全信赖的中国职员，让他们在茶季携带巨款至内地茶区，以便收购该行所需要的红茶，并循闽江运至福州府。同时，该行还包租了船只往福州装载这种茶叶，运往该行的目的地”。①

美国旗昌洋行的作为，被认为是“福州商务历史的转折点”。② 因为武夷红茶循闽江经福州出口的新茶路已经开通。随着福州港新茶路的开辟，一条最合理、最快捷的运茶路线终于畅通了。红茶从武夷山运到福州只要4~8天就可到达，比起上海路线的24天，广州路线的50~60天，效率提高了好几倍。这条新茶路的开通，促进了福州新茶港的崛起，福州港的运茶船只开始航行至欧美。1853年9月，英国驻福州领事华尔克向香港总督报告说：美国商人“已经有两只船满载茶叶离（福州）港，继之，第三只几天内也要开驶”。③ 接着，英国怡和洋行、宝顺洋行也相继进入福州买茶。不过，“1853年还没有由福州海运出口茶叶的准确记录，但是最少有六只船，大半是挂美国旗的，显然在这个口岸满载而去”。④

美国旗昌洋行是开通福州茶路的先锋，但也要看到，福建茶路的变迁和地方官员与中国商人的支持是分不开的。1853年，最早主张开辟福州茶路的，并非西方商人，而是当时的上海道台吴健彰。当小刀会起义暂时中断上海的红茶货源时，吴健彰因和旗昌洋行老板祁理蕴关系密切，力劝祁理蕴派人员进入福建茶区收购红茶，然后循闽江直运福州出口。祁理蕴终于接受吴健彰的建议，派遣中国买办携巨款深入闽北茶区广为收购。旗昌洋行的尝试一举获得成功。然后把大宗红茶循闽江直运福州，出口欧美。⑤

当时，福建地方政府对旗昌洋行开拓新茶路的行动，是赞许和支持的。咸丰三年（1953），福建巡抚王懿德就以太平军攻打“江楚，茶贩不

① 姚贤镐编《中国近代对外贸易史资料》第一册，第406~407页。

② 姚贤镐编《中国近代对外贸易史资料》第一册，第609页。

③ 姚贤镐编《中国近代对外贸易史资料》第一册，第609页。

④ 姚贤镐编《中国近代对外贸易史资料》第一册，第609页。

⑤ E. R. May, J. K. Fairbank, *America's China Trade in Historial Perspctive* (Cambridge: Harvard University Press, 1986), p. 36.

前，深恐借茶糊口之人失业生事”为由，“奏准暂弛海禁”[1]，支持福建茶商的通海要求。海禁开了以后，“商民趋利若鹜，无不贩运来省”，所以，“闽茶之利较从前不啻倍蓰，盖自上游运省，由海贩往各处，一水可通，即省运费税银不少，是以商利愈厚”。[2] 可见，新茶路的开辟，是得民心的，受到福建各界人士的普遍欢迎。从此，福建的对外贸易发展迅速，福州一跃成为国际茶叶贸易的中心之一。运茶的船只以福州为起点，展开横渡印度洋的大竞航。反之，由于茶路的变迁，运往上海和广州的茶叶从1853年开始逐渐减少，位于旧茶路要道上的江西省河口镇，也因茶路的改道而衰落下去。

四

福州茶路的开通，是中国近代对外贸易史上的大事。它改变了鸦片战争后中国对外贸易的格局，促进了福建茶叶经济的发展，使茶叶贸易成为福建地方经济的支柱。

福州开港以后，茶叶出口贸易发展迅速。进港运茶的外国商船与日俱增。1853年有6艘，1854年有55艘，1855年激增至132艘。茶叶的输出量直线上升，1853～1854年，输往英国595.5万磅，输往美国135.5万磅。1854～1855年则剧增为：输往英国2049万磅，输往美国550万磅。到1857年，福州输出的茶叶高达3188.28万磅，占全国总输出量的34.5%。1860年上半年，输往美国1216.06万磅，比输往英国的还多一倍。1863年输出约5232万磅。1880年是福州茶叶输出的最高峰，这一年共输出约10681万磅。[3] 直至19世纪70年代晚期，福州茶叶输出均居全国之首。

福州茶叶出口数量如此巨大，使它一跃成为举世闻名的茶港。它以输

① 吕佺孙：《闽省征收运销茶税疏》（咸丰五年），载《皇朝道咸同光奏议》卷三。

② 〔英〕卫京生：《福州开辟为通商口岸最初的情况》，刘玉苍译，载《福建文史资料》第一辑，福建人民出版社，1962，第159页。

③ 〔英〕卫京生：《福州开辟为通商口岸最初的情况》，刘玉苍译，载《福建文史资料》第一辑，第159页。

出风靡全球的武夷红茶而吸引着世界各地茶商。“海禁既开，茶业日盛，洋商采买，聚集福州。”[①] 尤其是“南台地方，为省会精华之区，洋行茶行，密如栉比”[②]。著名的洋行有怡和、华记、乾记、协和、天祥、太兴等，国内茶商则有下府、广东、山西三帮。每年茶季一到，国内外茶商纷纷进入福建茶区采办新茶，外销红茶均集中在福州分类包装，然后发运欧美，从而形成福州茶市。

在新茶开市前夕，大量商业资本纷纷流入福州，再渗透到福建全省广大产茶区域。“首春由福州结伴溯江而上，所带资本辄百数十万。”[③] 巨额商业资本涌进闽北山区，不可避免地刺激着福建茶业经济的发展。崇安岁息全借春茗，不少茶业商成为暴发户。崇安县人“邹茂章以茶起家二百余万”。[④] 于是崇安茶区“商贾云集，穷崖僻径，人迹络绎，哄然成市”。[⑤] 由于产茶地区的不断扩大，“多年来茶业在全省就是最重要的事业”。[⑥] 正是福建茶业的发达，为福州跃升为世界茶港提供了雄厚的经济基础。

由于福建茶叶大量出口，福州的对外贸易保持着顺差的绝对优势。如1859年，福州的全部进口额为224.4万元，出口额为1084.8万元；1867年福州对外贸易进口总额为348.9万元，出口额是1290.4万元。[⑦] 福州对外贸易的出超情况一直延续到19世纪末，如1891年福州的贸易额中，外国输入品为638.9万元，国内其他地方输入品为24.3万元；福州出口品为969.1万元。[⑧] 福建茶叶贸易的发展，推动了全国茶叶出口的增长和贸易顺差局面的出现。1844年全国茶叶出口量还不过7000万磅，到1858年则增

---

① 姚贤镐编《中国近代对外贸易史资料》第一册，第609页。

② 《申报》光绪六年十二月十一日。

③ 颜希深：《闽政领要》卷中，载《台湾文献汇刊》第4辑第15册，九州出版社，2004，第40页。

④ 衷干：《茶市杂咏》。

⑤ 中国史学会主编《鸦片战争》第一册，载《中国近代史资料丛刊》，神州国光社，1954，第258页。

⑥ 李文治：《中国近代农业史资料》第一辑，生活·读书·新知三联书店，1957，第447页。

⑦ 姚贤镐编《中国近代对外贸易史资料》第三册，第1621页。

⑧ 姚贤镐编《中国近代对外贸易史资料》第三册，第1621页。

加到 10300 万磅。加上同期华丝出口呈增长趋势，“丝茶出口日趋繁盛，中国对外贸易逐渐由入超变为出超”。①

茶叶大量出口所造成的贸易顺差的有利局面，使外商不得不用白银来购买茶叶。1855 年，怡和、宝顺两家洋行各寄 40 万元，1860 年琼记洋行也寄款 25 万元到福建内地办茶。所有现金都是用来购买新鲜茶叶的。这种情况引起外国金融界的赞叹：“中国的白银外流局面已变成白银继续不断内流了。”② 咸丰年间，仅由英国每年输入中国的白银就达 900 万两之多。③

福州新茶路的开辟，还给福建地方财政带来巨大的益处。19 世纪 50 至 80 年代，茶税成为福建地方财政收入的主要来源。1853 年 4 至 5 月间，福建地方政府“先后奏奉敕部议准”④，开始征收茶叶运销税，成为我国第一个征收茶叶运销税的省份。1859 年又开始征收茶叶厘金，1861 ~ 1865 年，还增加了茶叶附加税。1853 年，茶叶运销税每担银 0. 1484 两；1855 年，提高到每担银 0. 8877 两；1859 年，每担银 1. 6577 两；1865 年后，每担银 2. 3485 两。除了厘金和茶税之外，海关另依照税则征收茶叶出口税，茶叶出口税每担银 2. 5 两。19 世纪 60 至 70 年代，福州茶叶出口税每年都突破 100 万两，约占海关每年所征出口税总额的 1/4。⑤ 毫无疑问，茶税收入是近代福建地方政府的财政支柱。从这一点来说，是其他各省所不能比拟的。

上述种种情况，都是福建新茶路开辟之后对福建省经济发展所带来的良性影响。但是，也要看到，福建茶路变迁所带来的影响，始终是在中国半殖民地半封建贸易制度的格局之内展开的。外国资本进入中国为的是掠夺。新茶路的开辟，首先是为外国资本攫取中国的茶叶资源大开方便之门。随着新茶路的开通，外国资本（洋行）顺藤摸瓜，深入中国的内地山区。买办“内地采购”的制度，就是在这种条件下普遍于福建

① 姚贤镐编《中国近代对外贸易史资料》第一册，第 509 页。

② 姚贤镐编《中国近代对外贸易史资料》第一册，第 528 页。

③ 颜希深：《闽政领要》卷中，载《台湾文献丛刊》第 4 辑第 15 册，第 40 页。

④ 吕佺孙：《闽省征收运销茶税疏》（咸丰五年），载《皇朝道咸同光奏议》卷三。

⑤ E. R. May, J. K. Fairbank, *America's China Trade in Historial Perspctive*, p. 36.

的偏僻茶区流行起来。无疑，这是外国资本对中国侵略加深的一个侧面。

综上所述，福建茶路的变迁，本来是有利于中国对外贸易发展和福建经济振兴的好事，可惜的是，外国资本在不平等条约的庇护之下，充分利用其在茶路上的特权，加深对中国的经济掠夺。这种状况，正反映了中国近代半殖民地半封建贸易制度的特点。

本文原载于《福建师范大学学报》（哲学社会科学版）
1991 年第 2 期

文化民俗编

福建海洋民俗文化的积淀与传承

徐心希

海洋文化是中国传统文化的一个重要组成部分，绚丽多彩的海洋文化增添了中国传统文化的多样性与丰富性。福建海岸线较长，沿海有众多的岛屿。从古至今，福建海洋文化积淀了各个时代的文化特色与精髓，锻造成今天在全国独具特色的福建海洋文化。尤其是福建与祖国的宝岛——台湾一衣带水，加强对海洋文化的研究，在对台研究的框架中具有特殊的意义。闽台民间海洋习俗相近，文化背景相同，民俗文化的研究还大有文章可做。

一　海洋文化的构成与海洋民俗文化的研究意义

文化，从广义上讲，是人类社会所创造的物质财富和精神财富的总和；从狭义上说，是人类社会的意识形态以及与之相适应的社会制度、组织机构和生活状态，是人类的文学、艺术、教育、科学等的结晶和物化形态，是人类文明进步的表征。海洋文化，作为人类文化的一个重要的构成部分和体系，是人类认识、把握、开发、利用海洋，调整人与海洋的关系，在开发利用海洋的社会实践过程中形成的精神成果和物质成果的总和。具体表现为人类对海洋的认识，以及由此而形成的生活方式，包括经济结构、法规制度、衣食住行习俗和语言文学艺术等形态。所谓海洋文化，其实也是地域文化，主要指中国东南沿海一带的别具特色的文化。同时，也包括台、港、澳地区以及海外众多华人区的文化。海洋文化，顾名思义，一是海洋，二是文化，三是海洋与文化结合。学界初步理解为，长期生活在滨海地域的劳动人民、知识分子，一代又一代通过生产实践、科学试验和内外往来，利用海洋创造了社会物质财富，同时也创造了与海洋密切相关的文化艺术、科学技术，并逐步形成了独特的海洋文化。①

在上面所论海洋文化的本质概念中所包括的一切方面，现有的人文社会科学的各分支学科都已经或多或少地分别给予了关注和研究，如哲学、史学、语言文学、社会学、心理学、经济学、民族学、民俗学、法学、宗教学、考古学、人类学（尤其是文化人类学）、文化地理学等。但它们的研究，都是在各自学科的学术立场和视角下进行剖析的，不会有自觉的海洋文化学意识，因而即使是对同一种或同一类海洋文化现象，在它们那里所做出的认知和把握，也不会如同我们站在海洋文化学的学术立场和视角下的认知和把握一样。后者或者从理论上，或者从史料上，或者从当代鲜活的海洋文化生活上，阐述或实证人类海洋文化的总体发生和发展规律以及个案问题。②

本文所指的海洋文化史研究，正如有些学者所说，包括中国和世界海洋文化通史、断代史、专门史及其专题研究，比如：海洋文化的历史分期及其特色研究，历代海洋意识、海洋观念的丰富内涵及其发展演变研究，海洋语言、文学、艺术现象研究，古近海岛、渔村、港口、都会文化研究，沿海社会及其生活方式研究，海洋神话传说与信仰研究，海洋小说、诗文研究，海洋科技发明发展史研究，海上交通与经济贸易及其观念与方式研究，沿海移民与华侨文化研究，中外或域外国际间、地区间、民族间的海洋文化交流研究，近代沿海城市文化现象研究，等等。福建海洋民俗文化是文化领域的一朵奇葩，对其研究显然还跟不上整体文化的研究进度，所以我们应当加强这方面的工作。③

---

① 曲鸿亮：《关于海洋民俗文化的几点认识》，载《中国海洋文化研究》第 1 卷，文化艺术出版社，1999。

② 刘安国：《中国古代在认识海洋上的贡献》，载《中国海洋文化研究》第 1 卷。

③ 曲金良：《发展海洋事业与加强海洋文化研究》，《青岛海洋大学学报》（社会科学版）1997 年第 2 期。

作为地域文化重要组成部分的福建海洋民俗文化由哪些部分构成呢?本文以为可以分成造船民俗、海上生产民俗以及海上生活民俗三大部分。为什么突出造船民俗呢?主要是因为造船民俗与渔民的海洋民俗文化关系较大。通过研究海洋民俗文化,可以直观地了解文化的发展与演变及其与海洋的深层关系,这对于我们今天深入探讨中国传统文化在现实生活中的反映,以及保护海洋民俗文化具有特殊意义。本文分别从这三个部分进行论述和讨论。

二 福建造船传统习俗与船体装饰民俗

早期渔船修造业中,连江造船习俗对闽、浙、台等地有很大的影响。笔者在田野调查中发现,渔船等于渔民的第二条生命,渔船就是渔民的生存空间,一上船就身不由己,只能凭运气。因此,祈求菩萨保佑他们多捕鱼,保佑他们生命安全,是每日必需之事。造船,甚至比造房屋还要重要,要择吉日开工。其时,亲朋送礼,礼物有酒肉、馒头等。上平底板时颇为隆重。渔船下水前,均要精心打扮一番。船头涂上红、黑、白三色,上书“天上圣母娘娘”(即妈祖),再用红、黄、蓝、白、黑五色彩布披挂起来。前后上下都有船对。船头书“虎口出银牙”;桅杆书“大将军八面威风”;船舵书“万军主帅”;船尾书“顺风相送”或“顺风得利”。挑个好日子,锣鼓、鞭炮齐鸣,渔船装扮一新,旌旗飞舞,满载渔民的希望下水。接着是装网(即把渔网装上船),一顶大网由 120 多片网拼合而成,长达数百米。若上新网,要由孕妇来拼头网(即第一、二两片间的拼合),表示“会生”,即会发,讨个彩头。装网时,网上要插满鲜花(多数为月季花)。此时,妇女路过不可跨网,谓不干净;小孩子不可往网底站,以防鱼从网底钻出溜走。①

这里特别要提及的是闽东与闽南充满神秘色彩和诡异传说的船饰文化,它反映出人类在征服海洋、开发渔业过程中,所经历过的恐惧、迷惘、徘徊以及自信和奋力拼搏的精神。这是人类向海洋进军的珍贵记录,

---

① 笔者 2004 年夏季在连江苔箓渔村的田野调查。

也是人类向大自然挑战的艺术象征。经过漆饰后的渔船本身就是一件极为精美的艺术作品。渔民对船首、船尾、船舱和桅杆等各个部位如何漆饰，漆的颜色如何搭配都十分讲究，并逐步形成了一种约定俗成的规矩。史载，明嘉靖年间福建海上从事渔捞作业的，主要是两三人即可操作的小渔船，其形态与装饰，有尖头阔尾的网梭船、平头阔尾的沙飞船、头尾上翘的鹰船和八桨船。调查发现，连江、崇武等渔村一般在船首、船尾和船舷护板上雕有龙虎之首、莲花或被视为龙外甥的海泥鳅，船头上有两只高翘着的船角。闽南捕鱼人尊渔船为“木龙”，认为鱼虾服龙，木龙可保年年有鱼，岁岁丰收；亦寄托了渔民驾龙闯海，乘风破浪，四海平安之企盼。渔船的船角下方两侧，通常有一对外围白色、中间乌黑的眼睛，即“船眼”。每逢新船造就，在安装船眼时，都要举行相习成俗的“定彩”仪式。先择定吉日，再用五彩丝线连同船眼一起钉在船头，然后用新的红布或红纸套在船眼上，即为“封眼”，待新船下海，在欢快的锣鼓、鞭炮声中，船主将红布或红纸揭去，意为木龙“启眼”，亦即画龙点睛之意。闽南渔民造船时，喜欢把铸有“乾隆通宝”字样的古铜钱作为“船魂灵”，定置于渔船水舱。这是借乾隆之“乾”与“坨”谐音，而图其吉祥与龙威。船旗是渔船上的重要装饰。闽南渔场的船旗以三角形彩旗居多，有红底黄字或黑字镶白边或绿边的，有黑底黄字或白字镶黄边或红边的。随着机帆船代替小型木帆船，三角形的小旗就不再插在船尾，而是高高地升在主桅杆上，俗称“定风旗”。它可随着风向的变化而转动，既为船饰，又可帮助渔民随时测定和掌握风向及风力。船饰画通常绘在船体比较引人注目的驾驶舱的画板上。早期船饰画的内容，有足踏莲花的南海观世音菩萨；有脚踩火轮的哪吒太子；有八仙过海图；有武松、关云长等人物的画像；等等。改革开放后，船饰画也展示出新的时代风采。[①]

在万顷波涛神秘莫测的海洋，有无数的渔船劈风斩浪驰骋海疆，广大渔民在漫长的海上作业岁月中，制造了许多各具特色的渔船。福建有造船的优良传统，如在沿海一带有用于传统渔业——小钓作业的“小钓船”（俗称“舢板狗”），背负 1 艘舢板的“钓仔”，背负 2 艘舢板的

① 笔者 2003 年夏季在惠安崇武半岛渔村的田野调查。

“双背”船，背负4艘舢板的“大钓船”（亦称“钓槽”），以及“翅波”、“大捕”、“溜网”和“鹰捕”等，种类繁多，历史悠久。在各类渔船中，有些特别注意装饰，如“连江船”（因来自闽东连江而得名），直到如今，苔箓镇里上了年纪的老人们都还记得，当年载着祖先乘风破浪北上的“连江船”的古老装饰：船前“头根”部位，描绘着翻涌的浪花，托起一轮冉冉升起的红日，这幅图案使人联想起渔船朝迎红日出海捕鱼的情景；船头两侧嵌着一对活灵活现的眼睛，接近船沿处绘着许多五彩缤纷的花朵；船尾两边是一对身体粗壮的泥鳅（也说“神鱼”）；左右舷中央圆形开合处，巧妙地设计着红、黄两色的太极图案；船后尾部还绘有凤凰、牡丹、八仙、八宝等吉祥图案。苔箓当地人称桅顶上的乌鸦旗为“鸦旗”。鸦旗随风转动，在大海航行靠其辨明方向。船舱内还有装饰工巧的神龛，内供海神牌位。装饰民俗是人类审美意识的重要表现。它不单单表现在外表的装饰，更有其内在的深层含义和功能，渔船装饰也不例外。它基于海洋，更有深刻的意义和功利目的。以下分别叙述。

船眼睛：旧时，大凡渔船都有一对明亮清澈的大眼睛，嵌在船头两边。其形状似扁平半球形，眼珠稍凸，眼内壁还各嵌一枚银角子。关于眼珠的视线还颇有讲究，一律朝下，远远望去，眼珠正聚精会神地注视着海面。内行人说，渔船眼珠必须朝下，这样才能看到海中之鱼，捕获到满舱鱼虾。

画神鱼：在船尾左右舷两侧，各画一条翘首生须、摆尾欲游的神鱼。其鱼满身血红，颈带白练，眼睛乌黑，样子像泥鳅，又比泥鳅粗壮，神态逼真，栩栩如生。在福建一代流传着这样的故事，很早以前，东南沿海有条木帆船，装载货物到南洋去。途中遇到鲨鱼包围，一条神鱼救了他们。人们为了答谢这条神鱼的救命之恩，就按它的样子画在不易磨掉的船尾两边，作为纪念。凡画神鱼的船出海，再也没有遇到过大鲨鱼。人称神鱼为“猛”。也有人说船上画的是泥鳅，画在船上是为了引诱鱼群。过去，就是在绲线上搭上鱼饵，诱钓鱼类。每年鱼汛出海钓带鱼时就以带鱼切片为饵，或者以泥鳅代之。泥鳅是带鱼喜食之物。渔民出海，必买泥鳅养在水中带上船作饵，无论捕鱼地点多远，泥鳅均不会死亡变质。[①]

举鬃悬旗：旧时，渔船上插有反映年产量高低的旗子，名“蜈蚣旗”，红色，三角形，其镶边为波浪式布条，远看似无数只蜈蚣脚。以镶边颜色来区别名次：镶黄边的为头名，镶绿边的为第二名，镶白边或蓝边的为第三名。旗边还有条长丝绦，其色同镶边色，一般都插在头桅上。对于这种民俗，福建方言叫“举鬃”。每当冬春汛散海（歇季）后，渔船要评比产量。产量最高者，称“头鬃”，其次为“二鬃”“三鬃”，直到“十五鬃”。由当地渔民帮会发给奖旗，以表奖励。获得最高奖者还要捐最高额钱作为演戏、祭祀之用，以示庆贺。

鸦旗：旧时，在福建一带渔船的桅顶上有一面随风飘舞的旗，福建人称为“桅尾旗”，抑或叫“鸦旗”。鸦旗的大小视船的规格而定，一般为3尺左右长。其前半部分是个用樟木精雕而成的彩色凤凰头，后半部分是块红布，中央用两条竹篾把两者连接固定，又有一根铁棒自上而下贯穿凤头钉在桅顶。航行时旗悬高桅，随风旋转，指示风向，其实鸦旗就是风向旗。如今虽仍叫“鸦旗”，却不见乌鸦。老人们说，过去旗前面是个乌鸦头，乌鸦心肠好，总是将凶兆提前告诉人们。那时出海捕鱼全靠鸦旗来辨风向、测方位，以防止险情发生。后觉乌鸦形象难看，才逐渐变成象征吉祥的凤凰。

船对吉语：福建沿海渔船都有贴挂船对、写吉语条幅的习俗。特别是春节前，为图来年航行一帆风顺、鱼虾丰登，条条船只总要装扮一新。渔民一般在船头贴“船头压流”“龙头生金角，虎口喷银牙”；船舵贴“万军主帅”“船到鱼起”“舵后生风”等；船舷贴“九曲三江水，一网两船鱼”；船尾书“玉橹摇进千里月，绵帆高挂一港风”“顺风得利”；大桅上挂“大将军八面威风”；二桅杆（头桅）挂“二将军开路先锋”；三桅（尾桅）上挂“三将军开风挂角”。条幅、对联可根据不同地区的习惯，挂贴在船上的相应部位。另外，在庆贺新船下水时，也要贴吉祥船对。

船关菩萨：亦称“船官老爷”。在每条渔船的后舱，摆着一个精致的

① 笔者2003年夏季在惠安崇武半岛渔村的田野调查。

神龛。神龛内有一木刻的船关菩萨，旁站顺风耳、千里眼两小神。龛上方的雕柱上刻着祥云瑞色、富贵牡丹等吉祥图案，龛前放一只香炉。新船下海或鱼汛出海都要用全鸡、全鸭、糕饼等隆重祭奠。捕住第一条大黄鱼，要先供菩萨。船关菩萨有男有女，因地而异。男的一般是关云长、鲁班爷，女的为妈祖、寇承女、顺风娘娘等。①

三　福建渔民出海生产和海上劳动习俗

出海之前首先要祭海，祭海的场面极其隆重。祭海在每年开春之际，一般选正月十三，渔船出海捕鱼，必先祭祀海神，也称摆“顺风酒”。渔家敲锣打鼓、放鞭炮，将所奉仰的海神从庙宇中抬至沙滩上，设祭坛、烧香点烛，其场面十分隆重而壮观。除了正月祭海，一般在农历六月十三，即春夏捕鱼结束之后，再次举行祭海活动，目的是庆贺春夏捕鱼丰收，向大海谢恩。若是歉收，更需向海神祈求恩惠，保佑秋冬开捕时取得大丰收。沿海渔村祭海是十分隆重的事情，组织严密，分工也十分细致，往往由德高望重的老渔民牵头，青壮渔民也忙得不可开交，设祭坛、扎彩牌、搭戏台、抬神像等，格外踊跃。祭海的供品是猪（羊）、鸡、鱼（称“三牲”）和用米粉、面粉、薯粉制成的各式各样表示吉祥的面食糕点。一切安排就绪后，祭典仪式隆重开场。清晨，穿上节日盛装的男女老少拥簇在金色的沙滩上，祭坛上彩旗迎风飘扬，彩旗上面写着“水不扬波”“满载而归”“太平无事”“风平浪静”“万里海澄”等吉祥词语。主祭人由德高望重的老渔民担任，其程序如下：第一，开祭、奏乐、放鞭炮；第二，上香，由身穿红衣绿褂的小男童（称“香童”）燃香点烛，意为童心无邪，纯直善良，上香灵验；第三，念祭文，一般由家族中有学问的长者念读；第四，放海生，即将活体小鱼虾放归大海，企望繁衍生息，永续不绝；第五，演艺，此时祭海活动达到高潮，滚龙、舞狮、踩高跷、赶旱船、藤牌舞……应有尽有，再接着，由戏班子演出传统戏剧，大戏开台，往往连唱

① 以上均为笔者1996年夏季在东山铜陵、旧县渔村有关出海、海祭民俗的调查。

三天三夜。[①]

航海与捕鱼过程中，最主要的是辨别风向与防患风灾。中国古代对风有较多的认识，在周初已有关于风暴的具体描述，并在很长的历史时期内把台风称作“飓风”。元代杨瑀在《山居新话》中记载了5条龙卷风同时出现的奇异现象，还在该书中最早记载了龙卷风吸水现象。明代郎瑛在《七修类稿》卷四四《见龙》中，不仅记载了龙卷风状况，且强调了龙卷风与雷、电、风、雨等相伴随的天气条件。[②] 尤须指出的是，有的文献中还详细描述了龙卷风的形成和发展过程。晴天“忽黑云四起，从远岫起。人见之，有尾在云际蜿蜒，不知何物，咸称之曰鼠尾。尝上此路，至湾里溪，渡中流，见一物，在云脚间，或伸，或缩，初见如线，如鼠尾，再见则如绳，如牛尾矣。少顷间，小者大者数十条，更有广至数围，渐渐逼近，风遂暴起，舟子惊曰：‘鼠尾起矣！不速至岸，必被淹没！’”[③]

再以澎湖渔民为例，他们以捕鱼为业，终年出没于波涛之中，故嗜酒如命。光绪《澎湖厅志·风俗篇》云：“妈宫铺以糖酿酒，名曰‘糖烧’。以薯酿酒，名曰‘地瓜烧’。澎民嗜酒特甚，每日三顿不离饮酒者，十室而九，有饮成酒病而不悔者。……澎人常饭，夏用黄黍煮粥，或以高粱舂碎，杂薯片煮食，故富阳周氏谓之‘糊涂粥’，其实民间但称为‘黍糊’耳。生菜种类无多，即萝卜、芋魁恒来自台厦，惟鱼虾为盛耳。”尽管因自然条件所限，当地民众平素饮食俭朴，但一遇“拜拜”“祭祀”，则铺设浪费，一饭数百金，招宴亲朋，极尽炫耀夸张之盛。此风入民国后稍敛。由于经常受台风的威胁，为防御海风，岛上房屋十分低矮。如该志同篇记：“墙壁俱用老古石所砌，其石（即珊瑚石）乃咸气所结，取出时石犹松脆，迨风雨漂淋去尽咸气，即成坚实，价廉而取便，澎之房屋悉用之。其高不过一丈二尺者，非为省工价，因海风猛烈，以防飘刮故耳。木柱瓦料，俱由厦运来，本地亦有烧瓦，然火色不好，脆裂不可用。……屋不欲高，门不甚广，而屋上梁栋必坚，榱桷较密，盖防海风猛烈也。”在与自

---

① 笔者2001年在长乐下沙、金峰等村镇的调查。与笔者在闽南东山所见的海祭仪式基本上大同小异。

② 郎瑛：《七修类稿》卷四四《见龙》，文化艺术出版社，1998，第592页。

③ 《台湾采访册》，载《台湾文献丛刊》第55种，台湾银行，1959，第43页。

然灾害的长期抗争中，澎湖人民积累了丰富的建筑经验。

在长期的海上作业中，渔民口耳相传，形成一系列民俗谚语。

如道光《晋江县志·海防志·风信篇》对于如何防御风灾等就有全面的总结。该篇载："海船利在风，风起灭顺逆，一军安危系焉。信期多在夏秋之间，西北风倏起。或日早白暮赤，天边有断虹，散霞如破帆、鲎尾。西北黑云骤生，昏夜星辰闪动，海水骤变，水面多秽及海蛇浮游于上，蝼蛄放洋，乌鲭波弄，必有飓风将至，须急收按澳。兵船在海遇晚，须先酌量收泊之处，以防夜半风起。追贼亦然，审风信为进止，当局者不可不知也。"该篇还详细记载了全年海上风暴的多发时间，即"飓期"，如："正月初九日，玉皇飓。十三日，关帝飓。廿九日，乌狗飓。二月初二日，白须飓。三月初三日，上帝飓。十五日，真人飓。廿三日，妈祖飓；真人飓多风，妈祖飓多雨。四月初八日，佛子飓。五月初五日，屈原飓。十三日，关帝飓。六月十二日，彭祖飓。十八日，彭祖婆飓。廿四日，洗蒸笼飓。以上三日，皆系大飓旬，虽内港，亦宜避。七月十五日，鬼飓。八月初一日，灶君飓。初三日，是日龙神大会，有飓。十五日，魁皇飓。九月十六日，张良飓。十九日，观音飓。十月初十日，水仙王飓。廿六日，翁爹飓。十一月廿七日，普庵飓。十二月二十九日，火盆飓。自廿四日至年终，每遇大风，名送年风。"① 这些有关海上大风的民俗谚语都是澎湖人民与福建沿海民众长期同大自然的恶劣天气做斗争的理论结晶，至今仍有参考价值。

关于台风的预报方法，中国古代曾提出4种措施。

其一，据断虹、断霓或赤云（晚霞）来预报。这一点在唐代《岭表录异》卷上中已提出，文曰："南海秋夏间，或云物惨然，则其晕如虹，长六七尺。比候，则飓风必发，故为飓母。急见震雷，则飓风不能作矣。舟人常以为候，预为备之。"此外，苏过在《飓风赋》中描述了这种台风的先兆现象。② 但宋代之后，用断虹预报台风普遍起来，诸如在明代娄礼《田家五行·天文类·论星》、明代陈继儒《珍珠船》卷二、明代《东西

① 道光《晋江县志》卷五《海防志》，福建人民出版社，1990，第109页。

② 苏过：《斜川集》，中华书局，1996，第67页。

洋考·占验》、明代《海道经》、清代徐怀祖《台湾随笔》等著作中记载颇多。

其二，据风向变化预报台风。清代郁永河《采硫日记》载："占台风者，每视风向反常为戒，如夏月应南而反北，秋冬与春应北而反南，旋必成台。"① 《测海录》对此预报方法论述得更详细，曰："占台者每视风反常则知之。清明以后，地气自南而北，以南风为常，应南风而反北。霜降之后，地气自北而南，以北风为常，应北而反南，则台将作。六七月北风，则必为台矣。六月初六前后七日，尤宜谨防之，俗云六月防初，七月防半。"

其三，用雷预兆台风。此法在东南沿海广为流行，《采硫日记》卷上云："海上人甚畏之，惟得雷声即止。"②《舟师绳墨·舵工事宜》载："六月雷响止九台，七月雷响九台来。"此外，在《台海使槎录》《测海录》《台湾外记》等著作中，也均提到了响雷与台风的关系。

其四，观察海洋动物的异常以预报台风或大风。明李时珍《本草纲目》卷四三《鳞部》载："文鳐鱼……有翅与尾齐，群飞海上，海人候之，当有大风。"明戚继光《风涛歌》曰："海猪乱起，风不可也，""虾笼得鱼韦，必主风水，""海燕成群，风雨便临。"此外，在《东西洋考》《海道经》中均有"蝼蛄放洋，大飓难当""乌鱼弄波，大飓难当""白虾弄波，风起便知"的记载。《采硫日记》卷上讲："海中鳞介诸物，游翔水面，亦风兆也。"此预报方法原理无疑是正确的，在清《测海录》中已论述得很清楚，文曰："飓风将起，海水忽变为腥秽气，或浮泡沫，或水族嬉于波面，是为海沸，行舟宜慎，泊舟尤宜防。"关于风暴潮，我国古代有不少称呼，更多的情况是称"风潮"，在明清的记载中，其他的称谓有：海沸、海涨、海变、海立、海决、海翻、漫天等。

关于海水盐度的测定，北宋时吴春卿已创立莲子比重计测定盐度法，当时已区分出 2 个等级：官盐与私盐。宋代姚宽正式采用莲子比重计作为卤水质量管理的工具，能区分出 4 个等级：味尤得、味重、味差薄、味更

---

① 郁永河：《采硫日记》卷上，中华书局，1985，第 12 页。

② 郁永河：《采硫日记》卷上，中华书局，1985，第 12 页。

薄。这种测定方法又经元代陈椿、明代诸学者的不断改进，在指导卤水生产上起到了重要作用，直至清代仍用此测定方法。除以莲子作比重计外，在闽中有以鸡蛋、桃仁等作比重计的方法，在广东有以饭、小鱼段等作比重计的方法。

四　福建渔民海上生活习俗

在福建各渔岛，在渔港、渔家，或是正在航行途中的渔船，鱼鲜食俗乃至日常饮食习俗都与众不同，此乃特定环境下形成的殊风异俗。不仅世代相传，而且约束甚严，无论是渔家自身还是外来之客，都必须严格遵守。否则，就被认为大不敬，或是不吉利。

吃鱼的忌讳：吃鱼不能翻鱼身。渔民食鱼，除了带鱼、鳗鱼等鱼体较长的鱼，无论是黄鱼、鲳鱼、鳓鱼，或是石斑鱼、虎头鱼等各种鱼类，一般都仅去其不能食用的鱼内脏，而保留“全鱼”，在鱼体中间划几刀，以使油、酱之类的佐料渗入鱼肉入味。烹饪之后，端上桌来也是全鱼。吃鱼时，一般是主人先以筷指鱼，请客人尝第一筷，然后宾主一道食用。但吃净这一面鱼体的鱼肉后，不能用筷子夹住鱼体翻身，主人不仅自己不会去翻鱼身，也不让客人去翻鱼身。

渔民忌讳“翻船”，其理由不言自明。再则，渔民视船为“木龙”，而龙又是鱼所变，所谓“龙鱼”“鱼龙”之说，即是此意。由船不能翻，到“木龙”不能翻，到鱼不能翻，皆因“鱼”和“龙”紧密相连，且又事关渔民的生命财产安全和一家生计所在，故而“吃鱼不能翻鱼身”也就成为约定俗成的规矩，被所有渔家所认同和严格遵守。无论是在渔民家里，或是在渔船上，皆不能违反此俗。渔家饮食中还有其他种种忌讳，也颇具渔岛特色。羹匙不能背面朝上搁置。在渔船上或渔家做客，你会看到，渔家人在吃羹或汤食时，所用羹匙都是背朝下平放在桌上或碟中，而决不会将匙背朝上搁在羹汤碗沿，男女老幼皆遵循这个习俗。

渔民衣着款式：闽海列岛渔村，明清直至民国时期，乃至 20 世纪 50 年代前期，渔民冬季穿的多为粗布大襟衫，开左衽，为夹衣，初春、秋末为单衣，就连棉袄也是左衽大襟式，棉背心则是左衽大襟无袖；夏季，大多为对襟无领无袖衫，襟上以布质钮攀，裤子则为裤腿肥大的龙裤，腰系布质“撩樵”（即腰带）。渔妇服饰，除左衽大襟衫和“兑裤”外，一般均在腰际系一条长及盖膝或短至膝上的裙裾，俗称“布襤”。这种服饰，具有春秋战国时期吴越先人的服饰遗风。只是根据海洋生产的特点和生活的需要，做了不少改造，但主要特征未变。渔民喜爱的十字裆龙裤，就是闽越古风在渔民服饰习俗上的集中体现与发展。清末民初，渔民中盛行用蓝色或青色斜纹花其布料，制作十字裆龙裤。这种龙裤的裤腰两边有用七彩丝线绣的“八仙过海”图案，或是观世音菩萨的莲台祥云，或是青松白鹤，还有黄龙飞禽等图样；腰身前后裤子上，再分别绣上“顺风得利”与“四海平安”等祈求平安丰收的字样。

渔民海上生产形成的俗语：在长期的生产实践中，闽南渔民积累了不少经验，并总结出许多语言生动、简明扼要的渔谚。如石狮蚶江的渔民说“二八好行舟”，因为二月、八月气候温和，没有台风威胁，也没有强大的北风，风向时南时北，对南来北往之行舟均适宜；“六月上红云，劝君莫驶船”，如果六月间天上偶有红云，那么3天内就必定有强风或台风，不宜出航；“四月割碇走”，要是四月间打雷，这就警告人们，风暴随后即到，尚在海上放碇捕鱼的渔船，连收碇的时间都没有了，要立即割掉碇绳，急速返港避风。惠安崇武渔民的谚语有“海水在分路，无风便是雨”“谷雨是北风，山空海也空”“只惊七月半水，不惊七月半鬼”“冬至、上元边，白鱼游来要吃圆（汤圆）”“大寒交春，鱼虾向外奔”“海水一日晚五里（半小时）”等。还有一些与渔业生产有关的民俗，比如，每逢过年，渔船上都要张贴春联。春联的内容体现了渔民盼望“顺风顺水顺人意，得财得利得大时”的美好意愿。春节过后，渔船首航，渔民认为这是关系一年生产好坏和安全的大事，要到太后庙卜杯确定出海的日子。渔船的启航和归航，有“开海门”和“关海门”的习俗。由于人们认为只有福运好的船才能领先出港“开海门”，并能确保渔船全汛安全高产，否则将适得其反，所以每次启航前，各船都为此你推我却。通常由历年高产的船领头，或在妈祖神像前卜杯择定，或是推几条船同时出港。船队归航时最后进港的船称“关海门”，在捕鱼生产中有人失事或遇到“头目公”（即海上发现的遗体）的船，按惯例必须最后进港。因此在正常情况下，各船都争先恐后进港，以免日后遇上不吉利的事。渔民如果不幸在海上死亡，晋江船习惯就近水葬，然后替死者“引魂”回故里；惠安船则要收殓入棺，运回故里安葬。但如遇见“头目公”（或称“好兄弟”“人客公”）一概要打捞收埋，堪称美俗。为驱邪气、求平顺、谋丰产，旧时惠安崇武渔民还有几项颇有特色的习俗，如“献金（锣）”“过油”“烧鸡笼”等。①

再以我省渔业重镇霞浦三沙镇为例。三沙镇地处福建东北沿海突出部，三面环山，一面襟海，陆地面积63.6平方千米，总人口4.5万人。主要居民点沿海岸线分布，依次有一澳、二澳、三澳、四澳、五澳和东澳、西澳等，民房多数依山而建，是个风光旖旎的滨海小镇。三沙是自发的松散型自由移民小镇，到1951年土地改革时期三沙人口才0.8万多人，现在已有4万多人。三沙有姓氏六七十种。也正因为这些渔民来自五湖四海，所以三沙民间没有任何宗派，也没有像一些地方那样本地人对外姓有排他性。虽说三沙人说的是地道的闽南话，但在数百年的移民过程中，三沙汇聚了惠安、晋江、安溪、漳浦、龙海等地的渔民，这些地方的闽南话本身就存在不同的腔调，各地闽南腔在三沙几经磨合，形成了自己的一种腔调。从地理位置上说，闽南地区的东北界应是在惠安和仙游交界处，惠安还是通行闽南话，进入仙游就说另一种方言了。三沙是离闽南本土最近的通行闽南话的地区。调查中发现，惠安人有“七月半不回没祖，年兜（除夕）不回没媒”的习俗，此习俗对三沙影响颇深。意指农历七月十五不回家就是背祖，过年不回家就讨不到老婆，在海上作业的渔船最好在农历十二月廿三前赶回家“送神”，至少也要在家“过五暝”（在家过五个晚上），等到初四“接神”后再出海。过年前，蒸发（即年糕）、除尘、贴春联、挂红等是少不了的，家具、农具、渔具是少不了要挂红的，有的长寿老人甚至把长髯都用红丝线系起来。在众多的风俗中，最典型的莫过于对渔船的“敬重”了，因为那是渔民最重要的生产工具。渔船年前回港后都要披红挂彩。在三沙渔村的调查中发现，除“令旗”外，渔船的每个重要部位都要装饰。船头贴“福”、船眼贴“龙目光彩”、主桅贴“送风得

① 以上闽南渔民海上生产俗语详见泉州闽南文化网站。

利”、船尾贴“海不扬波”、舵贴“万军主帅”等，水仙门（即船舷两侧供货物进出的门）要插上系着红线的树枝驱邪。现在的渔船有了现代装备，但源于木帆船的风俗还是继承下来了。同闽南沿海的民众一样，三沙渔民最敬仰的“神”也是海上女神妈祖。据渔民介绍，三沙民间除了供奉妈祖的天后宫外，还有关帝庙、九使宫（供奉广利王）等。元宵、清明、端午、冬至等重大民俗节日，三沙人的做法和闽南人如出一辙。农历七月廿九，三沙人要过“普渡”，这也是典型的闽南风俗，整个霞浦县除了三沙外，再也找不到第二个有此风俗的地方了。至于结婚时新郎和新娘要过风炉、米筛，小孩满月要送红色“剃头蛋”等习俗，三沙同样是闽南的翻版。①

最后以 2006 年农历正月十一日福州市下辖长乐市梅花镇渔村的民间信仰神灵林位将军绕境巡游仪式为例。闽侯兰圃林位将军庙由梅花分香已有 300 多年历史，所以每年游神活动均派代表参加。巡游路线为梅城—梅北—梅南—梅西—梅东—梅新—梅城。仪式队伍的成员大都穿上道服，扮演各种角色。行进顺序大致如下：济公、地保—2 人抬“敬神如神在”大匾—4 兵士手持“禁止”“喧哗”“回避”“肃静”大牌—4 兵士抬两大锣鼓—2 人各举一大灯笼，上书“梅花二十四都调羹境”“合境平安”—旗牌队，旗牌上书“石鼓潮声”“马筹飞雪”“龙东旭石”“浪台月影”等—2 童子各手持一金元宝—1 老人手持一小香炉，炉上写有“合境平安”—舞狮队—4 人抬一大香炉（供沿途信众插香火，炉上写有“保境佑民”），大炉旁边有 1 人挑着一副担子，供沿途信众投放纸钱—8 名差役—“金吾尊王”神轿—4 名侍卫—众理事及各村派去的代表，男的身披大红花布条，女的手提小红灯笼（上书“添丁”“进财”）。仪仗队伍于上午 11 点左右到达。鞭炮声震耳欲聋。码头上有 4 列香案，其中，有 3 列香案的前面分别挂着 3 个牌子，正面写着“梅北村”“梅西村”“梅南村”，反面则写着各村前来祭拜的渔船的船号、船长姓名及队长姓名。第四列香案则是由其他 3 个村的渔民联合组织起来的。每列香案均由若干张各家渔民自己准备的桌子组成，桌子前面竖立着巨型香烛，桌上放着桂树枝和松树枝（当地

① 笔者 2004 年在霞浦三沙、盐田渔村的田野调查。

产），并供有鱼、虾、海蜇皮、鱼丸、螃蟹、水果、鸡、鸭等。各艘渔船停留在码头边上，船上均插有巨型香烛和国旗。神像先在各列香案间穿梭巡游一遍，然后停留在各香案后的正中位置。司仪人员依次在各家供桌边念祝福词，各家渔民分别在各家的供桌前朝着神像的方向叩拜，并烧香、烧纸钱。司仪人员每念完一句祝福词，周边的人便用福州话大声喊“好”以作回应。据村民讲，以前整个码头上摆满了供桌，现在少了许多，因为这几年有不少渔民跑到海南捕鱼，便不参与本地神明的祭拜活动。各寺庙如玄天上帝庙、白马尊王庙、蔡仙府（蔡夫人庙）、天后宫、侍中境长庆堂等均在门口备香案恭迎神像。[①]

附带说一下水上人家即蜑家的海上生活习俗。民国《霞浦县志》卷八《名胜志》就形象地记述了蜑家的祭神文化活动，文曰：“（竹屿）村于水中央，舍渔无以业也。然终岁业于渔，安保无石尤、冯夷之我戏者，则神其亟亟矣！神于江即神于村，渔民能不欢欣鼓舞，醵金为会，以神我江神耶！惟其序际三春，人人焚香荐鲔。村分两澳，夜夜击鼓吹竽，景足乐也。乃歌以侑神听，歌曰：‘咿咿哑哑水生涯，漂漂泊泊船为家。赫赫洋洋如在上，风风雨雨休叹嗟！举网得雨归媚妇，今年渔利果无差。三月廿三神有诞，家家报赛纷喧哗。脱蓑卸笠鞠晉神，神其同我饱鱼虾。”[②] 从文中可见白水江一带的蜑民在三月廿三日这个妈祖诞辰日进行祭祀活动的热闹情景。该志卷二十五《艺文志》收录的宁德贡生张文煜《福宁郡赋》中有词句曰：“外之鲛户蜑蛮，网兜埚采；石首银鳞，错珍可爱。”[③] 说明蜑人善于捕捞石首（即黄瓜鱼）之类的海产。蜑民景仰祖先，在船舱内设置祖宗的神龛，形如龙殿，髹朱红色。殿口有2条金龙盘柱，内设祖宗牌位，四时烧香。这种居室布置，可能是明清时期蜑宫图腾崇拜之余风。忌说猫，认为捕捉的鱼会被猫吃光；忌杀乌鲨，认为乌鲨会闻到死伴的腥味而在海里复仇吃人。此外，忌讳渔船或船屋沾上秽气，会招来撞船或搁浅等

① 转引自李志鸿《从传统到现代：长乐梅花岛海洋文明的曲折之路》，硕士学位论文，福建师范大学，2004，第69~70页。

② 民国《霞浦县志》卷八《名胜志·竹江十景》，方志出版社，1999，第198页。并据福建师范大学图书馆古籍部藏1929年福州排印本订正。

③ 民国《霞浦县志》卷二五《艺文志·福宁郡赋》，第302页。

不利事情。故有如下诸项禁忌：忌女人跨过“龙头”（船头最前端）；忌“月头婆”（分娩后未满一个月的产妇）过船或碰到自己的船只；忌死尸从船头上经过，恐其污染龙头，不利出行；忌陌生人走船尾，因船尾是掌舵的地方，怕沾上秽气导致驾驶不灵；忌在船头上大便；忌妇人跨过渔网，怕渔网沾上秽气而捕不到鱼虾（此点与闽南习俗不同）；男人婚后 4 日或一个月后才准予上船出海生产等。[①]

总之，福建海洋文化通过历代渔民的积淀与传承，更加富于地域色彩。即使是闽东与闽南的海洋文化，也有一定的区别。这就需要我们做细致的调研工作，并结合文献记载，来展现这些文化的历史面貌，从而使人们对中国传统文化有更加深刻的认识。

本文原载于《中华文化与地域文化研究——福建省炎黄文化研究会20年论文选集》第三卷，鹭江出版社，2011

① 杨济亮：《福州地区水上居民的精神文化生活及其时代变迁》，载《闽台民俗散论》，海洋出版社，2006，第 263 页。

试述明清福建地区奢侈性消费风尚的地域性表现

赵建群

明清时期，随着商品经济的进一步发展，社会逐渐发生了一系列新的变化，反映在日常生活领域，则是出现有悖农业社会固有的崇朴尚俭传统的奢侈性消费风尚，以致“风俗之靡，海内皆是”。[①] 在此情形下，福建地区也不可避免地“随风而靡”。不过，见之于明清福建地区的奢侈性消费风尚，是在与地区自身的经济发展、文化传统、地理环境，尤其是社会俗尚等诸因素互动中生成的。因此，受这些因素的影响，其表现又具有地域性特征。

一　讲求服饰饮食演为时尚

福建地方文献中有关明清福建社会俗尚的大量记述显示，明清时期，随着福建地区商品经济日趋活跃，沿海的福州、泉州、漳州、福宁以及内地山区的延平、建宁、邵武、汀州诸府的许多属县，民间由先前“俗安朴素”转为竞相讲求服饰和饮食。服饰和饮食，即衣食，关涉人的生存，而此一特质决定了其“由俭入奢”，不仅比社会生活其他层面诸要素的变化更具普遍性，同时还会给人留下最直观和最深切的感受，并引领新的社会

① 万历《福宁州志》卷二《舆地志下·风俗》，载《日本藏中国罕见地方志丛刊》，书目文献出版社，1990，第43页。

风尚。因此，讲求服饰饮食，具体言之，亦即“丽衣鲜服”和“食必丰美”，作为一种时尚，其在时人历数的明清福建社会“奢侈”诸风气中，又是最为典型的一个“弊俗”。这是明清福建地区所流行的奢侈性消费风尚的地域性表现之一。

第一，就服饰而言，明清福建民间社会存在较为普遍的越分穿戴现象，即许多人不再拘于封建政府基于等级制度所做的不同阶层的服饰规定，而是依从自己个性穿用按规定属于官绅阶层的服饰款式和服饰质料。在当时特定的社会历史条件下，冲破等级制度越分穿戴，反映的正是人们对衣着的一种追求。

众所周知，服饰的基本功能是蔽体御寒。在古代社会所推行的等级制度框架内，原本用于蔽体御寒的服饰，却被政治伦理化为区别社会等级、体现尊卑贵贱的一种标志。由此，历朝历代为了强化统治，针对服饰的款式、质料、色彩、图案，都制定了一套繁密严格的制度。明清两代当然也不例外，均在立国之初即对服饰详加规定。如明朝，“士女服饰皆有定制，洪武时律令严明，人遵划一之法”。[①] 清朝也于顺治年间即颁行服饰规定。尽管如此，明清时期，随着商品经济的不断发展，形成“与礼制相离异的力量”，促使旨在“别尊卑”的服饰制度逐渐解体[②]，正如时人感叹的那样，“代变风移，人皆志于尊崇富侈，不复知有明禁，群相蹈之”[③]，由是越分穿戴成为一种时尚。

这一时尚不仅仅风行于商品经济发达的江南一带，即使僻在东南一隅的福建，民间越分穿戴现象也不鲜见。如在《清漳风俗考》中，记述了明末漳州府“人无贵贱，多衣绮绣”，而且“隆、万初年，布衣未试子衿，今则冠盖相望于道”。[④] 再如明末泉州府，一些“少年轻俏，窄袖

① 张瀚：《松窗梦语》卷七《风俗纪》，中华书局，1985，第140页。

② 刘志琴：《衣冠之治的解体和思想启蒙》，载《近代中国社会生活与观念变迁》，中国社会科学出版社，2001，第125页。

③ 张瀚：《松窗梦语》卷七《风俗纪》，第140页。

④ 光绪《漳州府志》卷四六《艺文六·清漳风俗考》，载《中国地方志集成·福建府县志辑》第29册，上海书店出版社，2000，第1114页。

秃巾，衣冠多不循制度，以自为容悦，晋（江）、同（安）二邑尤多”。[①]民间越分穿戴现象沿至清代，在福建地区则愈演愈烈。这引起了福建地方政府的关注。康熙四十六年（1707）就任福建巡抚的张伯行在《饬谕节俭并各项条款示》中，就将其列为“尔民沿习为常而贻害最大者”之一，指出：“民间穿戴服饰，各有定制，不许越分违式，律载甚严。无如一种闯将光棍，罔知法纪，争以华丽相尚，不特袍袿全用纱缎，而且僭用大花团龙，异样颜色。此皆无恒之辈，希假体面，招摇乡里，冀遂诓骗。不管越分僭侈，群相效尤，深可痛恨。”[②] 他同时还严厉“告示”福建百姓：“服饰只用光素布帛及纱缎绸花的，毋得谬效官绅，穿戴银灰鼠貂帽、狐裘蟒袜、团龙纱缎之类，违者以僭制论。此则律有明条，慎无习而不察也。”[③]地方官员出于维护封建等级制度的目的，对于衣着方面由“奴隶之辈与缙绅等”所导致的“上下无章”现象，当然不能视而不见、不加指斥，但为此一再发布“告示”，则从一个侧面反映出民间下层越分穿戴在福建已蔚为风气。

必须指出的是，在等级制度森严的社会历史环境中，越分穿戴与衣着奢侈这两种不同层面的行为，却被认为有内在的联系。就如张伯行在“告示”福建百姓时所言，僭逾与奢侈“二者相因，僭逾则必奢侈，奢侈则必僭逾”。[④] 也就是说，百姓越分穿戴，属于“奢侈”；反之，衣着“奢侈”则是“僭逾”。既然如此，见诸明清福建各类志书的有关民间衣着“奢侈”的大量记述，实质上也就是民间流行越分穿戴风气的具体表现。透过大量相关的历史记述，可以看到明清福建沿海以及内地山区诸府的许多属县，民间衣着日趋“奢侈”。

以沿海地区为例，“福、兴、泉、漳四郡，用物侈糜，无论其他，即冠带衣履间，动与吴阊杭越竞胜”。[⑤] 如福州府商人服饰“竞尚靡侈”，尤

---

① 乾隆《泉州府志》卷二〇《风俗》，载《中国地方志集成·福建府县志辑》第 22 册，上海书店出版社，2000，第 488 页。

② 张伯行：《正谊堂集》卷五《告示·饬谕节俭并各项条款示》，清至民国间本。

③ 张伯行：《正谊堂集》卷五《告示·申饬乡约保甲示》。

④ 张伯行：《正谊堂集》卷五《告示·申饬乡约保甲示》。

⑤ 道光《重纂福建通志》卷五五《风俗·福州府·论闽省务本节用书》，载《中国地方志集成·福建省志辑》第 4 册，巴蜀书社，2011，第 345 页。

其“盐当子弟，服饰相矜久矣”。[①] 再如“习俗之趋尚为豪侈”的泉州府，明代时民人即“家无担石，非色丝盛服不出”。[②] 该府同安县民间下层“履丝曳缟”“服竞华丽”的现象“比比而然”。[③] 厦门更是“衣服华侈，迥于他处。最靡者役隶优伶，被服胜于士大夫。妇人服饰尤务为工巧新奇……”[④] 沿海福宁府宁德县，“俗本质朴，衣服多布缕，少纨绮”，至清中叶因“贸易江浙，渐成华靡”。[⑤] 同样的现象在内地山区的延平府、建宁府、邵武府、汀州府也很普遍。延平府沙县民间原先衣服“多用乔布，染成各色……茧䄂扣布，昔为好服”。随着手工业和商业日益发达，人们穿着“殊无等级之别”，“绘缎呢羽，狐羔罗葛，焜燿道途，华饰甚矣”。[⑥] 永安县在清雍正年间即有“挟册策出游吴越者”，回归后“炫其侈丽”，服饰力求展示“新派”[⑦]，至道光年间更发展到“布素渐少，凡呢羽、哔吱、绸缎服饰，皆尚大裁，即妇女亦然”。[⑧] 被明代何乔远指为“市井浮侈比于杭州”的建宁府，有所谓“不务本业”者则“枭絮不服”，且“穷绮丽”，“争拟于三吴，阔䄂长裙，唐巾鹤氅，无贵贱”。[⑨] 邵武府建宁县明初“士民衣制俭朴”，后受江西建昌影响，“染为奢俗”，于是“习尚渐移。男饰衣履皆丝属，竞易新式；女饰服罗绮，被珠翠”。[⑩] 汀州府长汀县入清以后，“履丝曳缟之辈，轻裘缓带之风，踵相接矣”。[⑪] 凡此种种所谓民间下层“丽衣鲜

① 道光《重纂福建通志》卷五五《风俗·福州府·论三山迩日风气书》，载《中国地方志集成·福建省志辑》第4册，第345页。

② 光绪《漳州府志》卷四六《艺文六·清漳风俗考》，载《中国地方志集成·福建府县志辑》第29册，第1114页。

③ 嘉庆《同安县志》卷一四《风俗》，清光绪十一年重刊本。

④ 道光《厦门志》卷一五《俗尚》，载《中国方志丛书》第80号，台北成文出版社，1967，第325页。

⑤ 道光《重纂福建通志》卷五八《风俗·福宁府》，载《中国地方志集成·福建省志辑》第4册，第392页。

⑥ 道光《沙县志》卷一《方舆·风俗》，民国十七年铅印本，第18页。

⑦ 雍正《永安县志》卷三《山川·风俗》，清道光十三年重刊本，第2页。

⑧ 道光《永安县续志》卷九《风俗》，载《中国方志丛书》（华南地方）第228号，台北成文出版社，1974，第421页。

⑨ 万历《建阳县志》卷一《舆地志·风俗》，载《中国方志丛书》（华南地方）第104号，第54页。

⑩ 民国《建宁县志》卷五《风俗》，载《中国方志丛书》（华南地方）第104号，第54页。

⑪ 光绪《长汀县志》卷三〇《风俗》，载《中国方志丛书》（华南地方）第87号，台北成文出版社，1967，第484页。

服”现象，在明清福建各类志书中还有许多记述，此不一一引述。

如果说在明清时期等级制度下，福建民间下层百姓“丽衣鲜服”是一种越分穿戴的话，那么，从历史的角度对这一现象加以分析，就不难发现，在推行等级制度特定的社会历史环境中，正是依托于“奢侈”衣着所表现的越分穿戴，成为下层百姓借以表达自身对服饰追求所不可回避的方式。上述表明，竞相讲求服饰，冲破等级制度越分穿戴，在明清福建地区显然已流演为一种时尚。

第二，就饮食而言，在明清福建社会流行着“食必丰美”的风气。具体表现为社会各阶层凭借依山傍海特殊的地理环境，吃山味，食海错，追珍逐奇。因此，明清福建地区的奢侈性消费风尚反映在饮食方面，则凸显了地方特色。

福建地区以追珍逐奇为主要内容的“食必丰美”之风，在明代即成一种时尚。如在“市井浮侈比于杭州”的建宁府，民间不仅讲求服饰，而且酒宴必“极水陆”。该府建阳县，风尚向称古朴，到了明万历年间，“骛于浇漓，渐于侈靡”，而侈靡的表现之一，即是大小酒宴均“以珍错为寻常”。史载“盘飧以水陆为华美，暴殄不休，至使一食残杀多命，而侈饾饤之巧”，这在建阳县“习以成风，恬不为怪”。[①] 再如明末受江西建昌影响而“染为奢俗”的邵武府建宁县，也是宴席“常会盘飧错，水陆数十品以为珍异”。[②]“食必丰美”之风沿至清代，则在福建地区越发流行。建宁府建安县在明代还是“宴会尚简，物薄情真，肴不过五簋，果不过数碟，酒数行止”，至清康熙年间因“争尚奢靡”，酒宴一改往昔“尚简”风气，竞尚“珍异罗列”。[③] 邵武府邵武、光泽、泰宁三县，至明代仍“鲜为商贾，他商贾亦鲜至”，由于商品经济尚不发达，因此，“其俗纤俭，安于食稻而茹蔬”。[④] 但至清乾隆年间，随着民人“亦乐商贾”，“外来酬赠”日多，于是“筵宴服饰”，“渐尚华侈”。[⑤] 清代延平府沙县手工业商业之发达，在内地山区诸府各属县中位居前列，受商品经济日趋活跃的影响，民

① 万历《建阳县志》卷一《舆地志·风俗》，清乾隆二年刻本，第3页。

② 民国《建宁县志》卷五《风俗》，《中国方志丛书》（华南地方）第104号，第54页。

③ 康熙《建安县志》卷一《建置沿革·风俗》，康熙五十二年影印本，第13页。

④ 《闽书》卷三八《风俗志》，福建人民出版社，1994，第946页。

⑤ 嘉靖《邵武府志》卷二《风俗》，载《天一阁藏明代方志选刊》，上海古籍出版社，1964，第111页。

间不仅“时而宴会”，而且酒食由“昔时从俭”，流变为“颇罗珍错”，“追求丰盛”。[①] 与沙县比邻的永安县，雍正年间那些“挟册策出游吴越者”，即“酒食宴饮颇示珍奇”。[②] 如果说这在雍正年间还是“间有”的个别现象的话，那么，到了道光年间已经流播为俗尚，“向来所用之物，价最廉”的酒宴，发展到“山珍海错，其价数倍”，甚为奢侈。[③]

福建依山傍海，富有山海土特产品。特殊的地理环境决定了人们宴饮所刻意追求的“食必丰美”必然表现为争相吃食各种山味海错，在此基础上所形成的相互攀比斗奇现象，也同样是以山海中的“珍异”为主要追逐对象。因此，尽管明清福建各阶层刻意追求的所谓“食必丰美”，无论在菜肴的丰盛程度、菜肴加工的精致程度，还是在盛菜器皿的精美程度等方面，均逊于以饮食奢侈见称的江南一带，但就菜肴的种类而言，却因源自山海的“珍异罗列”，又尽显地方特色。正是这种宴饮追珍逐奇的地方特色，从侧面展现了明清福建各阶层对饮食的讲求，并因而使得时人对明清福建地区的饮食刮目相看。明末著述颇丰的谢肇淛，虽是福建长乐人，但长期在外任官，且游历丰富，他对“天下有九福”中的“吴、越口福”一说，就颇为不屑，不无自得地说：“今以时考之，盖不尽然……口福则吴、越不及闽、广……”[④] 谢肇淛如此断言，并非出于乡土情结，而是对所见所闻比较的结果，因为他所看到的与上述情形相同，在福建沿海及内地山区诸府的许多属县，人们吃山味，食海错，宴饮大都“以珍错为寻常”，这是福建地区的一种风尚。

应该指出的是，“食必丰美”，追珍逐奇，也因其有悖传统的俭奢观，甚至等级观、伦理观，从而与“丽衣鲜服”一样，在明清福建各类地方文献所记述的种种社会俗尚中，成为最为典型的所谓“弊俗”。不过，从深层观之，无论“丽衣鲜服”，还是“食必丰美”，实际上都是人们随着商品经济日益发展而滋长起来的对生活的一种追求。尽管当时人们讲求服饰饮

---

① 道光《沙县志》卷一《方舆·风俗》，第 18 页。

② 雍正《永安县志》卷三《山川·风俗》，第 2 页。

③ 道光《永安县续志》卷九《风俗》，载《中国方志丛书》（华南地方）第 228 号，第 421 页。

④ 谢肇淛：《五杂俎》卷四《地部二》，中华书局，1959。

食还仅仅是为了满足自身的感官欲望，但是，这种属于生理口欲层面的追求是与明清时期福建地区的社会生产力发展水平相适应的。因而，其出现乃至“习以成风”，显然有历史的必然性和合理性。

二 热衷排场铺张流为风气

明清时期，福建地区随着商品经济日趋活跃而出现的社会俗尚变化，不仅表现在上述沿海及内地山区诸府许多属县民间竞相讲求服饰和饮食，同时还表现为受商品经济发展刺激所涌动的物质欲望渗入既有的民风民俗中。两者交互影响和作用，进而在民间婚嫁丧祭诸活动中，形成一股讲排场、重铺张的炫耀性消费风气。这是明清福建地区所流行的奢侈性消费风尚的又一个地域性表现。

第一，明清时期福建民间风行淫祀。这种既有的民风民俗与随着商品经济发展而日渐增长的物质欲望相交织，在民间宗教迷信活动中形成一股热衷排场铺张的畸形“奢侈”风气。

闽人信鬼神这一习俗沿袭至明清时期，进一步流演为地区性的一大“弊俗”，正如清代福建地方政府在颁布的相关“告示”中指出的，“闽省俗尚虚诬，崇信神鬼”①，“闽俗惑于神佛之说，耗财邀福，此不明理之甚者也”。② 尤其是明清福建民间的鬼神信仰，由于名目繁杂，“非有其名也，臆名之，则臆祀之，而驱人共祀之，而人与人又从而张大之”，以至祀礼往往不合封建国家的规定，因此，大多被认为属于淫祀之列，即“闽俗喜淫祀”。③ 淫祀现象在沿海各府尤为突出，除了闽南一带“南人好尚淫祀”外④，福州府属也极为盛行，“闽中故多淫祀，此特其尤甚者”。⑤

① 《严禁迎神赛会》，载《清代福建省例·杂例》，载《台湾文献丛刊》第 199 种，台湾银行，1964，第1201 页。

② 张伯行：《正谊堂集》卷五《告示·饬谕节俭并各项条款示》。

③ 道光《重纂福建通志》卷五五《风俗·福州府·论三山迩日风气书》，载《中国地方志集成·福建省志辑》第 4 册，第 345 页。

④ 道光《重纂福建通志》卷五六《风俗·漳州府·陈淳与赵寺丞论淫祀书》，载《中国地方志集成·福建省志辑》第 4 册，第 369 页。

⑤ 道光《重纂福建通志》卷五五《风俗·福州府》，载《中国地方志集成·福建省志辑》第 4 册，第 336 页。

明清福建民间“喜淫祀”，不仅广建祭神之所，而且演绎出一系列祭祀活动，即所谓“迎神赛会”。这种迎神赛会被时人指为福建地区的“恶习”之一，凡遇神诞、节令，民间必“旗鼓喧闹，或抬驾闯神，或迎赛土鬼”①，大肆操办，极尽排场铺张。如漳州府“自城邑至村庐，淫鬼之有名号者至不一，而所以为庙宇者，亦何啻数百所。逐庙各有迎神之礼，随月迭为迎神之会，自入春首便措置排办迎神财物事例”，到时则“四境闻风鼓动，复为俳优戏队相胜以应之，人各全身新制，罗帛金翠……”② 明代以海外贸易繁盛著称，“成、弘之际称小苏杭”的漳州月港，直至明末衰落以后依然是“家家歌舞赛神，钟鼓管弦连飙响答”。③ 再如泉州府晋江县，民间“岁时行乐，如元夕闹灯，端午竞渡，犹曰古傩遗意，若乃迎神赛会，装饰抬阁，穷极珍贝，夸耀街衢，普度拈香，结搭幛棚，连宵达旦，弹吹歌唱”，这在晋江民间已成一种风尚，“欲其不徇者难矣”。④ 同安县民间每逢迎神赛会，“动费数十金，殊为不经”⑤，厦门更是“满地丛祠，迎神赛会，一年之交且居其半，有所谓王醮者穷其奢华，震锵炫耀，游山游海，举国若狂”⑥。此外，福州府也是“每岁迎神设醮，举国若狂”。⑦ 由此可见，由淫祀演绎出来的操办迎神赛会，极尽排场铺张，在明清福建沿海一带盛极一时。

正因为淫祀既不合封建国家的祀礼规定，同时由淫祀演绎出来的迎神赛会又极尽排场铺张，形成一股畸形的“奢侈”风气，尤其是迎神赛会“既塑其鬼之夫妇，被以衣裳冠帔，又塑鬼之父母，曰圣考圣妣，又塑鬼之子孙，曰皇子皇孙。一庙之迎，动以十数像，群舆于街中，且黄其伞，

---

① 《严禁迎神赛会》，载《清代福建省例·杂例》，载《台湾文献丛刊》第 199 种，第 1201 页。

② 道光《重纂福建通志》卷五六《风俗·漳州府·陈淳与赵寺垂论淫祀书》，载《中国地方志集成·福建省志辑》第 4 册，第 369 页。

③ 崇祯《海澄县志》卷一一《风土志》，明崇祯六年刻本，第 2 页。

④ 乾隆《晋江县志》卷一《舆地志·风俗》，载《中国方志丛书》（华南地方）第 82 号，台北成文出版社，1967，第 52 页。

⑤ 康熙《同安县志》卷四《风俗志》，康熙五十二年影印本，第 4 页。

⑥ 道光《厦门志》卷一五《俗尚》，载《中国方志丛书》第 80 号，第 325 页。

⑦ 道光《重纂福建通志》卷五五《风俗·福州府·论三山迩日风气书》，载《中国地方志集成·福建省志辑》第 4 册，第 345 页。

龙其辇，黼其座，又装饰直班以导于前，僭拟逾越，恬不为怪”[①]，所以，必然引起福建地方政府的担忧。自清康熙年间起，福建地方政府就曾多次采取措施，发布告示，毁祠毁像，试图遏止愈演愈烈的淫祀之风，但均“后复如故”，屡禁不止。正如同治十年（1871）福建地方政府在所颁布的《严禁迎神赛会》告示中所言，风行于明清福建沿海一带的迎神赛会，“迭次谕禁，未见敛迹”。[②]

第二，明清福建民间随着商品经济发展而日渐增长的物质欲望渗入婚丧活动中，促使民间婚丧活动“专饰浮文”，形成又一股热衷排场铺张的畸形“奢侈”风气。

明清时期，福建民间的婚丧活动普遍存在讲排场、重铺张的现象。这种现象由明延至清，愈演愈烈，至清初已被地方政府视为一种“弊俗”，史载：“闽为礼义之邦，日来人心渐漓，竞趋汰侈，不但舍本业营末作，丽衣鲜服，游谑酒食，为财之蠹。即婚丧二事，礼有定经，亦不敦尚本根，专饰浮文。富者务其繁华，贫者效彼所为，至卖田以嫁女，破产以治丧，富者就贫，贫者颠沛，民力困绌。”[③] 因此，明清福建民间的婚丧活动，与民间举办的迎神赛会一样，也有显著的“奢侈”特征。

其一，婚嫁重礼尚侈。典型的如福州府沿海诸属县，民间婚嫁大都竞尚“丰侈”[④]“靡侈”[⑤]。泉州府民间也是“婚嫁颇尚侈糜”。该府晋江县“自逐末风胜而敦本意衰，婚嫁颇尚侈观，而巧匠导其流，割裂缯帛，彰施采绣，雕金镂玉，以相夸竞。”[⑥] 这种“相夸竞”现象在厦门也十分流行，婚嫁以礼为重，以致“在富者为所欲为，中户嫁一女费过半矣，甚有

① 道光《重纂福建通志》卷五六《风俗·漳州府·陈淳与赵寺丞论淫祀书》，载《中国地方志集成·福建省志辑》第4册，第369页。

② 《严禁迎神赛会》，载《清代福建省例·杂例》，载《台湾文献丛刊》第199种，第1201页。

③ 张伯行：《正谊堂集》卷五《告示·饬禁婚嫁丧葬华奢示》。

④ 王应山：《闽大记》卷一〇《风俗考》，中国社会科学出版社，2005，第187页。

⑤ 乾隆《福州府志》卷二四《风俗志》，载《中国地方志集成·福建府县志辑》第1册，巴蜀书社，2011，第504页。

⑥ 乾隆《晋江县志》卷一《舆地志·风俗》，载《中国方志丛书》（华南地方）第82号，第52页。

鬻产嫁女者，何其愚也”。[①] 漳州府民间婚嫁侈靡现象则更为突出，史载该府“民间婚姻，男家务为观美，女家极力以求，称之侈靡无节”[②]，如海澄县“平民婚嫁相夸耀以侈张，盖鼓乐祁从如云，服饰炫熿，拟都卿相尚”[③]。由于漳州府民间“男礼女赀，豪华相尚”，以至于“明珠翠羽之属，大为腾踊”。[④] 不仅沿海一带民间婚嫁流行重礼尚侈，内地山区诸府也都存在所谓民间“嫁娶过奢”的现象。以“俗故穷陋”的龙岩州龙岩县为例，该县至清道光年间，因“生齿日繁，闾阎竞侈”，于是民间婚嫁也相应趋于“奢侈”，以致用于婚嫁的开支往往“靡不可节”。[⑤] 明清福建内地山区诸府民间“嫁娶过奢”的现象，由此可见一斑。

其二，丧葬无节制营办。民间无论富和贫，遇丧均随俗大肆营办。如乾隆二十三年（1758）福建地方政府在《严禁闹丧》告示中所言：“闽俗，亲丧之后，自敛及葬，鼓乐喧闹，宾客盈门，食必盛馔，酒必佳酿。哀戚之中，俨如庆贺之举，名曰‘闹丧’。”[⑥] 从相关的一系列记述来看，这种无节制营办丧葬的所谓“闹丧”，作为一种民间俗尚，在明清福建各地都颇为流行。如漳州府，民间“亲旧之葬，或设祖祭，数月营办，务求珍异，不计财费，丧家则盛筵席以待之，竞为丰侈”。[⑦] 民间丧家无节制营办丧葬，“揆厥所由，无非欲为夸耀乡间”，甚至“以不能豪侈为羞”[⑧]，于是不吝钱财，不加节制。根据有关史料记载，清代福建民间办一场丧事，“其费大者数百金，小亦数十金”。[⑨] 因此，为了应付丧事开支，有的倾尽家产，有的则不惜变卖产业，以致为此而破产。“富者罄用所有，贫者多

① 道光《厦门志》卷一五《俗尚》，载《中国方志丛书》（华南地方），第 80 号，第 325 页。

② 黄仲昭：《八闽通志》卷三《地理·风俗》，福建人民出版社，2006，第 45 页。

③ 乾隆《海澄县志》卷二一《艺文·书·上两台风俗书》，载《中国方志丛书》（华南地方）第 93 号，台北成文出版社，1968，第 250 页。

④ 光绪《漳州府志》卷四六《艺文六·清漳风俗考》，《中国地方志集成·福建府县志辑》第 29 册，第 1114 页。

⑤ 道光《龙岩州志》卷七《风俗志》，载《中国方志丛书》（华南地方）第 85 号，台北成文出版社，1967，第41 页。

⑥ 《严禁闹丧》，载《清代福建省例·刑政例》，载《台湾文献丛刊》第 199 种，第 847 页。

⑦ 黄仲昭：《八闽通志》卷三《地理·风俗》，第 45 页。

⑧ 张伯行：《正谊堂集》卷五《告示·饬谕节俭并各项条款示》。

⑨ 《严禁闹丧》，载《清代福建省例·刑政例》，载《台湾文献丛刊》第 199 种，第 848 页。

方借贷，是死者虽获安厝，生者立就颠连。”① “或卖公田，或鬻己业。中人之产，无不立罄。”② 由这些历史记述不难看出，明清福建民间是何等无节制地营办丧葬。

需要特别提及的是，明清福建民间还盛行演戏、唱戏。这至迟在清初已流播为一种风尚，以至福建地方政府不得不就此发布禁演告示，指出：“近见闽省人民，无论富厚寒微，不思节俭，专尚奢侈，凡遇宴会酬愿等事，动必演戏，适一时之乐，费数月之粮。”③ “闽俗夙尚奢侈，或借平安赛愿，或因亲友宴会，动演优俳，喧闹庭堂。”④ 此谓“宴会酬愿”“平安赛愿”“亲友宴会”，当然包括婚嫁丧祭诸活动。也就是说，民间凡遇婚嫁丧祭，在操办各种仪礼、酒宴的同时，往往还另雇戏班演戏、唱戏，以增添热闹气氛，以及诚表心愿。换言之，就明清福建民间举办的婚嫁丧祭活动而言，雇戏班演戏、唱戏大都是其必不可少的项目之一，亦即所谓“动必演戏”“动演优俳”。这无疑从另一个侧面凸显了明清福建民间婚嫁丧祭诸活动的排场铺张。

总而言之，虽然明清时期“风俗之靡，海内皆是”，但是，社会风尚并非一种孤立的社会现象。因此，受商品经济进一步发展的影响而在明清社会中流行起来的奢侈性消费风尚，由于各地经济、文化、地理环境和社会俗尚的差异，在不同地区有不同的表现。流行于明清福建地区的奢侈性消费风尚，其表现即反映出显著的地域性特征，那就是如上所述，民间不仅普遍讲求服饰、饮食，而且热衷排场铺张。

本文原载于《福建师范大学学报》（哲学社会科学版）
2004 年第 6 期

① 张伯行：《正谊堂集》卷五《告示·饬谕节俭并各项条款示》。
② 《严禁闹丧》，载《清代福建省例·刑政例》，载《台湾文献丛刊》第 199 种，第 848 页。
③ 张伯行：《正谊堂集》卷五《告示·严禁演戏告示》。
④ 张伯行：《正谊堂集》卷五《告示·饬谕节俭并各项条款示》。

严复“天演”进化论对近代西学的选择与汇释

王　民

甲午战争之后，严复从西方庞杂的思想库中寻找时代所需要的救亡依据，并努力将之纳入本土的语境中，产生了符合中国国情的“天演”进化论。以译《天演论》为代表，他提出了一系列震惊整个中国近代思想界的新观点，如“物竞天择”“适者生存”“天道变化，不主故常”“保群进化”“与天争胜”“世道必进，后胜于今”“物各争存，宜者自立”等。“天演”进化论曾在晚清思想界产生了振聋发聩的影响，同时也被学界共誉为中国近代社会启蒙思潮运动中最重要的理论基石之一。鲁迅先生认为严复的“天演”进化论是“做”出来的，笔者认为，这个“做”既不是严复的原发性思维，也不是严复对西学的单纯性移植，严复“天演”进化论最具价值的创造应该是对近代西方学说（包括自然科学和社会科学）的选择与汇释。

一　严复“天演”进化论对达尔文生物进化学说的选择

19 世纪上半叶以前，自然界绝对不变的概念，包括物种不变的概念，仍在西方社会占统治地位。1859 年，英国博物学家查尔斯·达尔文的《物种起源》问世[①]，它以极其丰富的资料，令人信服地突出三个基本概念。第一，物种演变和共同起源：世界上的生物是发展变化的，是处于进化过程中，而不是静止不动的；相似生物是起源于一个共同的祖先，一切生物的最终起源是单一的。第二，生存斗争和自然选择：生物发展变化是自然选择的过程，普遍存在的变异是通过生存斗争而实现自然选择，适者生存，不适者淘汰。第三，渐进进化：物种进化过程是逐渐的、连续的，不是突变的、间断的。达尔文的生物进化论是19世纪欧洲最重要的科学成果之一，它与能量守恒和转化定律以及细胞学说被恩格斯誉为19世纪自然科学的三大发现。其论证了当代的生物界是延续了几百万年的发展过程的产物，创立了生物界物种变化发展的原理。这些原理推翻了物种不变的形而上学观点，致命地打击了“上帝创造万物”的神学目的论，从根本上推翻了特创论与物种不变论，结束了宗教与唯心主义哲学统治生物学的时代。严复在英国留学的时候，经过胡克、赫胥黎、华生、格雷等进步科学家和学者的坚决斗争与捍卫，以自然选择学说为核心的生物进化论已逐渐地得到了世界的认可。严复敏锐地意识到达尔文的生物进化论是对传统观念的一次重大挑战，正可以作为中国人启蒙的科学化理论。

严复选择生物进化论并付诸宣传始于1895年在天津《直报》发表政

---

① 《物种起源》(*Origin of Species*) 全名为《通过自然选择的物种起源》。此书于1859年出版。达尔文以其二十多年来所收集的资料，以自然选择为中心，从生物的变异性、遗传性、人工选择、生存竞争及其适应能力等方面，论证了生物的进化，即物种起源的原理。并着重说明了自然选择作用于生物进化的现象，奠定了作者关于生物进化的理论基础，对学术界影响极大。从此特创论、物种不变论、目的论皆一蹶不振，而科学的唯物的进化观点深入人心。严复《天演论》翻译自进化论的支持者赫胥黎的《进化论与伦理学》，并不是达尔文的《物种起源》。真正把达尔文的《物种起源》介绍到中国的是马君武（1881～1940）。他继严复翻译《天演论》之后，对达尔文的进化论进行了积极的、系统的宣传。1902年他开始翻译达尔文的《物种起源》，该书1919年才正式出版。1936年他又翻译出版了达尔文的另一本书《人类原始及类择》。此外，马君武还自己写了《达尔文》一书，以通俗易懂的文字介绍了达尔文学说，为达尔文学说在中国的广泛传播做出了重要贡献。

论文《原强》。[①] 他首先将达尔文当作自然科学家介绍给读者，他说："达尔文者，英之讲动植之学者也。承其家学，少之时，周历寰瀛。凡殊品诡质之草木禽鱼，裒集甚富。穷精眇虑，垂数十年而著一书，名曰《物类宗衍》。"紧接着，他揭示了达尔文学说在欧洲学术界的地位，即："论者谓达氏之学，其彰人耳目，改易思理，甚于奈端氏之天算格致，殆非溢美之言也。"他认为达氏的学说论证精确，"厘然有当于人心"。其书的大旨就是："物类之繁，始于一本。其日纷日异，大抵牵天系地与凡所处事势之殊，遂至阔绝相悬，几于不复一。然此皆后天之事，因夫自然，而驯致若此者也。"他还指出，该书有两章至为重要，"西洋缀闻之士，皆能言之"[②]，即其中的"物竞"和"天择"两章。所谓物竞者，"物争自存也"；所谓天择者，"存其宜种也"。"意谓民物于世，樊然并生，同食天地自然之利矣。然与接为遘，民民物物，各争有以自存。其始也，种与种争，群与群争，弱者常为强肉，愚者常为智役。及其有以自存而遗种也，则必强忍魁桀，乔捷巧慧，而与其一时之天时地利人事最其相宜者也……此所谓以天演之学言生物之道者也。"[③] 显然严复已抓住了达尔文学说的中心：物竞天择，适者生存。

1896 年严复开始翻译《天演论》，他更全面地阐说了达尔文生物进化

① 严复并非第一位在中国宣传进化论的学者，这一点已在学界成为共识。1873 年（同治十二年）上海江南制造局出版的华衡芳与玛高温合译的《地学浅释》中，提到进化论学说。该书说，拉马克（该书译作"勒马克"）"言生物之种类，皆能渐变，可自此物变至彼物，亦可自此形变至彼形"。又说，达尔文（该书译作"兑儿平"）"言生物各择其所宜之地而生焉，其性情亦时能改变"。这是把自然进化观念最早引进中国的一本译著。当时向中国介绍进化论理论的主要是西方传教士，如丁韪良、理雅各、艾约瑟等人，以及其他外国人在中国创办的报刊，如《申报》《万国公报》等。传教士介绍进化论在客观上有积极作用，引起中国少数人的重视。康有为吸取了自然进化知识，与公羊三世说结合起来，创造了维新变法的理论基础。谭嗣同运用自然进化的知识，论证变法维新的合理性。但是，当时中国人的进化论知识还是肤浅的。达尔文的进化论只是作为一种科学知识，而不是作为一种科学理论为中国思想界接受，其影响是有限的。只有严复在 1895 年（光绪二十一年）发表的几篇政论文中应用了生物进化论的观点，并开始把它引进哲学领域，这才揭开了进化论系统传播的序幕。相关的论文可参考叶晓青《近代西方科技的引进及其影响》，《历史研究》1982 年第 1 期；鲁军《进化论在近代中国的传播及其哲学影响》，载《吉林大学社会科学学报》编辑部编《中国近现代哲学史研究文集》，1983，第 185 页。

② 严复：《原强》，载王栻主编《严复集》第一册，中华书局，1986，第 5 页。

③ 严复：《原强》，载王栻主编《严复集》第一册，第 16 页。

学说的发展概况和原理，肯定其科学性。“物竞、天择二义发于英人达尔文。达著《物种由来》（即《物种起源》）一书，以考论世间动植物类所以繁殖之故。先是言生理者，皆主异物分造之说。近今百年格物诸家稍疑古说之不可通，如法人兰麻克、爵弗来，德人方拔、万俾尔，英人威里士、格兰特、斯宾塞尔（也译作‘斯宾塞’）、倭恩、赫胥黎，皆生学名家，先后间出。……然其说未大行也。至咸丰九年，达氏书出，众论翕然。自兹厥后，欧美二洲治生学者，大抵宗达氏。而矿事日辟，掘地开山，多得古禽兽遗蜕，其种已灭，为今所无。于是虫鱼禽互兽人之间，衔接迤演之物，日以渐密，而达氏之言乃愈有征。……自歌白尼出，乃知地本行星，系日而运；古者以人类为首出庶物，肖天而生，与万物绝异，自达尔文出，知人为天演中一境，且演且进，来者方将。而教宗抟土说，必不可信。盖自有歌白尼而后天学明，亦自有达尔文而后生理确也。”[①] 严复的这段文字已点明，达尔文生物进化论的学说从生物学、地质学、古生物学、比较解剖学等原理出发，以大量的自然科学材料论证了生物界的种和类都是相互关联的，不是彼此孤立的，即“衔接迤演之物，日以渐密”；有机物种包括人类在内，是不断向前进化发展的，不是凝固不变的。“知人为天演中一境，且演且进，来者方将。”这种近代的科学观念，论证了自然界各种生物都有其生存和发展的规律，也无可辩驳地证明了人类也是生物进化的产物，而不是什么神灵创造或者“教宗抟土”而来的。

除此以外，译书中多次引用自然现象、实验数字或其他的学说对达尔文的进化原理进行印证，力图使国人对进化论思想信以为实。如：“天演方说，若更以垦荒之事喻之，其理将愈明而易见。”[②] 又如，引用了英国经济学家马尔萨斯的人类、动植物生殖之“几何级数递增”理论和赫胥黎的草木繁殖的实验数据来解释生物“独存众亡之故”，点出其中“必有其所以然之理”[③]，即达尔文的物竞、天择的原理。如此的科学论证，自然使其宣传的“天演”进化论思想更易动人视听。达尔文生物进化论是近代自然

---

① 严复：《天演论·导言一·察变》，载王栻主编《严复集》第五册，中华书局，1986，第1325页。

② 严复：《天演论·导言七·善败》，载王栻主编《严复集》第五册，第1337页。

③ 严复：《天演论·导言三·趋异》，载王栻主编《严复集》第五册，第1329～1331页。

科学发展中一项杰出的成果，也是近代自然科学方法应用的结果，严复从中发现了西方的实证方法和逻辑方法，并加以推崇倡行。达尔文为撰写《物种起源》，历经千辛万苦，跋山涉水，出没在草丛与森林之中收集各种动植物标本，采集大量生物化石和矿物标本，发现了大量新物种，对生物、地质和人类史进行了极为广泛深入的考察。在此基础上再进行反复比较和归纳、细致分析、相互印证，最终创立了生物界物种变化发展的理论，带来19世纪生物科学的伟大革命。

达尔文严谨的治学方法、勇于实践和锲而不舍的精神，给严复留下了深刻的印象。在《天演论》序言中，严复率先对西方的逻辑方法做了初步介绍，他说："及观西人名学，则见其于格物致知之事，有内籀之术焉，有外籀之术焉。内籀云者，察其曲而知其全者也，执其微以会其通者也。外籀云者，据公理以断众事者也，设定数以逆未然者也。"所以他认为达尔文等近代科学家得出的"公例"是不可动摇的。"其所得以为名理，公例者，在在见极，不可复摇。"① 受此启发，他渐渐形成一个信念："中国的问题首先是科学的问题。"② 1896年，严复致函梁启超，在信中他阐明了介绍西学"意欲本之格致新理，溯源竟委，发明富强之事"，指出当前救国的理论应当以自然科学的最新理论为依据，即以除旧布新为经，"而以格致所得之实理真知为纬"。③

《天演论》并非直接翻译自达尔文《物种起源》，大概是因为严复认为达尔文的这部书完全是一部自然科学著作④，它适合作为新理论的科学学理的基础，而不适合作为新理论的架构。正如英国学者丹皮尔所说："进化论在达尔文谦逊的心目中，仅仅是科学上的一种学说，……但后来竟变成一种哲学，甚至在有些人看来差不多成为一种信条了。进化论的生物学给予一般思想的真正教训是：任何事物都有其连续不断的变化，如果这种变化在与环境不合的方向上走得很远，可能就有某种淘汰去加以制止。"⑤

① 严复：《天演论·自序》，载王栻主编《严复集》第五册，第1319~1320页。

② 〔美〕史华兹：《寻求富强：严复与西方》，叶凤美译，江苏人民出版社，1995，第177页。

③ 严复：《与梁启超书》一，载王栻主编《严复集》第三册，第514页。

④ 冯友兰：《中国哲学史新编》第六册，人民出版社，1989，第162页。

⑤ 〔英〕丹皮尔：《科学史》，李珩译，商务印书馆，1979，第589页。

严复的情况便是如此，他没有直接翻译这本科学著作，却在《原强》和《天演论》按语中一再强调"天演公例"来自达尔文，用意即在于选择其无可置疑的科学性与权威性。

应该说，从《天演论》开始，中国人才真正知道自然界里还存在物竞天择、进化不已这样的客观规律。严复对达尔文生物进化学说的选择及在中国的用心传播，对此有不可磨灭的贡献。

二　严复"天演"进化论对斯宾塞、赫胥黎社会学说的选择

如果说严复选择达尔文的生物进化论是为了建立"天演"进化论的科学基础的话，那么，严复选择斯宾塞、赫胥黎社会学说的重要目的就是认同生物进化论在人类社会的意义，为"天演"进化论的核心观点提供基本内容，以迎合当时救亡图存和启蒙社会的需要。

众所周知，社会学家借用了达尔文的生物进化原理，对事物的发展做了庸俗的解释，只承认事物的量变，否认事物的质变，只承认进化，否认革命，这就形成了庸俗进化论的流派。19 世纪 70 年代末期，严复等人在英国留学时期，正是庸俗进化论流传的年月，从严复以后的著作中来看，很显然，不论是斯宾塞的社会有机体论，还是赫胥黎的社会进化论，对他都有深刻的影响。

斯宾塞是英国维多利亚时代最负盛名的哲学家、心理学家和社会学家。他先后完成了《第一原理》《生物学原理》《心理学原理》《社会学原理》《伦理学原理》等著作，另外还发表了多种零散著作和论文集，从物质、运动、时间、空间直到人类社会的发展演变无不论及。达尔文的《物种起源》出版后，斯宾塞即以"适者生存"来概括达尔文的自然选择原理，成为社会达尔文主义的主要代表人物之一。1896 年，他将以上著作合并为《天人会通论》一书，从而构筑了一个以进化论为核心，囊括所有科学知识的综合体系，并在欧美的知识群体中引起了很大的反响。斯宾塞认为一切现象的基础是不可知的"力"，现象世界都不是永恒的、绝对的、固定不变的，它们必然处于不断运动和变化之中，这种运动变化是由

“力”所决定的。在他看来，上至天体的形成，下至物种、人种的起源，从无机界到有机界，从自然领域到人类社会，均受进化律的支配。“力”的作用是恒久的，因此进化也必然是恒久的、普遍的。斯氏还把复杂的社会现象与生物现象做简单的类比，他在综合体系中把普遍进化理论与社会有机体论融合起来，大大发挥了社会达尔文主义学说。其特点在于把生物学中的自然选择、生存竞争的原则引入社会，认为它们在社会进化的过程中同样起着支配作用，社会中人与人之间、民族与民族之间、国与国之间的一切关系都是“生存竞争”关系。因此，他的社会进化论学说可称为“庸俗进化论”。该学说犹如一柄双刃剑，虽具有学理性，在人类的现实社会中却表现出残酷的特点。它既成为近代落后国家捍卫民族独立的有力武器，也成为近代列强进行殖民主义侵略的理论依据。

严复十分倾服斯宾塞的学说，在中国危机爆发之前，斯宾塞的理论在严复的脑海中已先入为主了。早在 1881 年，严复已读过斯宾塞的《群学肄言》（*Study of Sociology*，现译为《社会学研究》）。1902 年，他翻译该书时，回顾当初读此书的体会说：“不佞读此在光绪七八之交，辄叹得未曾有，生平好为独往偏至之论，及此始悟其非。窃以为其书实兼《大学》《中庸》精义，而出之以翔实，以格致诚正为治平根本矣。每持一义，又必使之无过不及之差，于近世新旧两家学者，尤为对病之药。虽引喻发挥，繁富吊诡，顾按脉寻流，其意未尝晦也。”① 令严复感兴趣的是，西方思想与中国儒家思想有相通之处，儒家常讲的“格物致知”“诚意正心”等命题，同样也是斯宾塞书中的根本话题，严复“天演”进化论中对斯宾塞学说倾情的表现就是对它的用心选择。在《原强》篇中，严复对斯宾塞依据近代自然科学理论来研究人类社会现象的方法充满兴趣，他说：“斯宾塞尔者，亦英产也，与达同时。其书于达氏之《物种探原》（即《物种起源》）为早出，则宗天演之术，以大阐人伦治化之事。号其学曰‘群学’，犹荀卿言人之贵于禽兽者，以其能群也，故曰‘群学’。夫民相生相养，易事通功，推以至于刑政礼乐之大，皆自能群之性以生。又用近今格

① 严复：《〈群学肄言〉译余赘语》，载王栻主编《严复集》第一册，第 126 页。

致之理术，以发挥修齐治平之事，精深微眇，繁富奥殚。”[①] 在斯宾塞《天人会通论》发表的次年，《天演论》按语中就加以介绍，曰：“斯宾塞尔者，与达同时，亦本天演著《天人会通论》，举天、地、人、形气、心性、动植之事而一贯之，其说尤为精辟宏富。其第一书开宗明义，集格致之大成，以发明天演之旨；第二书以天演言生学；第三书以天演言性灵；第四书以天演言群理；最后第五书，乃考道德之本源，明政教之条贯，而以保种进化之公例要术终焉。呜呼！欧洲自有生民以来，无此作也。”[②] 可见严复对斯宾塞的社会学理论很是推崇。斯宾塞认为社会是一个有机体，如同一个生物机体一样，部分组织结构，包括社会的分工与协作，必须保持平衡、协调，否则社会必将出现动乱，甚至危及社会的生存。这给正在苦苦寻觅西方成功之谜的严复以极大的满足。“斯宾塞的社会学理论试图为一个合理化的近代社会发展过程做出解释，仅此一点对严复来说也许就够了。”[③] 所以在《天演论》按语中，严复不遗余力对此进行阐说，如：“夫群者，生之聚也。合生以为群，犹合阿米巴而成体。斯宾塞氏得之，故用生学之理以谈群学，造端比事，粲若列眉矣。然于物竞天择二义之外，最重体合，体合者，物自致于宜也。彼以为生既以天演而进，则群亦当以天演而进无疑。而所谓物竞、天择、体合三者，其在群亦与在生无以异，故曰任天演自然，则郅治自至也。”[④] 也就是说，人类社会和生物界相同，遵循“生存竞争”“自然选择”“适应环境”的进化规律而向前发展，直到完美的境界。斯宾塞在书中还认为社会学是一门包括所有其他学科的科学，每一门具体学科提供一种特定的思维习惯，因此“欲为群学，必先有事于诸学焉”。严复对此做出进一步解释，他说：“不为数学、名学，则吾心不足以察不遁之理，必然之数也；不为力学、质学，则不足以审因果之相生，功效之互待也。”学完名、数、力、质等基础学科后，还必须学习天文学和地理学，“尤必借天地二学，各合而观之，而后有以见物化之成迹”。但是，就这样“于群学犹未也”，还必须学习关键的生理学和心理

① 严复：《原强》，载王栻主编《严复集》第一册，第 16 页。

② 严复：《天演论·导言一·察变》，载王栻主编《严复集》第五册，第 1325 页。

③ 欧阳哲生：《严复评传》，百花洲文艺出版社，1994，第 25 页。

④ 严复：《天演论·论十五·演恶》，载王栻主编《严复集》第五册，第 1393 页。

学，“盖群者人之积也，而人者官品之魁也。欲明生生之机，则必治生学；欲知感应之妙，则必治心学，夫而后乃可以及群学也”。因此，斯宾塞将社会学称为“科学的皇后”，严复同样也提出了“学问之事，以群学为要归”的说法，并断定“唯群学明而后知治乱盛衰之故，而能有修齐治平之功”。[①] 这就充分说明，严复对斯宾塞建立在自然科学基础之上的普遍进化理论和社会有机体论，从思维方法到基本论点几乎是全部接受了。“这就不仅为严复提供了一个科学体系的框架，而且为他认识世界提供了一种具有普遍意义的科学方法。”[②]

严复尽管盛赞斯宾塞的社会学理论，却没有直接翻译他的代表作。[③] 因为严复意识到斯宾塞的《天人会通论》是一部“精深微眇，繁富奥殚”[④]，“不可猝译”[⑤] 之作，“以其书之深广，而学者之难得其津涯也”[⑥]。但是，严复并没有因此放弃引进西学的念头，他始终密切关注西方理论界的出版动态，在众多的西方学说中进行符合“天演”的理性选择。约在1895年与1896年之交，严复读了赫胥黎的《进化论与伦理学》一书，该著作为“天演”进化论的宣扬提供了绝佳的契机。

赫胥黎是与斯宾塞同时代的英国博物学家，一生坚持不懈地宣传达尔文理论，是进化论学说的积极捍卫者和传播者。他在1863年出版的代表作《人类在自然界中的位置》一书中，开始把进化论观点联系到人类社会。1893年赫胥黎在牛津大学演讲《进化论与伦理学》，由于内容深奥艰涩，翌年他又用通俗易懂的文字补写了一篇导言，以帮助读者理解正文。《进化论与伦理学》主要对达尔文进化论、天人之间的区别、伦理与宇宙的进程及其关系做了阐述，其中包含社会达尔文主义的成分和对古今东西方众多学派及学者认识论的评述。这里既有严复想要传播的西学内容，又为严

---

① 严复：《原强》，载王栻主编《严复集》第一册，第17页。

② 欧阳哲生：《严复评传》，第24页。

③ 众多学者赞同严复最佩服的思想导师是斯宾塞，但是严译名著中，属斯宾塞的著作却只有《群学肄言》一种，这似乎不大合理。对这个问题，蔡乐苏在《严复启蒙思想与斯宾塞》一文的注释中有精辟论述（载刘桂生编《严复思想新论》，清华大学出版社，1999，第287~314页）。

④ 严复：《原强》，载王栻主编《严复集》第一册，第16页。

⑤ 严复：《天演论·导言一·察变》，载王栻主编《严复集》第五册，第1325、1327页。

⑥ 严复：《译〈群学肄言〉自序》，载王栻主编《严复集》第一册，第123页。

复选择与汇释西学提供了自由发挥的余地。严复在《天演论》自序中坦言：“赫胥黎氏此书之旨，本以救斯宾塞任天为治之末流，其中所论，与吾古人有甚合者。且于自强保种之事，反复三致意焉。”[①] 吴汝纶也一针见血地指出：“抑严子之译是书，不惟自传其文而已，盖谓赫胥黎氏以人持天，以人治之日新，卫其种族之说，其义富，其辞危，使读焉者怵焉知变，于国论殆有助乎？”[②] 正当严复亟思扩大“天演”进化论的影响，以迎合中华民族救亡图存需要之际，赫胥黎的著作成功地提供了一个有效的范本，这就决定了严复对赫胥黎著作的翻译意图。[③] 1896 年夏天，严复翻译了赫胥黎的《进化论与伦理学》一书，取名《天演论》，并于 1898 年正式出版。

基于达尔文学说，赫胥黎研究了人类在自然界中的位置，提出了生物从古至今均在变化（进化与蜕化）的根本论点。其重要原因是“物竞”与“天择”，所谓“物竞”就是“生存竞争”，所谓“天择”就是自然选择或自然淘汰。严复同意赫胥黎的这个基本观点，认为“物竞”“天择”是全书的主旨。“以天演为体，而其用有二：曰物竞，曰天择。此万物莫不然，而于有生之类为尤著。物竞者，物争自存也，以一物以与物物争，或存或亡，而其效则归于天择。天择者，物争焉而独存。则其存也，必有其所以存，必其所得于天之分，自致一己之能，与其所遭值之时与地，及凡周身以外之物力，有其相谋相剂者焉。夫而后独免于亡，而足以自立也。而自其效观之，若是物特为天之所厚而择焉以存也者，夫是之谓天择。天择者，择于自然，虽择而莫之择，犹物竞之无所争，而实天下之至争也。”[④] 赫胥黎又认为这种生物的发展规律可用来解释社会发展的规律性和人们之间的相互关系，“是故天演之事，不独见于动植二品中也。实则一切民物之事，与大宇之内日局诸体，远至于不可计数之恒星，本之未始有始以前，极之莫终有终以往，乃无一焉非天之所演也”。[⑤] 这正是社会达尔文主

① 严复：《天演论·自序》，载王栻主编《严复集》第五册，第 1321 页。

② 吴汝纶：《天演论·吴序》，载王栻主编《严复集》第五册，第 1318 页。

③ 对于严复选择赫胥黎著作的动机，另请参见皮后锋《严复大传》，福建人民出版社，2003，第 165 页。

④ 严复：《天演论·导言一·察变》，载王栻主编《严复集》第五册，第 1324 页。

⑤ 严复：《天演论·导言二·广义》，载王栻主编《严复集》第五册，第 1326 页。

义的观点。在“物竞”和“天择”规律下，“于是则相得者亨，不相得者困；相得者寿，不相得者殇。日计不觉，岁校有余，浸假不相得者将亡，而相得者生而独传种族矣，此天之所以为择也”。[①] 这里的“相得者”与“不相得者”分别指的是能适应自然和无从适应自然的物种，或存或亡，判若分明。在此篇译文的按语中，严复以草木繁殖的实验数据论证了达尔文的进化原理，又联系到人类社会的状况。“此不仅物然而已，墨、澳二洲，其中土人日益萧瑟，此岂必虔刘削之而后然哉！资生之物所加多者有限，有术者既多取之而丰，无具者自少取焉而啬；丰者近昌，啬者邻灭。”他以美洲和非洲的土著民族为例，指出由于“资生之物”有限，物种的相争是免不了的，往往是“有术者”（指列强国家）霸占了“无具者”（指美洲和非洲的国家）的生产资料和生活资料，导致“土人日益萧瑟”，这种现象正是社会生存竞争和自然选择的必然结果。他发出了这样的感叹：“此洞识知微之士，所为惊心动魄，于保群进化之图，而知徒高睨大谈于夷夏轩轾之间者，为深无益于事实也。”[②] 这道出了当时中国的开明分子正致力于改变国家，图谋保种进步，而那些守旧派却仍然死守着“夷夏大防”的心态。两种图谋对于国家前途的影响有本质的区别。在后一种情况下，将是有术者“常为君而我常为臣，彼常为雄而我常为雌，我耕而彼食其实，我劳而彼享其休，以战则我常居先，出令则我常居后，彼且以我为天之民……于是加束缚驰骤，奴使而虏用之”。如果是这样的话，距离“不自存”或“无遗种”又相差几何呢？[③] 所以，严复大声疾呼，中国人只有奋发图强，适应“物竞天择”的规律，才能避免危亡之祸，否则，“弱肉”必为“强食”，其结果必然是“无以自存，无以遗种”，[④] 为天演公例所淘汰。显然，严复选择了赫胥黎著作中社会达尔文主义的成分，用所谓的“竞争生存，优胜劣败，弱肉强食”的“天演”道理，激发人们的民族意识和爱国热情，警醒晚清当局，力求“自强保种”，起到了反殖民的作用。

---

① 严复：《天演论·导言三·趋异》，载王栻主编《严复集》第五册，第1329页。

② 严复：《天演论·导言三·趋异》，载王栻主编《严复集》第五册，第1331页。

③ 严复：《原强》，载王栻主编《严复集》第一册，第23页。

④ 严复：《原强》，载王栻主编《严复集》第一册，第23页。

但是，严复《天演论》的特点在于它不是赫胥黎原著的忠实译本，而是有选择、有取舍、有评论、有改造，根据现实“取便发挥”的“达旨”。[①] 与严复的忧患生于民族危亡不同，赫胥黎的忧患生于天人之际，他著《进化论和伦理学》旨在阐说终极关怀。虽说赫胥黎是个自觉的社会达尔文主义者，他的学说中也包含许多社会达尔文主义的内容，但他并不认可天演进化的“宇宙进程”能够完整地移到人类社会中来，关于天人之际，他守护的是人世间的“伦理进程”。所以，赫胥黎在著作中十分强调人类有高于动物的相爱互助的先天本性，社会应有责任将与道义德操相悖的天演进化抑制在伦理范围之中。严复显然不太赞成赫胥黎的这种伦理观点。吴汝纶在致严复函中说得尤为明确：“执事之译是书，盖伤吾土之不竞，惧炎黄数千年之种族，将遂无以自存，而惕惕焉欲进之以人治也，本执事忠愤所发，特借赫胥黎之书用为主文谲谏之资而已。”[②] 严复以翻译赫胥黎的著作来对西学进行选择，反映了他的挽世意图和治国理想。

三 严复“天演”进化论对斯宾塞、赫胥黎社会学说的汇释

事实上，严复、赫胥黎与斯宾塞在生物学领域内除了个别的枝节问题，都坚持了达尔文的学说，认同“物竞天择，适者生存”的原理。因此，对于达尔文学说，严复在《天演论》中更多的只是引用他的科学观点以及主要的实验数据，作为“天演”进化论的自然科学基础。[③]《天演论》中最为精彩的在于严复引用斯宾塞的观点反驳赫胥黎的不充分之处，反过

① 李泽厚：《中国近代思想史论》，人民出版社，1979，第261页。冯友兰先生亦谓：“严复翻译《天演论》，其实并不是翻译，而是根据原书的意思重写一遍。文字的详略轻重之间大有不同，而且严复还有他自己的案语，发挥他自己的看法。所以严复的《天演论》，并不就是赫胥黎的《进化和伦理》。”（参见冯友兰《从严复到赫胥黎》，载氏著《三松堂全集》第12卷《哲学文集》中，河南人民出版社，2000，第604~613页）

② 吴汝纶：《桐城吴先生全书·尺牍一》，清光绪三十年吴氏家刻本，第159页。

③ 严复在《原强》中虽然说过“达尔文曰，物各竞存，最宜者立，动植如是，政教亦如是也”，但这只能说明严复接受了斯宾塞的学说，因为达尔文虽从马尔萨斯人口论得到启发，但他并未认为自己所发现的生物界生存竞争规律适用于人类社会。另请参见李泽厚《中国近代思想史论》，第264页。

来，又套用赫胥黎的观点补充斯宾塞的不严密之处。

其一，用斯宾塞的观点反驳赫胥黎的不充分之处。

对进化论与人类社会关系的解释，即对社会达尔文主义的论述，是赫胥黎、斯宾塞二人最大的分歧和矛盾之处。赫胥黎认为人类的伦理关系不同于自然法则和生命过程。自然界没有道德标准，优胜劣败，弱肉强食，竞争进化，适者生存。人类社会则不同，人类具有高于动物的先天“本性”，能够相亲相爱，互助互敬，不同于上述自然竞争，“社会进展意味着对宇宙过程每一步的抑制，并代之以另一种可称为伦理的过程”。[①] 由于这种人性，人类不同于动物，社会不同于自然，伦理学不能等同于进化论。因此，赫胥黎认为自然规律（进化论）与人类关系（伦理学）是对立的。由此可见，赫胥黎虽然受了社会达尔文主义的影响，但是认为宇宙和人类进程是相互分离的关系，这个观点显然不令严复满意。相反，在同样问题上，斯宾塞基于他的社会有机体论，对社会达尔文主义的认识和阐述更为全面和深刻。他认为自然过程和社会过程是统一的，自然中包含着内在的“天演”规律，它自主地发生作用，并对人类领域产生影响。冯友兰先生曾敏锐地指出其中的思想差异，他说：“把达尔文主义同人类社会联系起来是一回事，而把达尔文主义应用到人类社会又是一回事。赫胥黎并不是把达尔文主义应用到人类社会，而是认为达尔文主义不能应用于人类社会。”[②] 在这个命题上，严复更为服膺的是斯宾塞对社会达尔文主义的诠释。

例如，赫胥黎认为自然界和生物界永处变动之中，并且认为生物界存在“物竞”和“天择”。严复似乎认为赫胥黎的学说不够深刻，特意在译文中补上斯宾塞的话，用以强调“天择”的重要性。他说：“斯宾塞尔曰：‘天择者，存其最宜者也’。夫物既争存矣，而天又从其争之后而择之，一争一择，而变化之事出矣。”[③] 严复还借用赫胥黎的叙述，把自然界的生物进化论发挥、引申到人类社会中去。“凡兹运行之理，乃化机所以不息之

---

① 〔英〕赫胥黎：《进化论与伦理学》，《进化论与伦理学》翻译组译，科学出版社，1973，第 57 页。

② 冯友兰：《中国哲学史新编》第六册，第 162 页。

③ 严复：《天演论·导言一·察变》，载王栻主编《严复集》第五册，第 1324 页。

精。苟能静观，随在可察。小之极于跂行倒生，大之放乎日星天地；隐之则神思智识之所以圣狂，显之则政俗文章之所以沿革。言其要道，皆可一言蔽之，曰：天演是已。"严复将"天演"规律从自然界的"跂行倒生"（即爬行动物与根茎植物）、"日星天地"，应用到人类社会的"神思智识""政俗文章"方面，体现了他对自然与社会统一的认识。"是故天演之事，不独见于动植二品中也。实则一切民物之事，与大宇之内日局诸体，远至于不可计数之恒星，本之未始有始以前，极之莫终有终以往，乃无一焉非天之所演也。"[①] 这是赫胥黎原著中所没有说的，无疑来自"宗天演之术，以大阐人伦治化之事"的斯宾塞的思想。再如，在严复启蒙思想体系中，有个关键的关于"群道"的认识。所谓"群道"，是指社会组织里人们共处的原则。"人道始群之际，其理至为要妙，群学家言之最晰者，有斯宾塞氏之《群谊篇》、柏捷特《格致治平相关论》二书，皆余所已译者。"[②] 所以，在这一问题上，他认为赫胥黎不如斯宾塞论述得严密，他说："赫胥黎保群之论，可谓辨矣。然其谓群道由人心善相感而立，则有倒果为因之病，又不可不知也。盖人之由散入群，原为安利，其始正与禽兽下生等耳，初非由感通而立也。夫既以群为安利，则天演之事，将使能群者存，不群者灭；善群者存，不善群者灭。善群者何？善相感通者是。然则善相感通之德，乃天择以后之事，非其始之即如是也。其始岂无不善相感通者？经物竞之烈，亡矣，不可见矣。赫胥黎执其末以齐其本，此其言群理，所以不若斯宾塞之密也。"[③] 对于赫胥黎所谓"群道"是由人类"善相感通"的心灵和有别于动物的"天良"而维持的观点，严复是持异议的。这段按语已明确指出：人类本来与禽兽等低等动物一样，之所以"由散入群"，形成社会群体组织，完全是为了个体的安全和利益，并不是由于人们心灵感通或"天良"。因此说"天演"规律表现在人类社会中，便是"能群者存，不群者灭；善群者存，不善群者灭"的社会达尔文主义规律。这也说明人类的心灵感通和"天良"，"乃天择以后之事"，不可"倒果为因"。

---

① 严复：《天演论·导言二·广义》，载王栻主编《严复集》第五册，第1326~1327页。

② 严复：《天演论·导言十三·制私》，载王栻主编《严复集》第五册，第1346页。

③ 严复：《天演论·导言十三·制私》，载王栻主编《严复集》第五册，第1347页。

赫胥黎以为人类社会靠心灵感通相联系，他把这种感情的进化叫作“伦理过程”，以为它对人类社会中的生存竞争具有抑制作用，这就是他所说的“伦理过程”与“宇宙过程”的对抗。但是严复通过吸取斯宾塞的社会学理论，指出赫胥黎反对斯宾塞社会达尔文主义的观点具有片面性，是“未尝深考斯宾氏之所倨耳”造成的。事实上，斯宾塞“自生理而推群理”的理论是“竖义至坚，殆难破也”。[①] 严复认为，斯宾塞于“物竞”“天择”之外，又加上一个“体合”原则，所谓“体合”，就是人在物竞、天择的过程中，能够“自至于宜者”。因此从这个观点看，人治与天行就不是对立的，而是统一的，即“天人一贯”。这样，严复通过引用斯宾塞社会达尔文主义理论来反驳赫胥黎学说中的不深刻之处，构成其启蒙思想体系中最为关键的一个命题。

其二，用赫胥黎的观点补充斯宾塞不严密之处。

斯宾塞的社会达尔文主义强调人类社会中个体之间、种族之间的所谓生存竞争、优胜劣败和弱肉强食的那套原则，其逻辑结果是宣扬了“任天为治”的思想，即任凭“物竞天择”的自然规律起作用，而不去干预它。这是列强欺压、剥削广大落后民族和国家的强权逻辑。严复是不认同这种思想的，他认为这是斯宾塞“末流”之失。赫胥黎的认识则不一样，在此援引《进化论与伦理学》中的一句话：“我们要断然理解，社会的伦理进展并不依靠模仿宇宙过程，更不在于逃避它，而是在于同它作斗争。”[②] 这一点与严复救亡图存的爱国思想的要求相一致，这使他对赫胥黎的著作非常感兴趣。由此可见，严复虽然推崇斯宾塞的普遍进化论，却没有完全陷入斯宾塞“任天为治”的社会达尔文主义的泥淖中。《天演论》中的一段译文颇耐人寻味，即：“天行人治常相毁而不相成固矣。然人治之所以有功，即在反此天行之故。何以明之？天行者以物竞为功，而人治则以使物不竞为的。天行者倡其化物之机，设为已然之境，物各争存，宜者自立，且由是而立者强，强者昌；不立者弱，弱乃灭亡。皆悬至信之格，而听万类之自己。至于人治则不然，立其所祈向之物，尽吾力焉，为致所宜，以

① 严复：《天演论·论十五·演恶》，载王栻主编《严复集》第五册，第1393页。

② 〔英〕赫胥黎：《进化论与伦理学》，第58页。

辅相匡翼之，俾克自存，以可久可大也。”[①] 严复指出，赫胥黎虽然认为天行、人治是相悖的、不一致的，但是人类有主观能动性，可以反“天行”而行之。“天行”倡导“物竞天择，适者生存”的自然规律，听任万物自生自灭，而“人治”则可以防止这种竞争规律在人类社会中蔓延，“以使物不竞为的”。它为人们设立追求和向往的目标，造就适宜生存的环境，辅佐、匡扶和保护他们，使他们能够生存、发展和壮大起来。这里，严复显然用赫胥黎的观点修正了斯宾塞的逻辑推论。

关于斯宾塞的“任天为治”与赫胥黎的“以人持天”这两个相对立的观点，严复做了进一步的说明：“斯宾塞氏之言治也，大旨存于任天，而人事为之辅，犹黄老之明自然，而不忘在宥是已。赫胥黎氏他所著录，亦什九主任天之说者，独于此书，非之加此。盖为持前说而过者设也。”[②] 赫胥黎认为：“在人工的和自然的东西之间到处都表现出同样的对抗性。”[③] 因此，人类要立于不败之地，必须同自然永处斗争状态，而斯宾塞刚好和他相反，其“大旨存于任天”。斯宾塞要人们放任自流，对自然规律不做任何干涉。“由是而推之，凡人生保身保种，合群进化之事，凡所当为，皆有其自然者，为之阴驱而潜率，其事弥重，其情弥殷。设弃此自然之机，而易之以学问理解，使知然后为之，则日用常行，已极纷纭繁赜，虽有圣者，不能一日行也。”[④] 严复不赞同斯宾塞的这种说法，他在《天演论》最后一篇中，总括全文，鲜明地提出“与天争胜”“胜天为治”的观点。他说：“今者欲治道之有功，非与天争胜焉，固不可也。法天行者非也，而避天行者亦非。夫曰与天争胜云者，非谓逆天拂性，而为不祥不顺者也。道在尽物之性，而知所以转害而为功，……百年来欧洲所以富强称最者，其故非他，其所胜天行而控制万物，前民用者，方之五洲，与夫前古各国最多故耳。以已事测将来，吾胜天为治之说，殆无以易也。是故善观化者，见大块之内，人力皆有可通之方；通之愈宏，吾治愈进，而人类

---

① 严复：《天演论·导言六·人择》，载王栻主编《严复集》第五册，第 1335 页。

② 严复：《天演论·导言五·互争》，载王栻主编《严复集》第五册，第 1334 页。

③ 〔英〕赫胥黎：《进化论与伦理学》，第 9 页。

④ 严复：《天演论·导言五·互争》，载王栻主编《严复集》第五册，第 1335 页。

乃愈亨。”① 严复认为人类运用自己的力量，观察并研究自然和社会现象，掌握其规律，进而征服自然，改造社会，使人类社会不断向更高处发展，欧洲在近代走向富强就是“胜天行而控制万物”的直接结果。在严复看来，中国人要“自强保种”，正用得着赫胥黎这一思想。严复还发现赫氏的学说在中国古代刘禹锡、柳宗元等人“天人交相胜”的思想体系中可找到印证。他说：“以尚力为天行，沿德为人治，争且乱则天胜，安且治则人胜。此其说与唐刘、柳诸家天论之言合，而与宋以来儒者以理属天，以欲属人者，致相反矣。”② 自然界的力量相互作用，其规律是不以人的意志为转移的。如果“人道明”，人能根据规律办事，把社会治理好了，人就能胜天；如果“人道昧”，即人不能认识规律，法制和道德规范都遭到破坏，那便“争且乱则天胜”。这种对天人关系的比较正确的认识，是从荀子、柳宗元、刘禹锡到王夫之的优秀传统，是一种朴素唯物主义和朴素辩证法的观点。把中国的这种哲学传统和赫胥黎的学说结合起来加以论证的方法，也是严复阐明“与天争胜”观点的一个特色。

总之，一方面，严复不同意赫胥黎人性本善、社会伦理不同于自然进化的观点，另一方面，他又赞成赫胥黎主张人不能被动地接受自然进化，而应该与自然斗争，奋力图强；一方面他同意斯宾塞的自然进化是普遍规律，也适用于人类的观点，另一方面他又不满意斯宾塞那种“任天为治”、弱肉强食的思想。通过对达尔文的科学进化论、斯宾塞的社会有机体论和赫胥黎的社会进化论三家学说的选择和提炼，特别是对赫胥黎和斯宾塞的两种社会达尔文主义理论的辨析和比较，严复从西方思想库中移植了时代所需要的救亡依据，汇释了“天演”进化论的学说，成为晚清社会启蒙思潮的理论基石。

本文原载于《东南学术》2004年第3期

① 严复：《天演论·论十七·进化》，载王栻主编《严复集》第五册，第1396页。

② 严复：《天演论·论十六·群治》，载王栻主编《严复集》第五册，第1395页。

“侯官新学”起例

汪征鲁

严复是中国近代著名思想家，但他在晚清新学中所处地位与意义始终不确定，即其是否形成了一个学派，是否代表了新学发展的一个阶段，其学派之于整个新学发展演化究竟处于何种地位、具有何种意义，这一学派之发轫是否有特定的历史地理、区域文化予以观照，等等。在这种情形下，我们提出“侯官新学”以及与之相匹配的“南皮新学”“南海新学”等概念，尝试形成一个新的叙事与阐释框架。当然，这一新框架与原来的框架不是相悖的，而是相辅相成的。

为什么要称之为“侯官新学”？因为严复籍贯福建侯官，且一生喜用“侯官”署名，在《天演论》各章题目下，即署“侯官严复达旨”。世人也习惯称其为“严侯官”。是故，以“侯官新学”命名严复新学或严复学派，内涵更丰富，地域特色更鲜明，即突出了其与福建的历史地理、区域文化及地方话语的关系，形成了一个新的视域与维度。其实这种学术梳理与命名，在中国学术史上已有成规。《宋元学案》《明儒学案》首创其例。全祖望以为，“学案”亦即“学派”（《宋元学案》卷三）。仅以黄宗羲原著《宋元学案》为例，其三分之一的学案名是以地域命名的，其中有学者的出生地，也有客居地，而且大多做了新的梳理与命名。如北宋张载之学派，当时称为“关学”，而《宋元学案》称之为“横渠学案”，即“横渠学”或“横渠学派”（《宋元学案》卷十七）。又如南宋胡安国之学派，当时称为“湖湘学派”，而《宋元学案》称之为“武夷学案”，即“武夷学”或“武夷学派”（《宋元学案》卷三十四）。又如范仲淹在北宋时并无所统学派，而《宋元学案》特为之命名了“高平学案”，即“高平学派”（《宋元学案》卷三）。

晚清新学的建构是一个动态的发展过程，也是一个中西碰撞交融的过程。一般认为，晚清新学之建构历经三个发展层次或阶段，即：首先，物质的层次，亦为物质文化层面，如坚船利炮、工具器物等；其次，制度层面，亦为制度文化层面，如议会制度、君主立宪制等；最后，价值观层面，亦为精神文化层面。若从历史地理、地域文化及区域话语的角度，窃以为这三个阶段还可以这样表述：第一阶段是以张之洞为代表的南皮新学，其以“中学为体，西学为用”为宗旨，主要学习西方的器物技术，它的社会实践是洋务运动；第二阶段是以康有为为代表的南海新学，其以“托古改制”为依傍，主张维新变法，学习西方的君主立宪、议会制度，它的社会实践是戊戌变法；第三阶段是以严复为代表的侯官新学，其揭橥“以自由为体，以民主为用”，主张学习西方的世界观和方法论，体现了中西文化在价值体系层面的交融，以现在的研究观之，它的社会实践是新文化运动。

“侯官”是福州的古称。福建地处中国大陆的东南一隅，三面环山，一面临海，使其在中原板荡的岁月里，偏安一隅，在历史的激流中形成一个相对平静的港湾。当北方游牧民族周期性地入主中原之际，中原地区的汉民族便掀起一浪高过一浪的入闽移民潮。这一移民潮的主导者为北方的世家大族，入闽的旧姓大族将儒家文化的天人合一、中庸与温和敦厚寄藏于闽山闽水之中。于是，闽文化更多地保留了儒家文化的传统及古代中原地区的部分语言、艺术、风俗、戏曲等。两宋以来，中国经济重心南移，八闽文化昌盛，至晚清，侯官更是名人辈出，如“睁眼看世界的第一人”林则徐、“首任船政大臣”沈葆桢、中国近代“西学第一人”严复等，故当时有“晚清风流数（出）侯官”之说。更重要的是，侯官辖下的马尾是中国近代最早的海军、造船业、船政学堂的发祥地。侯官新学就是在上述历史地理环境和区域文化的滋养下生成的。

侯官新学特指严复的新学思想。溯其渊源，当时设在马尾的福州船政学堂为严复新学的发轫提供了最初的平台。福州船政学堂是闽浙总督左宗棠于同治五年（1866）在筹办福州船政局的同时创办的中国最早的海军学校。左宗棠在该年调离后，该学堂由沈葆桢接办。该学堂设有完全西化的、完备的制造和驾驶两个专业。因左宗棠认为英、法两国分别是当时世界上驾驶和制造技术最好的国家，故制造专业委托法国人主持，用法国教师、法国教材和法语教学；驾驶专业委托英国人主持，用英国教师、英国教材和英语教学。同治五年，14 岁的严复入驾驶专业修业。1871 年，19 岁的严复以最优等学业成绩毕业。在海军服役 6 年之后，严复等 6 人于 1877 年被选派进入英国格林尼治皇家海军学院留学。一年后学成，其中方伯谦、何心川、叶祖珪、林永升、萨镇冰等 5 人到皇家海军舰船上实习，而严复因已被中国官方安排为教职，遂继续在格林尼治海军学院学习一年。在英国留学期间，严复遍访大英图书馆、博物馆，参观巴黎的万国博览会与市政建设，旁听英国法庭诉讼等，深入探研了西方的政治、经济、文化等经典著作及社会问题。

负笈英伦的经历，使严复具有有别于同时代思想家的禀赋，使他有可能直入西方文化之堂奥，深得个中三昧，最终漂洋过海，将之植根中土。严复之所以能发展新学，主要是因为他 14 岁起就接受英式教育，熟谙英语、西学，后又留学当时资本主义最发达的英国，研习资本主义原典。而他之所以能如此，归根结底就是因为当时福建侯官地区组建了海军、福州船政局与福州船政学堂，这一独特的历史地理环境与区域文化氛围，亦即今天所说的船政文化，熏陶、造就了严复。也就是说，只有“侯官”才能产生“严复”。

广义而言，侯官新学是指在福建历史地理和区域文化的大背景下，在宋明以来闽学的浸润与观照下，以及在清朝末季这一地区中西文化的激荡交流中，形成的一个文化学派，其中包括林则徐、沈葆桢、严复、陈季同、林纾等闽籍学人之思想。应当看到，这一学派是晚清以来福州乃至福建地区爱国志士为挽救民族危亡、探求救国真理，主动向西方学习，致力于中西文化交流的士大夫群体的思想结晶。这就决定了侯官新学学理的开放性、先进性与方法的“守中性”，亦即一些论者所说的“思想的先进与方法的中庸”。

本文原载于《光明日报》2017 年 4 月 24 日，第 14 版

图书在版编目(CIP)数据

领先阁史学文萃. 第一辑, 地方文化卷 : 全二册 / 叶青主编. -- 北京 : 社会科学文献出版社, 2020.6

(福建师范大学史学文库)

ISBN 978-7-5201-6551-8

Ⅰ. ①领… Ⅱ. ①叶… Ⅲ. ①文化史-福建②地方文化-福建-文集 Ⅳ. ①K295.7②G127.57-53

中国版本图书馆 CIP 数据核字(2020)第 063463 号

·福建师范大学史学文库·

领先阁史学文萃第一辑(地方文化卷·上下)

主　　编 / 叶　青

出 版 人 / 谢寿光

责任编辑 / 宋淑洁

文稿编辑 / 许文文

出　　版 / 社会科学文献出版社·经济与管理分社(010)59367226

地址: 北京市北三环中路甲 29 号院华龙大厦　邮编: 100029

网址: www.ssap.com.cn

发　　行 / 市场营销中心(010)59367081　59367083

印　　装 / 三河市尚艺印装有限公司

规　　格 / 开　本: 787mm × 1092mm　1/16

本辑印张: 39.5　本辑字数: 611 千字

版　　次 / 2020 年 6 月第 1 版　2020 年 6 月第 1 次印刷

书　　号 / ISBN 978-7-5201-6551-8

定　　价 / 598.00 元(全四辑)